Secrets d'Histoire 2

Stéphane
Bern

Secrets d'Histoire
2

ÉDITIONS FRANCE LOISIRS

SOMMAIRE

PRÉFACE

Un ministre puissant qui trébuche avant la dernière marche de sa fulgurante ascension, des femmes intrigantes qui veulent hisser leurs amants vers le pouvoir suprême, des scandales financiers qui éclaboussent la classe dirigeante, l'achat somptuaire d'un collier qui creuse les déficits et fait le nid de la Révolution, des faits divers sordides et des crimes crapuleux qui salissent de hautes personnalités publiques, des rumeurs persistantes sur l'origine princière d'inconnus aventuriers... L'Histoire se répèterait-elle dans un perpétuel recommencement ? *Nihil novi sub sole*. Ou comme il est écrit dans l'Ancien Testament, « ce qui fut sera, ce qui s'est fait se refera et il n'y a rien de nouveau sous le soleil ! » Il est un fait que personne ne peut nier : l'Histoire, parce qu'elle est humaine, est souvent marquée du sceau de l'ambition, de la quête du pouvoir, et des autres passions qui ravagent le cœur des hommes comme l'appât du gain, les rêves de conquêtes et de domination dont les femmes furent souvent les objets...

On semble découvrir aujourd'hui les vertus aphrodisiaques du pouvoir, mais sous César déjà, le biographe Suétone se moquait de l'appétence sexuelle de l'Imperator et de ses nombreuses maîtresses. Et quand la presse *people* prétend débusquer des « enfants illégitimes cachés », elle serait bien inspirée de relire les chroniques des historiographes du Grand Siècle qui faisaient des gorges chaudes des mœurs dissolues des plus grands de nos rois. Il est vrai que depuis Agnès Sorel, les maîtresses royales ont acquis une place, un rang, qui leur ont été jalousés au péril de leur vie. Autres temps, autres mœurs, pense-t-on. Certes, les méthodes ont quelque peu changé et l'on pratique moins l'empoisonnement pour se défaire d'un gêneur. En revanche, les passions humaines déjà peintes dans la mythologie grecque continuent de guider les pauvres mortels que nous sommes, atteignant leur paroxysme avec un cocktail détonnant : pouvoir, argent et sexe. De quoi ruiner plus d'une réputation au tribunal de l'Histoire.

De cette constatation, augmentée encore par le goût du mystère, l'attirance pour les énigmes et la face secrète des événements du passé, j'ai très tôt été attiré par la petite histoire de la grande. À quoi bon inventer des fictions contemporaines forcément plus mièvres que les histoires du passé ? Georges Duhamel le disait avec raison, « le roman est l'histoire du présent, tandis que l'histoire est le roman du passé ». C'est la raison pour laquelle, après le succès du premier tome de *Secrets d'Histoire*, j'ai voulu continuer de fouiller ce passé pour y dénicher des énigmes et des mystères qui font écho de manière presque ironique aux épisodes rocambolesques des sagas dont se repaît l'actualité avec les affaires DSK, Bettencourt, Wildenstein...

C'est aussi parce que je crois en l'importance de l'enseignement de notre Histoire que je me suis jeté avec un réel enthousiasme, aux côtés de mon producteur Jean-Louis Remilleux, dans l'exaltante aventure de *Secrets d'Histoire* . Un rendez-vous désormais incontournable sur France 2 qui réunit pas moins de trois millions et demi de fidèles, preuve s'il en était besoin, de l'appétence des Français pour leur Histoire. Une Histoire de France présentée de manière didactique, sans pose académique ou docte. Avec l'aide des plus éminents de nos historiens, nous tentons d'élucider les dernières énigmes encore en suspens, sachant que l'Histoire est, comme la science, en perpétuelle évolution sur le chemin de la vérité : l'étude de l'ADN constitue en cela une véritable révolution.

Ma plus grande fierté n'est certes pas d'avoir contribué à ouvrir de nouveaux dossiers ou à résoudre des énigmes, mais à travers des figures emblématiques, de pouvoir raconter une époque, percer à jour le secret de l'intimité des palais, et surtout populariser la matière précieuse qu'est l'Histoire. Je le précisais déjà dans le premier tome de cette collection *Secrets d'Histoire* : il est plus que jamais important de connaître son histoire et celle du pays dans lequel on vit. Un peuple qui ne sait pas d'où il vient ne sait pas où il va. Pire, il court à sa perte. Je suis convaincu qu'un aveuglement sur notre Histoire nous conduit à la revivre sans cesse, avec son lot de drames et de pages sombres.

L'Histoire, j'aimerais en convaincre les jeunes générations, constitue le socle de notre nation, un trésor et un patrimoine communs qui confèrent à chacun d'entre nous – quelle que soit notre origine – ce sentiment d'appartenance à un même peuple. Faut-il aussi le rappeler, l'Histoire comme la langue et la culture sont de merveilleux vecteurs d'intégration.

Une nouvelle fois, cet ouvrage est non seulement un passeport pour un voyage dans le passé, où toute similitude avec des faits réels bousculant l'actualité ne serait que fortuite, mais aussi une invitation à traverser les frontières pour y rencontrer des personnages hors du commun qui ont su imprimer leur marque dans l'Histoire ou qui ont été mêlés à des événements lourds de conséquences. Vous y retrouverez des courtisanes, des aventuriers, des débauchés, des rois mystérieusement assassinés, des pasionarias, des ambitieux, et toute une galerie de personnages hauts en couleurs qui n'en finissent pas de nous étonner et de nous intriguer.

Stéphane Bern

ÉDOUARD VIII

A-T-IL ÉTÉ CONTRAINT D'ABDIQUER ?

Le 10 décembre 1936, Édouard VIII, roi d'Angleterre et empereur des Indes, abdique. Officiellement, il souhaite épouser la femme qu'il aime, Wallis Simpson, une roturière américaine déjà deux fois divorcée. Une prérogative que lui refusent le Parlement et l'Église anglicane. Mais est-ce pour cette seule raison ? Son trône est prestigieux, ne dit-on pas que le soleil ne se couche jamais sur l'Empire britannique ? Le règne glorieux de Victoria, la bonhommie d'Édouard VII et les choix judicieux de George V durant la Première Guerre mondiale, ont fait naître un sentiment de totale allégeance à la monarchie. Les Windsor, descendants en ligne directe de Guillaume le Conquérant, semblent installés pour toujours. Alors, quand le peuple apprend que son roi abdique, il réalise qu'une page de son Histoire vient d'être tournée et que la monarchie est peut-être en danger. Cette décision met cependant fin à une crise constitutionnelle sans précédent – qui fait de Winston Churchill une victime collatérale – et soulage une opinion publique très divisée. Mais les motifs invoqués par Édouard VIII dans sa lettre d'abdication sont-ils bien sincères ?

Édouard Albert Christian George Andrew Patrick David, né le 23 juin 1894, est l'arrière-petit-fils de la reine Victoria. Son père, George V, ayant su fédérer autour de lui toutes les forces du royaume durant la Première Guerre mondiale, a

Édouard VIII (1894-1972),
roi d'Angleterre.

Le roi George V d'Angleterre (1865-1936).

acquis une énorme popularité. Mais sur le plan familial, c'est un homme froid et rigide, qui impose à ses enfants une éducation sans affection, vouée strictement au service de la Couronne. Édouard, l'aîné, élevé par des nurses et des précepteurs, a très peu de relations avec ses parents. C'est pourtant un enfant brillant et charmeur. À la mort de son grand-père, Édouard VII, en 1910, il est investi prince de Galles, lors d'une cérémonie officielle, célébration sans précédent dans la principauté. Comme son père avant lui, Édouard montrera un comportement exemplaire pendant la Première Guerre mondiale. Mais par prudence, le gouvernement refuse de le laisser s'engager en première ligne. Édouard s'investit alors pleinement dans le soutien aux troupes, qui lui resteront très attachées. Il est aussi apprécié pour son engagement sur le plan social, visitant des quartiers miséreux et soutenant le moral des mineurs en grève. Il permet à la monarchie d'établir un lien direct avec un prolétariat souvent négligé.

La guerre terminée, Édouard est éloigné de Londres, officiellement en tant qu'ambassadeur de son père pour maintenir les liens de la monarchie avec les peuples de l'empire. Il remplit son rôle avec succès, grâce à son charme naturel. Pourtant, s'il était d'usage pour le prince de Galles de visiter l'empire, tout laisse à penser que pour Édouard, le devoir de sa charge n'est pas l'unique raison de son éloignement opportunément organisé, le temps de faire oublier certains commérages qui nuisent à sa réputation d'héritier du trône. En effet, si Édouard a su rester discret sur ses amitiés « particulières » nouées à Cambridge, sa relation amoureuse avec son cousin Louis Mountbatten, de six ans son cadet, ne laisse guère planer le doute sur ses mœurs. À la demande d'Édouard, celui-ci l'accompagnera en qualité d'aide de camp lors de son premier voyage. Mais en 1922, Lord Mountbatten se marie. Édouard lie alors une nouvelle et tendre amitié avec le responsable des activités équestres de la cour, Edward Metcalfe. Cette relation, avérée, sera rendue publique à la mort d'Édouard, en 1972, par la publication des lettres malencontreusement dérobées avec le portefeuille qui les contenait, lors d'un voyage officiel à New York, en 1924. Bisexuel et dandy, Édouard compte aussi de nombreuses conquêtes féminines, qui ne sont pas davantage approuvées par ses parents, car toutes roturières et déjà mariées... Véritable prince charmant et toujours célibataire, il est, dans ces années 1920, le plus beau parti du gotha, et suscite toutes les convoitises.

Le prince de Galles Édouard et Lord Louis Mountbatten.

Malgré la longue absence d'Édouard, et ses succès d'estime, les relations avec ses parents restent conflictuelles. Ses frasques irritent George V, qui espère secrètement voir son fils renoncer au trône. « Il ne pourra pas se maintenir plus de douze mois sur le trône », aurait-il prédit. Pourquoi une telle défiance ? Le souverain et l'ancien secrétaire privé du prince semblent s'accorder sur un point : bien que sorti depuis longtemps de l'adolescence, Édouard est immature, frivole et peu enclin à endosser ses responsabilités. La nouvelle relation qu'il noue, en 1931, avec une Américaine mariée et déjà divorcée, provoque un mouvement de panique à Buckingham et au 10 Downing Street. Le roi et la reine refusent de recevoir Wallis Simpson. Stanley Baldwin, le Premier ministre, fait surveiller le nouveau couple. Les services secrets rendent bientôt un rapport alarmant, établissant la relation sadomasochiste du couple et la totale soumission d'Édouard. Mais les frasques des princes de Galles sont connues pour ne durer que le temps de l'attente, toute monarchique, de la mort du père. Il faut donc être patient, l'éducation et l'onction du sacre auront raison de ses turpitudes. C'est une certitude, puisque depuis mille ans, aucun des hommes ou femmes appelés à régner n'ont jamais manqué à l'appel, et tous ont assuré avec honneur la charge à laquelle on les avait préparés. Certes, on dit le Premier ministre préoccupé par le caractère dissolu du prince, mais le roi est de santé solide. Il n'y a donc pas matière à s'inquiéter outre mesure. Surtout que l'actualité ne laisse aucun répit à Baldwin. Confronté à la nouvelle donne européenne, avec l'arrivée au pouvoir d'Hitler en Allemagne, il voit son autorité chancelée par les attaques de Churchill envers sa politique de défense. Churchill, indigné par

Wallis Simpson (1895-1986), future duchesse de Windsor.

l'attitude trop molle du Parlement face aux nazis, conduit un débat parlementaire dans le but de renverser le Premier ministre et de réorienter le budget de l'État vers un réarmement massif. De plus en plus soutenu par le groupe conservateur au Parlement, Churchill bénéficie d'un glissement de l'opinion publique en faveur de ses positions. Baldwin apprécie Churchill à sa juste valeur et appréhende cet adversaire si redoutable, capable de le renverser et peut-être, qui sait, de prendre sa place.

Mais une nouvelle dramatique va bouleverser la donne. Le roi George meurt, le 20 janvier 1936. La mort d'un souverain suscite parfois, en même temps que le chagrin, de nouvelles espérances. On veut oublier la Grande Guerre et rêver à un monde pacifique, moderne et social. Et Édouard incarne cette aspiration. Au Parlement, une trêve naturelle est respectée, et les députés, au diapason avec le peuple qu'ils représentent, pleurent leur roi, tout en espérant que le nouveau règne corresponde à une ère de paix et de prospérité pour la nation. Mais Édouard saura-t-il répondre à cette attente ? Si le peuple, ignorant la véritable personnalité du nouveau souverain, y croit, certains politiciens mieux informés doutent sérieusement de ses intentions. Son éducation privilégiée semble avoir développé chez lui un sentiment de supériorité teinté d'orgueil. Très à l'aise avec le mythe d'une Angleterre impériale et civilisatrice, il semble convaincu de la suprématie de la race blanche et tient parfois des propos dangereusement racistes, qui atténuent considérablement sa crédibilité. Dès les premiers jours de son règne, il prend quelques libertés avec les bonnes manières et avec l'équilibre constitutionnel des pouvoirs. Libéré de l'autorité paternelle, il veut défricher la vieille monarchie. Infantile, il commence par refuser la coutume de faire graver son profil, opposé à celui de son prédécesseur sur les pièces de monnaie, voulant impérativement que la raie de ses cheveux apparaisse ! Édouard bouscule – pour le plaisir de beaucoup,

Le duc Édouard et la duchesse de Windsor, ici en 1935.

et des communistes les premiers – la très vieille aristocratie anglaise qu'il identifie au règne suranné de son père. Mais c'est surtout son comportement intrusif dans la sphère politique qui inquiète et dérange le gouvernement. Tous ces monarchistes, attachés à l'équilibre des pouvoirs entre un monarque qui règne, et un Premier ministre qui gouverne, voient d'un très mauvais œil certaines prises de position du roi, qui semblent remettre en cause la politique du gouvernement. Sa relation avec Wallis est un autre sujet d'inquiétude pour Baldwin, qui apprend avec stupeur qu'Édouard l'a invitée à écouter, de sa fenêtre, le héraut crier la proclamation traditionnelle du nouveau règne. N'en déplaise aux amateurs de la cause romantique, ce n'est pas tant leur relation amoureuse, d'ailleurs ignorée de ses sujets, ni le soupçon d'un éventuel mariage royal avec cette roturière, qui agite le gouvernement, mais les relations que celle-ci entretiendrait avec des notables allemands, probablement au contact des nazis.

Stanley Baldwin (1867-1947). Homme politique anglais (conservateur).

Une sympathie envers les nazis que l'on rencontre, hélas, de plus en plus souvent dans certaines sphères de la haute aristocratie britannique, où l'on n'hésite pas à faire l'éloge d'Hitler, justifiant cela par la hantise du bolchévisme. Certains responsables du gouvernement osent même soupçonner un temps Édouard d'inclination nationale-socialiste. Mais surtout, sa dévotion à Wallis et son inconséquence puérile ne manquent pas d'inquiéter. Dans la tradition constitutionnelle britannique, le gouvernement doit informer le souverain de toutes ses décisions, mêmes les plus secrètes. Mais alertés par les services secrets, certains ministres prennent peur et omettent de transmettre au roi les dossiers les plus sensibles, craignant des fuites, voire une trahison... Protégé par le prestige de la monarchie et sa popularité, Édouard est un problème épineux pour Baldwin, qui ne veut en aucun cas déstabiliser l'institution monarchiste. Empêtré dans des difficultés intérieures, mais surtout extérieures depuis l'arrivée d'Hitler au pouvoir, il sait l'importance du monarque pour unir le peuple contre cette nouvelle menace qu'est la peste brune. Écartelé entre des travaillistes pacifiques et un Churchill qui trouve de plus en plus d'échos dans l'opinion publique, le Premier ministre redoute que le comportement d'Édouard n'ajoute, à la menace extérieure, la division intérieure. Mais que faire ? La situation est délicate. Baldwin ne peut divulguer certaines informations tenues secrètes, sans prendre de risques pour la monarchie et la paix civile. Mais un attentat providentiel, en juillet 1936, sur Constitution Hill, a bien failli, de façon dramatique, résoudre définitivement le problème. Attribué à un simple d'esprit, ce crime de lèse-majesté serait, selon certaines rumeurs à ce jour non confirmées, l'œuvre du MI5, les services secrets britanniques. Pour quelle raison le MI5 aurait-il commandité l'assassinat du roi ? Certainement pas pour l'empêcher d'épouser sa roturière, puisque Wallis est toujours mariée et que son divorce n'est même pas envisagé. Si elle était avérée, cette implication du MI5 dans un attentat contre Édouard VIII, tendrait à prouver que bien avant que le scandale de sa relation avec Wallis n'éclate, certains membres de *l'establishment* doutaient déjà sérieusement de son aptitude à régner. Baldwin faisait-il partie du complot ? En tout état de cause, il saura opportunément se servir du scandale à venir pour imposer à Édouard ses décisions et l'amener à abdiquer...

Vu sous cet angle, le mariage semble une cause bien secondaire, mais qui arrive à point nommé pour Baldwin. En août, l'attentat oublié, Édouard, contrairement à l'usage, choisit de partir en croisière sur la Méditerranée avec Wallis, délaissant Balmoral et ses sujets écossais qui seront affectés par cette infidélité royale. La presse britannique relaie la version officielle du Palais, qui laisse croire que le roi, trop chagriné par le décès de son père, est resté prostré à Londres. Mais des informations circulent, grâce à des expatriés britanniques, informés par les presses américaine et européenne, qui relatent tous les faits et gestes du couple. Cette cachotterie romantique est jugée dangereuse par les proches du roi : la situation conjugale de Wallis est une bombe à retardement. Le roi est sommé de préciser ses intentions, afin de faire taire les rumeurs. Il ne suit pas ce conseil et laisse éclater le scandale en octobre, quand Wallis demande le divorce. Des bruits, peut-être colportés par le Palais, annoncent déjà le futur mariage du roi avec cette Américaine, bientôt divorcée deux fois ! Le premier à réagir est son conseiller, Hardinge qui, sans ménagement, alerte Édouard sur la folie de cette décision. Édouard, pour mettre fin à l'hypocrisie officielle, convoque, le 16 novembre 1936, Baldwin à Buckingham. Il lui annonce son

Mariage du duc de Windsor et de Wallis Simpson au château de Candé en France, en 1937.

intention d'épouser Wallis Simpson. Le Premier ministre lui réplique que ni son peuple, ni son gouvernement, ni l'Église anglicane, dont il est le chef, ne peuvent accepter une telle union. L'information, enfin officielle, provoque des réactions en chaîne aux quatre coins de l'Empire. Tous les Premiers ministres des Dominions font savoir qu'ils ne donneront pas leur accord à une telle alliance. L'Église anglicane précise que Henri VIII n'a jamais divorcé, mais que ses mariages ont été annulés. Invoquant la morale chrétienne et l'immense sagesse du roi, elle lui demande instamment de choisir entre son plaisir et son devoir sacré et ne manque pas de lui rappeler que son règne sera sanctifié, lors du prochain couronnement. Au Parlement, Baldwin est soutenu par la majorité des députés et seul Churchill semble ramer à contre-courant. Il défend son souverain et prêche la patience. Il s'oppose au mariage lui aussi, mais reproche à Baldwin sa trop grande précipitation à vouloir faire abdiquer le roi. Mais cette fois, Churchill est rejeté par ses pairs. Ce royaliste convaincu est aussi un romantique qui n'hésite pas à dépasser les bornes. Au paroxysme de la crise, lors d'un débat sur la question royale, Churchill, éméché, invective le Premier ministre. Rappelé à l'ordre par le *Speaker* de la Chambre des Communes, il est conspué par ses collègues députés. Baldwin impose désormais sa volonté et Churchill qui, un mois plus tôt, pouvait encore espérer lui succéder, tombe dans une profonde dépression. Sa carrière politique semble compromise. Sa disgrâce est sans doute la conséquence la plus navrante de cette sordide affaire.

Mais contre toute attente, Édouard n'a nullement le désir d'abdiquer. Élevé pour être roi, il se croit investi d'une mission divine. Il tente d'échapper à l'intransigeance institutionnelle de Baldwin en proposant d'intervenir à la radio, afin de se justifier face à son peuple. Par ce coup de force médiatique et démagogique, il espère imposer au gouvernement son point de vue. Mais Baldwin refuse, pour atteinte à la Constitution, d'ouvrir l'antenne au souverain. Édouard propose alors de contracter un mariage morganatique avec Wallis. Ainsi, elle ne serait pas sacrée reine et ses enfants ne pourraient pas prétendre au trône. Édouard savait-il déjà qu'à la suite de sa relation avec Ciano, le futur gendre de Mussolini, et d'un avortement délicat, sa promise était devenue stérile (théorie formellement contestée par Edda Ciano, la fille du Duce) ? Le gouvernement refuse pourtant cette option. Décidé à ne rien céder, Baldwin ne laisse que deux alternatives à Édouard : l'abdication ou la rupture nette et définitive avec Wallis. Ce psychodrame royal est terriblement déstabilisant pour l'empire et il est urgent de régler cette affaire le plus rapidement possible. Le Premier ministre annonce alors que si Édouard épouse Wallis sans abdiquer, il démissionnera, et il précise que le chef de l'opposition refusera également le poste. L'étau se resserre. Les derniers fidèles du roi décident, malgré lui, d'une ultime stratégie. Début décembre 1936, le secrétaire personnel d'Édouard rencontre Wallis en France, où elle s'est réfugiée, et réussit à la convaincre de renoncer à ce mariage. Consciente des enjeux, et preuve de la sincérité de ses sentiments, elle coupe même toute communication avec Édouard. Comprenant que désormais la pression est mise sur Wallis, Édouard préfère capituler. Le 10 décembre, il convoque ses frères et les informe de sa décision : il abdique.

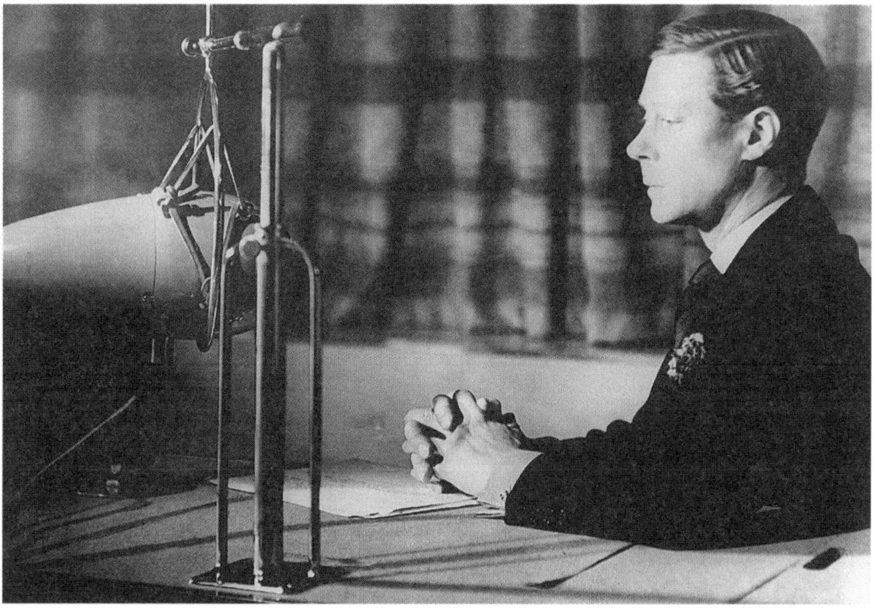

Le roi Édouard VIII d'Angleterre, lors de son discours radio, au château du Belvédère, annonçant son abdication, le 11 décembre 1936.

Albert, le puiné et héritier de la Couronne, bien que réticent, accepte la succession. Il écrira plus tard, dans son journal intime, qu'en racontant la scène à sa mère, la reine Mary, il a éclaté en sanglots.

Avec Jeanne Grey et Édouard V, Édouard VIII sera le troisième souverain à avoir régné sans avoir été couronné. Pour la première fois, un roi d'Angleterre abdique. La fermeté de Baldwin, empreinte de beaucoup d'humanité et de diplomatie, aura permis d'éviter le pire. Le débat est resté dans le cadre démocratique et très sagement, les Anglais, quel que soit leur camp, ont suivi cette voie, plébiscitant leur Premier ministre. Celui-ci autorise finalement Édouard à adresser un message radiophonique à son peuple. Lors de son allocution, il expose très dignement son incapacité à assumer sa charge sans la présence de la femme aimée et recommande son frère à son peuple. Édouard est nommé duc de Windsor. Ses déviances sexuelles continueront à alimenter les potins mondains.

Couronnement le 12 mai 1937 du roi George VI d'Angleterre, accompagné de sa mère, de sa femme, ainsi que de ses filles, les princesses Margaret et Elizabeth (future reine Elizabeth II).

Mais ce sont surtout les soupçons qui pèseront sur lui, après sa visite à Hitler en 1937, et ses relations supposées avec l'Allemagne nazie, qui briseront définitivement le lien privilégié qui l'unissait à son peuple. Pour autant, peut-on imaginer Winston Churchill qui, par conviction profonde, a combattu sans répit le nazisme, prendre fait et cause pour un homme soupçonné d'une telle compromission ? Peut-être avait-il la conviction intime qu'Édouard, homme immature, sous influence et profondément égocentrique, serait sûrement resté dans le rang sans Wallis. Albert décide, en hommage à son père et sans doute pour marquer une rupture avec le précédent règne, de se faire couronner sous le nom de George VI. Soucieux de réconforter les partisans de son frère, il prône une politique de réconciliation. Et très vite, il adresse un courrier à Winston Churchill, le remerciant de sa constante fidélité. Cette missive redonne goût à la vie à l'homme politique et lui permet de revenir sur le devant de la scène parlementaire. Toujours légitimiste, il témoigne aussitôt un soutien indéfectible à son nouveau roi. George VI s'acquittera de sa tâche avec honneur et saura, avec sa femme et ses enfants, incarner la résistance du peuple britannique face à la barbarie nazie. Mais le court règne de son frère Édouard met en avant tout le paradoxe de la monarchie britannique. Pilier essentiel de l'État pour un équilibre démocratique des pouvoirs, elle est aussi totalement tributaire du pouvoir parlementaire. Et si son rôle emblématique est renforcé, c'est pour mieux affaiblir son rôle politique. George VI et sa fille Elizabeth sauront avec brio incarner ce bouleversement et préserver des aléas du moment une institution qui fêtera ses mille ans, le 14 octobre 2066.

NAPOLÉON BONAPARTE

UN HÉRITIER À TOUT PRIX ?

Conquérant, Napoléon ne le fut pas que de territoires. Jouant de son aura d'Empereur, il multiplia les conquêtes féminines. On sait que plusieurs enfants illégitimes sont nés de ses liaisons. Pouvoir assurer la transmission héréditaire de son pouvoir était d'ailleurs une de ses principales préoccupations. Malheureusement, son mariage avec Joséphine de Beauharnais ne lui permit pas de concrétiser ce vœu si précieux. Aussi Joséphine et lui divorceront-ils officiellement, à son grand regret, en décembre 1809, afin qu'il puisse contracter un nouveau mariage avec une femme capable d'enfanter, espérait-il. Certes, Joséphine a déjà eu deux enfants de son précédent mariage avec le vicomte Alexandre de Beauharnais, Eugène-Rose et Hortense-Eugénie. Mais durant les treize ans que dure leur union, aucun héritier ne vient pointer le bout de son nez ! Si la naissance de deux enfants illégitimes, Charles en 1806 et Alexandre en 1810, de deux maîtresses notoires, rassure l'Empereur sur sa faculté à procréer, elle apporte une réponse partielle à ses angoisses. Il doit se remarier. À moins qu'il n'envisage une autre option plus « familiale », en nommant comme successeur son neveu, Napoléon Charles, né en 1802, dont il est à la fois l'oncle et le grand-père ! Mais le lien qui attache Napoléon à cet héritier providentiel n'est-il pas plus important que l'on a bien voulu le laisser paraître ?

Portrait de l'empereur Napoléon Ier (1769-1821)
et son fils le roi de Rome, Napoléon II, duc de Reichstadt (1811-1832).
Gravure du XIXe siècle, musée du château de Malmaison.

Joséphine de Beauharnais (1763-1814), impératrice des Français.
Peinture de F. Gérard, musée du château de Malmaison.

Le 9 mars 1796, Bonaparte épouse civilement Joséphine de Beauharnais. Deux jours plus tard, nommé général en chef de l'armée d'Italie, il part pour le Piémont. Le jeune général de vingt-sept ans vole de victoire en victoire et fait porter à Paris les drapeaux et les canons pris à l'ennemi, pourtant deux fois supérieur en nombre. Le 24 avril, il écrit à Joséphine : « Tu vas revenir, n'est-ce pas ? Tu vas être ici à côté de moi, sur mon cœur, dans mes bras ? Prends des ailes, viens, viens ! [...] Un baiser au cœur et un autre plus bas, bien plus bas ! » Joséphine reste insensible aux appels passionnés de son époux. D'une infidélité chronique, après avoir trompé Napoléon avec Murat, elle s'est entichée d'un lieutenant de hussards. Pour rester auprès du bellâtre, elle affirme être enceinte. Excuse imparable. Mais elle finit par rejoindre Bonaparte à Milan. Aveuglé par la passion, Napoléon gobe le mensonge d'une fausse couche, comme il avait cru à celui d'une grossesse. Mais il lui faut repartir en campagne. Restée seule à Milan, Joséphine se morfond, tandis que Bonaparte, qui se couvre de gloire, entre déjà dans la légende. Après avoir renoncé à envahir l'Angleterre, il caresse un autre projet : couper les Anglais de la route des Indes en occupant l'Égypte. Échappant à un voyage dont Napoléon redoute les dangers, Joséphine se rend à Plombières, station thermale des Vosges, dont les eaux sont supposées soigner la stérilité féminine. Car désormais l'ascension de Bonaparte semble inéluctable et Joséphine a compris qu'en lui donnant un héritier, elle ne sera pas répudiée. Ce qui ne l'empêche pas de reprendre sa liaison tumultueuse avec son hussard, qu'elle fait venir à la Malmaison. Le 19 juillet 1798, deux jours avant la victoire des Pyramides, Junot, pressé par Bonaparte, révèle en détail les infidélités de Joséphine. Le glorieux cocu écrit alors à son frère : « Le voile s'est atrocement déchiré ». Ses lettres désespérées sont interceptées par les Anglais qui se rient d'autant plus de lui que le 1er août, la flotte française est détruite par Nelson à Aboukir. À Paris, le bruit court que Bonaparte a été assassiné ! Joséphine, prévoyante, se rapproche d'un membre du Directoire, Louis-Jérôme Gohier, fort laid mais très influent. Pendant ce temps, Bonaparte tente de se sortir du guêpier égyptien. Jusque-là resté fidèle à sa femme, il est désormais sans illusion et va prendre sa revanche ! Il remarque alors Pauline Bellisle, une très jolie jeune fille de vingt ans, qui a suivi son mari en Égypte. Pauline, surnommée « la Cléopâtre de Bonaparte », divorce et s'affiche aux côtés de son amant. Celui-ci, à son retour de la campagne de Syrie, lui promet de l'épouser, pourvu qu'elle lui donne un enfant. Vaine demande. Le 18 août 1799, Bonaparte embarque seul pour la France. Le destin d'une impératrice tient à si peu de choses...

De retour à Paris, Bonaparte, désormais Premier consul, agit en maître absolu et prépare l'avènement d'un régime héréditaire. Ne lui reste plus qu'à trouver la perle rare qui saura lui donner un fils. C'est en Italie, où il repart combattre les Autrichiens, qu'il lance ses recherches, tombant d'abord sous le charme d'une cantatrice, la Grassini, qui va rester sa maîtresse plusieurs mois durant. Puis en 1802, il succombe au charme d'une autre *prima donna*, Louise Rolandeau, qu'il fait venir à la Malmaison en l'absence de Joséphine. Quand celle-ci débarque à l'improviste pour lui faire une scène de jalousie, il lui reproche sa stérilité. Désormais, Bonaparte se contente de coucher bourgeoisement avec sa femme. Aux cantatrices succèdent des actrices. Ainsi, dans le petit appartement secret qu'il s'est fait aménager aux Tuileries, Bonaparte fait venir Mademoiselle Duchesnois, du Théâtre-Français, ingrate de visage mais au corps sculptural, bientôt

Hortense de Beauharnais (1783-1837), et son fils Napoléon Charles.
Peinture de F. Gérard, musée du château de Versailles.

éclipsée par sa rivale, Marguerite Weimer, dite « Mademoiselle George », seize ans seulement, au corps de reine, mais pourvue de très grands pieds. Une liaison qui se poursuivra jusqu'à la fin du consulat. Sans oublier Thérèse Bourgoin, autre pensionnaire du Théâtre-Français, maîtresse officielle du ministre de l'Intérieur, Chaptal. Jusqu'à présent, malgré la belle énergie que Napoléon y consacre, aucune de ses maîtresses n'est tombée enceinte. Joséphine, toujours stérile, redoute le divorce et échafaude alors un plan aléatoire.Elle consent au mariage de sa fille Hortense avec Louis, un des frères de Napoléon. Un garçon issu de ce mariage pourrait être adopté par Napoléon qui en ferait son héritier, tandis que Joséphine deviendrait la mère adoptive de son petit-fils !

Le 18 mai 1804, la dignité impériale est instaurée. Certes l'Empereur, à défaut d'enfants légitimes pour assurer sa succession, peut tabler sur la descendance de ses frères Joseph et Louis. Mais l'idée d'être père le travaille sourdement. Après les comédiennes, c'est dans l'entourage de Joséphine que Napoléon choisit ses maîtresses. Pourtant d'une extrême jalousie, mais craignant pour sa place, Joséphine pèche par excès de complaisance, et va jusqu'à favoriser les fantaisies passagères de son mari, se donnant le rôle d'entremetteuse. Elle lui présente d'abord deux dames d'honneur : Madame de Vaudey et Adèle Duchatel, à qui succède une lectrice de Joséphine, Mademoiselle Anna de La Coste, qui sera elle-même supplantée par une autre lectrice, Madame Gazzani, amie intime de Joséphine ! Plus tard, il y en aura d'autres, comme la pulpeuse Christine de Mathis, ou la jeune actrice – encore une – Lise Le Bel, auprès de laquelle Napoléon contracte une maladie vénérienne qui le fera souffrir jusqu'à sa mort. À Lyon, au cours d'un banquet, il s'amourache de Françoise Pellapra, fille d'un imprimeur. Plus tard, une certaine Émilie prétendra être la fille illégitime de Françoise et de Napoléon. Mais l'examen attentif de l'emploi du temps de celui-ci, absent de Lyon au moment de la conception, rend cette filiation douteuse. Félicité Longroy qui est « dame d'annonce », sorte d'huissier féminin chargée d'ouvrir les portes au passage de l'Empereur, le suivra, comme les autres, jusque dans son lit. En 1807, elle épouse un ébéniste célèbre, Riesener, et tombe enceinte. Cette grossesse rassure Joséphine. Convaincue que Napoléon est stérile, l'impératrice, qui se targue ouvertement d'avoir eu deux enfants de son premier mariage, va jusqu'à donner des détails intimes à ses proches. Si le sperme de son mari est inopérant, c'est parce qu'il est « comme de la pisse » ! Napoléon songe de plus en plus à divorcer et à prendre une femme capable de lui donner un héritier. Mais il hésite encore à se séparer de « son oiseau des îles ».

Une femme va précipiter le cours des choses. En janvier 1806, au château de Neuilly, Napoléon remarque Éléonore Denuelle de la Plaigne, ex-maîtresse de Murat. Trois mois plus tard, elle est enceinte. Napoléon jubile : il n'est donc pas stérile ! Le 15 décembre, Éléonore accouche d'un garçon qui reçoit la moitié du prénom de son père, Léon. À la mairie, l'officier d'état civil précise que l'enfant est né « de père absent ». Napoléon est pris de doute – la demoiselle est légère et le bébé peut être de Murat – mais quand on lui montre l'enfant, aucune hésitation possible : la bouche, le nez, le crâne, cet enfant est tout le portrait de son père ! Éléonore ne reverra pourtant jamais le père de son fils.

La comtesse Marie Walewska (1789-1817). Peinture du baron F. Gérard, musée de Varsovie.

Lorsqu'elle se présentera au château de Fontainebleau, l'année suivante, l'Empereur refusera de la recevoir. Néanmoins, la jeune mère sera pourvue d'une rente annuelle confortable, et elle fera un bon mariage. Dans son testament, Napoléon lèguera en effet trois cent mille francs à Léon, dont il souhaite qu'il entre dans la magistrature. Mais c'est plutôt la magistrature qui aura affaire à Léon. Dilapidant cette fortune au jeu et adepte des duels, il sera condamné aux Assises. En 1840, il se bat même avec son cousin… le futur Napoléon III, qu'il affrontera à nouveau aux élections présidentielles de 1848. Peu rancunier, Napoléon III lui fera verser une pension et paiera même ses dettes ! Après la chute du second Empire, Léon mourra complètement ruiné.

Sûr que Léon est bien son fils, Napoléon songe un moment à l'adopter. Mais l'adoption d'un bâtard légitimé rappellerait trop les mœurs de l'Ancien Régime et il a un autre projet en tête : adopter son neveu, Napoléon Charles, le fils d'Hortense et de son frère Louis. L'initiative de cet adoubement reviendrait à Joséphine, justifiant ce choix par le sang qui coule dans les veines de l'enfant, à la fois des Bonaparte et des Beauharnais… L'enfant sera d'ailleurs immédiatement considéré comme un successeur potentiel. Mais depuis 1801, une rumeur court aux Tuileries selon laquelle Napoléon entretiendrait une relation intime avec sa propre belle-fille ! Une hypothèse sérieuse ? Toujours est-il qu'en 1802, Lucien Bonaparte serait venu dire à son frère Louis, alors sur le point de se marier, qu'Hortense était la maîtresse de Napoléon. À quoi Louis aurait répondu que « cela serait vite fini ». Le temps pour Napoléon de faire un enfant à Hortense ?

Napoléon Ier annonce à sa femme Joséphine leur divorce.

Hélas « Monsieur Petit Chou » meurt le 5 mai 1807 de la diphtérie. Une perte qui semble davantage chagriner l'oncle que le père... Outre une ressemblance frappante, il faut bien reconnaître qu'en ne désignant pas son frère cadet, Napoléon-Louis, comme successeur, Napoléon alimente encore la rumeur.
Napoléon, attristé par la mort de son « neveu », doit, plus que jamais, trouver un nouvel héritier. Une autre grossesse va le conforter dans ce sens. Le 1er janvier 1807, en Pologne, lors

Marie-Louise d'Autriche (1791-1847). Peinture de F. Gérard, musée de Varsovie.

de son passage dans un relais de poste, Marie Walewska est présentée à l'Empereur. Cette ravissante jeune femme de vingt ans est mariée au comte Walewski, un vieil aristocrate polonais. La jeune femme voit en Napoléon le libérateur de son pays, mais elle refuse de se donner à lui. Pressée par des nobles polonais de se sacrifier pour sauver sa nation, elle finit par céder. Elle écrira plus tard qu'elle fut « la victime consentante de la passion de l'Empereur », sous-entendant que lors de leur deuxième rendez-vous, Napoléon aurait profité de son évanouissement pour la violer. Néanmoins, durant des mois, Marie mènera une vie quasi conjugale avec son impérial amant. Et, contre toute attente, elle finira par donner un fils à Napoléon : Alexandre, qui deviendra le comte Walewski. Napoléon le nommera comte de l'Empire, lui accordant un revenu annuel de cent soixante-dix mille francs. Cette grossesse inespérée a inspiré, dès son annonce, une idée folle à l'Empereur : faire passer l'enfant de sa maîtresse pour celui de Joséphine. Cette dernière est prête à tout pour garder Napoléon, y compris à faire croire à un faux accouchement. Marie en revanche refuse, à l'instar du médecin de l'Empereur. Ce dernier subterfuge pour sauver le couple impérial échouera donc. Qu'importe ! La décision de l'Empereur de divorcer est désormais irrévocable. Mais la venue de Marie à Paris, dans l'état où elle se trouve, pourrait compromettre les négociations du divorce et de son remariage. Elle rentre donc en Pologne, enceinte de trois mois, tandis qu'il s'apprête à affronter Joséphine, dont le sort est scellé depuis longtemps. Le divorce impérial est prononcé le 15 décembre 1809. Napoléon se confie à M. de Bausset : « L'intérêt de la France et de ma dynastie a fait violence à mon cœur ; le divorce est devenu un devoir rigoureux pour moi ; je suis d'autant plus affligé de la scène que vient de faire Joséphine que depuis trois jours elle a dû savoir par Hortense la malheureuse obligation qui me condamne à me séparer d'elle. Je la plains de toute mon âme, je lui croyais plus de caractère et je n'étais pas préparé aux éclats de sa douleur ».

Napoléon II, duc de Reichstadt, dit « l'Aiglon » (1811-1832).
Gravure de L. Bucher, musée du château de Malmaison.

Le 1er avril 1810, Napoléon épouse l'archiduchesse Marie-Louise d'Autriche. Et, le 20 mars de l'année suivante, cent coups de canons résonnent dans Paris en liesse : la nouvelle impératrice a mis au monde un garçon ! L'Empereur a enfin un héritier légitime : Napoléon II. Il ne sera plus nécessaire désormais de légitimer les autres enfants procréés çà et là, comme Marie-Caroline Napoléone de Montholon, née à Sainte-Hélène, le 26 janvier 1818, fille de la comtesse Albine de Montholon et de l'Empereur déchu. Mais l'héritier de sang, celui que la postérité appellera « l'Aiglon », succombera à la tuberculose à tout juste vingt et un ans, laissant finalement le trône à son cousin – le fameux cadet autrefois ignoré – le futur Napoléon III. Bien que l'obsession de sa succession ait été un enjeu déterminant tout au long de sa vie, c'est bien l'amour de Joséphine qui guida Napoléon, l'aveugla au point de le faire renoncer à son union avec Désirée Clary, future reine de Suède, et de lui faire avaler mille couleuvres. Leur divorce officiel, maintes fois repoussé pour préserver celle « qui était femme dans tous les sens du terme », n'y changera finalement rien !

QUI SE CACHE DERRIÈRE LE SOURIRE DE
LA JOCONDE ?

C'est sans doute le visage le plus célèbre et le sourire le plus connu au monde. Et quel sourire ! Chaque jour, pas moins de quinze mille personnes se pressent au musée du Louvre pour admirer son expression énigmatique, son regard insaisissable et ce fin rictus comme amusé qui lui donne toute sa malice. Contrairement à la *Fornarina* de Raphaël, à la sensualité joyeuse et pleine de gourmandise, la femme qui est représentée ici n'est ni une courtisane, ni une amoureuse. Sa digne pose et ses habits soignés figurent ceux de la bonne bourgeoisie florentine. Ne l'a-t-on pas surnommée « Mona Lisa », la contraction de « Madonna Lisa » ? Un patronyme usuel dans l'Italie de Léonard de Vinci. Toujours est-il qu'aujourd'hui encore ce portrait de madone insondable fascine le monde entier. Pas une semaine ne se passe sans qu'une affiche, une publicité, une publication ne nous rappellent son existence. Et pourtant, qui sait précisément à qui appartenaient ces traits si fameux ? Objet d'inspiration pour les artistes et les historiens depuis le XVIe siècle, la *Joconde* a suscité les hypothèses les plus folles et les interprétations les plus osées. Mais quel mystérieux modèle se cache derrière les innombrables sens intrinsèquement présents dans la toile et qui ont fini par recouvrir peu à peu sa véritable identité ?

L'aventure de la *Joconde* commence à Florence, à l'aube du XVIe siècle italien, où vont s'épanouir les grands talents de la Renaissance. À cette époque, Florence est une république indépendante ; longtemps dirigée par la puissante famille Médicis, elle est passée pour un temps sous le contrôle des Soderini. Peintre, sculpteur, urbaniste, ingénieur, philosophe et mathématicien,

Portrait de Lisa Gherardini, dite « Mona Lisa ».
Peinture de Léonard de Vinci , musée du Louvre.

Léonard de Vinci – qui est en outre un génie de la Renaissance, et probablement l'un des esprits les plus brillants de l'Histoire de l'Occident – est, en cette année 1503, de façon assez triviale, sans emploi. Il a passé une grande partie de sa carrière au service de Ludovic Sforza, dit « Ludovic le More », duc de Milan, protecteur des arts, mais aussi redoutable stratège, qui appréciait particulièrement les connaissances de son protégé en balistique – étude du mouvement des projectiles - à l'instar de César Borgia qui emploiera de Vinci quelque temps en qualité d'ingénieur. Mais lorsque les Sforza sont délogés du pouvoir par les troupes de Louis XII, le roi de France, Léonard se montre un peu trop empressé de changer d'allégeance, proposant immédiatement ses services d'expertise militaire au comte de Ligny ! C'est sans compter sur la redoutable ténacité de Ludovic Sforza, qui recouvre le pouvoir au bout de quelques mois seulement...

Léonard de Vinci (1452-1519).
Autoportrait d'après une gravure.

En ce début de siècle, Léonard, devenu quinquagénaire, a ainsi perdu son protecteur et mécène, et se voit contraint de fuir Milan en allant se réfugier à Venise, puis à Florence. Comme nombre d'artistes qui vivent aux crochets de leur hôte, Léonard est temporairement à la rue. Mais bientôt, il est approché par un bourgeois de la ville récemment enrichi qui a beaucoup à fêter : il vient de s'acheter une maison et sa jeune épouse a donné naissance à leur deuxième fils, Andrea. Ce marchand d'étoffes, Francesco del Giocondo, a épousé en troisièmes noces Lisa Gherardini, âgée d'à peine quinze ans au jour de leur mariage. Lisa vient d'une vieille famille honorable mais désargentée ; de son côté, Giocondo, sans être riche, a quelque argent. La commande du portrait de sa femme à Léonard de Vinci est une façon, pour le brave marchand, de célébrer sa réussite sociale et son appartenance à la classe moyenne florentine. Et n'est-ce pas l'occasion d'immortaliser la beauté de la jeune femme, que cette nouvelle maternité a épanouie ? Éternelle, elle le sera… et bien au-delà de toutes les espérances !

Trop heureux de trouver là une nouvelle source de revenus, au moins temporaire, Léonard de Vinci accepte la commande. Lisa Gherardini se met à poser pour le maître. Celui-ci fait de nombreuses esquisses, commence le tableau, recommence, le retouche, le reprend, et continue à le modifier sans relâche. Il retravaille le fameux *sfumato* (le « clair-obscur » en italien) qui rend ses ombres si lumineuses, le modelé de la chair du menton et de la bouche, le dessin de la main droite qui repose sur le bras de son modèle… Le portrait, à l'origine destiné à l'usage familial, devient bientôt, pour son auteur, un véritable exploit technique, qui concentre tous les apports artistiques du début de la Renaissance. Émile Bernard, dans ses *Considérations sur l'art classique*, expliquait : « Il a apporté dans ce petit tableau, grand comme un univers, tout ce que l'art peut de plus merveilleux, de plus intime et de plus précieux. On y trouve le sens de la vie extérieure, la beauté de la forme, comme la rêvaient les Grecs, et celle de la couleur à l'égal des plus beaux Vénitiens (…) cette profondeur d'âme, cette noblesse d'attitude et de mystère qui nous retiennent ravis et qui semblent nous démontrer que c'est seulement à force de sonder la réalité qu'on parvient à l'idéal ».

Giorgio Vasari, auteur en 1550 de la première biographie des artistes du Cinquecento, les *Vite* (*Les Vies des plus illustres architectes, peintres et sculpteurs italiens*), indique que de Vinci achève son chef-d'œuvre en 1506. Mais doit-on vraiment le croire ? Il n'existe en effet aucune trace de paiement pour ce tableau, qui n'a en outre jamais été livré à son commanditaire. Certains prétendent que le sieur del Giocondo aurait été profondément scandalisé de voir son épouse ainsi représentée avec les sourcils épilés, coquetterie qui était l'apanage des prostituées de l'époque. Cependant, de récentes analyses spectroscopiques ont conclu que les cils et sourcils avaient été ôtés a posteriori, quand, au milieu du XVIe siècle, la mode de ce type d'épilation s'était généralisée ; il est donc fort peu probable que ce détail ait été le prétexte pour lequel le tableau ne serait jamais arrivé dans la demeure florentine des Giocondo. Au contraire, tout se passe comme si l'œuvre avait acquis une identité propre, comme si de Vinci se l'était finalement appropriée, effaçant au fur et à mesure la bourgeoise de Florence, pour y mettre de lui-même... Toujours est-il qu'en 1506, Lisa Gherardini abandonne la pose et retourne à sa vie de maîtresse de maison et de mère exemplaire. Elle passera le restant de ses jours à Florence, menant une existence confortable et anonyme, avant de mourir à un âge assez avancé. La *Joconde,* quant à elle, commence à peine sa carrière...

Léonard de Vinci présentant son tableau « La Joconde » à François Ier.
Gravure en couverture du supplément illustré du « Petit Journal ».

Léonard de Vinci ne se séparera jamais de ce tableau. Il est même probable qu'il l'ait continuellement retouché tout au long de sa vie, comme une œuvre inachevée, en perpétuelle évolution. La grande dispersion de ses idées, sa quête incessante et sa procrastination naturelle ont toujours desservi le génie de Léonard de Vinci, qui fut pourtant précurseur dans bien des domaines. On pense même aujourd'hui qu'il a appliqué sur la *Joconde* un certain nombre de touches directement au doigt, dans un geste étonnamment moderne, dont il avait coutume. Lorsqu'il rejoint François Ier (rencontré en 1515, lors des guerres d'Italie) à Amboise, en qualité de « Premier peintre, architecte et ingénieur du roi », il emmène cette toile avec lui, et continue d'y travailler. Bien que fort jeune, il a tout juste vingt et un ans, le roi n'en est pas moins un amateur d'art averti, et de femmes plus encore ! Aussi reconnaît-il tout de suite en *Mona Lisa* un chef-d'œuvre sans pareil, qu'il s'empresse d'acquérir pour une confortable somme permettant au maître, désormais installé au Clos Lucé, de poursuivre convenablement ses travaux de recherche. Après la mort de Léonard de Vinci au Clos Lucé, le 2 mai 1519, la peinture, qui fait désormais partie du patrimoine royal, permettra justement à François Ier de faire découvrir toutes les richesses de la Renaissance italienne à ses contemporains.

Dès le milieu du XVIe siècle, le tableau acquiert une grande notoriété. C'est encore Giorgio Vasari qui prétend le premier révéler l'identité de la femme représentée, notant dans son *Vite* que : « Léonard a entrepris de peindre, pour Francesco del Giocondo, le portrait de Mona Lisa, sa femme ». Pourtant, cette explication ne semblera jamais satisfaire les admirateurs de la *Joconde*, avides de mystère. Pas même la découverte récente de l'historien italien Giuseppe Pallanti, dans la bibliothèque d'Heidelberg, d'une annotation sur un volume ancien de Cicéron recoupant les indications données par Vasari. L'historien de l'art Daniel Arasse date le commencement des spéculations sur l'identité de la *Joconde* au début du XIXe siècle : on considère alors l'œuvre comme faisant écho à un portrait de Méduse se trouvant au musée des Offices de Florence, déjà attribué à de Vinci (il s'avèrera que ce tableau est en fait peint de la main d'un maître flamand du XVIIe siècle). Méduse serait la face monstrueuse, maléfique, du sourire énigmatique arboré par la jeune femme. Il est vrai qu'à y regarder de plus près, l'arrière-plan du tableau de la *Joconde* suscite le malaise. Les paysages désolés et le décalage perceptible entre le côté droit et le côté gauche de la toile évoquent la finitude de toute chose, le chaos, l'imperfection du monde. Seul le sourire de la *Joconde*, dont la commissure des lèvres se relève davantage sur sa gauche, semble rétablir l'équilibre pour un instant fugace. Avec cet étonnant portrait, de Vinci anticipe ainsi les thèmes chers à ses successeurs de l'âge baroque : l'univers est fait de désordre, et seuls l'amour ou la poésie peuvent donner un sens à l'existence. Rien d'étonnant à ce que ce visage ait autant fasciné les romantiques. Certains ont voulu y voir un autoportrait de l'artiste lui-même, notoirement homosexuel, qui se serait ainsi joué des convenances, se travestissant en femme. Décuplant la force et la signification du tableau, l'autoportrait caché, qui joue à la fois sur l'identité et la différence, semble une hypothèse séduisante. D'autant que les carnets du peintre révèlent certains crayonnés où le maître superpose son visage à l'esquisse du tableau. D'autres ont cru y reconnaître une maîtresse de Julien de Médicis, le frère de Laurent le Magnifique et protecteur de Léonard de Vinci. On a même supposé qu'il pouvait s'agir d'Isabelle d'Este, fille du duc de Ferrare et épouse du marquis de Mantoue, femme de pouvoir charismatique et mécène avisée.

Cette œuvre connaît une popularité telle que des chercheurs du monde entier tentent sans répit d'en examiner les moindres détails. Bienheureuse science qui permet d'élucider enfin certains de ses mystères... Tout le monde s'accorde au moins sur le fait que la madone portait un voile de gaze sur la tête, effacé par les outrages du temps. Un professeur en anatomie pathologique de l'université de Palerme a pu déterminer que le modèle souffrait de cholestérol, en raison de dépôts jaunâtres visibles au coin de l'oeil interne. De même, une équipe de Japonais spécialistes en acoustique a analysé sa morphologie faciale et pu reconstituer sa voix, qui serait « basse, avec des tons dans les gammes medium » ! Enfin, certains experts se sont appuyé sur des méthodes d'extrapolation, à partir de tableaux existants, afin de tenter de retrouver les visages représentés. Ainsi, la chercheuse allemande Magdalena Soest avait cru pouvoir affirmer en 2002 que l'œuvre de Léonard de Vinci présentait de telles similitudes avec le portrait de Catherine Sforza peint par Lorenzo di Credi qu'il ne pouvait s'agir que du même modèle : la *Joconde* serait donc la farouche duchesse d'Imola, celle-là même qui avait défendu sa citadelle et son peuple devant les assauts de César Borgia, et l'avait payé de sa vertu. Le conservateur italien et président du Comité national pour la valorisation des biens historiques, Silvano Vincenti, a quant à lui révélé ses conclusions en janvier 2011 : il pense que ce portrait de femme un peu virile évoque plutôt une autre œuvre de Léonard de Vinci, son très androgyne *Saint Jean-Baptiste*, espiègle comme un faune, dont on sait que le modèle fut Gian Giacomo Caprotti, dit « Salaï » (« le petit diable » en italien), le jeune assistant et vraisemblable compagnon de vie du peintre. Les yeux de la *Joconde* contiendraient ainsi, selon Vincenti, deux minuscules lettres, L et S, déclaration d'amour naïve et éternelle de Léonard à son protégé...

Saint Jean-Baptiste.
Tableau de Léonard de Vinci, musée du Louvre.

Rescapée des guerres et maintes fois soumise à l'hystérie d'illuminés, comme en 1956 lorsqu'un Bolivien l'abîma d'un jet de pierre ou en août 2009, lorsqu'une touriste russe jeta contre sa vitre protectrice une tasse de thé vide, la *Joconde* demeure imperceptible aux fracas du monde et ne cesse de fasciner. Alors qui était vraiment *Mona Lisa* ? Une tigresse du Cinquecento, un jeune giton au charme vénéneux, une courtisane favorite des Médicis ? S'il paraît évident que tous ces personnages ont pu avoir une influence sur l'œuvre du maître, il est désormais historiquement établi que celle dont le portrait est devenu l'œuvre d'art la plus vue au monde était une simple bourgeoise florentine, ni spécialement riche, ni particulièrement belle. Son énigmatique sourire deviendra malgré tout pour de Vinci une véritable obsession et l'œuvre d'une vie, laissant, pour notre plus grand plaisir, une part de mystère toujours entrouverte. Nul doute, qu'à l'instar de son génial créateur, la quête de *Mona Lisa* est loin d'être achevée...

NICOLAS FOUQUET

A-T-IL ÉTÉ VICTIME D'UN COMPLOT ?

Le 9 mars 1661, à Vincennes, le cardinal Mazarin agonise. Jusque-là, le jeune Louis XIV, âgé de vingt-trois ans, n'a pas assumé pleinement la conduite de l'État. C'est Mazarin qui a dirigé le royaume, tout en renforçant l'autorité royale au détriment des Grands, qu'il a combattus sous la Fronde. Mais la mort du cardinal va tout changer. Deux jours avant d'expirer, il recommande chaleureusement au roi de s'appuyer sur Fouquet, dont la faveur est à son comble. Mais le lendemain, le moribond se ravise et conseille à Louis XIV de se méfier de Fouquet et d'engager Colbert comme intendant des Finances ! Un choix stratégique : depuis 1651, Colbert gère l'immense fortune de Mazarin. L'occasion pour cet opportuniste de jouer les intègres en fustigeant l'ambition supposée de Nicolas Fouquet.

Né en 1615, Nicolas Fouquet est issu d'une famille bourgeoise qui a fait fortune dans le commerce du drap avant de se reconvertir dans la magistrature. Il est le second fils d'un conseiller d'État au service de Richelieu, protecteur de la famille Fouquet et qui aidera à l'ascension de Nicolas. En patois angevin, un « foucquet » désigne un écureuil, l'animal économe, vif, et souvent haut perché. Jouant de malice, le blason des Fouquet représente un écureuil portant pour devise latine *Quo non ascendet ?* : « Jusqu'où ne montera-t-il pas ? ». D'abord destiné à la prêtrise, Nicolas opte pour le droit et devient avocat. Grâce à Richelieu, il obtient une dispense d'âge pour accéder à la charge de conseiller au parlement de Metz. Son goût pour le faste s'affirme déjà. On le voit à la comédie, aux bals et aux festins.

Portrait de Nicolas Fouquet (1615-1680).
Peinture de Charles Lebrun, château de Vaux-le-Vicomte.

Poussé par son père à entrer dans le rang, Nicolas choisit d'épouser un bon parti en la personne de Louise Fourché de Quéhillac, petite-fille de Jean Fourché, seigneur de Quéhillac et ancien maire de Nantes. Louise apporte une confortable dot de cent soixante mille livres, ainsi que la terre de Quéhillac. Nicolas reçoit de son père la propriété de sa charge de maître des requêtes estimée à cent cinquante mille livres. Mais le destin se montre parfois cruel. La même année, moins de six mois après avoir mis au monde leur fille, Louise meurt. François Fouquet, le père de Nicolas, meurt à son tour, suivi en 1641 par le grand-père maternel de Nicolas, Gilles de Maupéou.

Le cardinal Jules Mazarin (1602-1661).
Peinture de P. Mignard, musée Condé.

Ainsi, à vingt-six ans, Nicolas Fouquet se retrouve veuf, père et chef de famille. Il reprend les activités de son père au sein des différentes compagnies maritimes dans lesquelles la famille détient des parts. Mais en 1642, la mort de Richelieu vient mettre un terme à ses projets coloniaux et maritimes. En 1650, il acquiert la charge de procureur général au parlement de Paris et choisit alors définitivement le service de l'État, d'abord auprès de Louis XIII puis, à la mort de celui-ci, auprès de la régente, Anne d'Autriche. Pendant la Fronde, Fouquet reste fidèle au roi et à Mazarin, qui a succédé à Richelieu. Une fidélité dont il sera bien mal récompensé. Le 4 février 1651, Fouquet se remarie avec la fille d'un parlementaire fortuné, Marie-Madeleine de Castille.

En 1653, la Fronde achevée, Fouquet fonde un salon très prisé que fréquentent des écrivains en vue comme Perrault, Quinault, La Fontaine, Madame de Sévigné et Molière. Il reçoit également des scientifiques dans sa demeure de Saint-Mandé, parmi lesquels le médecin Samuel Sorbière ou le philosophe François de La Mothe Le Vayer. Fouquet lui-même s'essaie à l'écriture de poèmes et de bouts-rimés, alors très à la mode. Sa générosité à l'égard des artistes en fait l'un des mécènes les plus puissants de France. Il pensionne ainsi de nombreux poètes, comme La Fontaine, Corneille, Scarron et protège les sculpteurs majeurs de son temps : Anguier, Girardon, Poissant et Puget. Pour le remercier, Corneille dédie son *Œdipe* au surintendant. De même, Madeleine de Scudéry, dans *Clélie, histoire romaine* où elle invente « la Carte du Tendre », place Fouquet au même rang que Richelieu en tant que protecteur des arts et des lettres. Quant à La Fontaine, il vouera une admiration et une dévotion sans limites à Fouquet, en dépit de sa disgrâce.

Pour achever d'asseoir sa position sociale, Fouquet se fait construire un château à la mesure de son prestige et de son ambition. À partir de 1653, les travaux commencent sur un vaste domaine en friche, ne contenant qu'un vieux château en ruine à Vaux-le-Vicomte. Une colline est arasée, des vignes arrachées. Pour alimenter les bassins, une rivière est même détournée de son lit. Nicolas fait appel aux meilleurs artistes de l'époque : l'architecte Louis Le Vau, le peintre Charles Le Brun, le paysagiste André Le Nôtre et le maître-maçon Michel Villedo. En 1658 commence l'aménagement intérieur destiné à impressionner les hôtes de marque qui se succèdent au château : le cardinal Mazarin, la reine mère Anne d'Autriche. Le 10 juillet 1660, de retour de Saint Jean de Luz, le roi Louis XIV et son épouse l'infante Marie-Thérèse s'y arrêtent à leur tour.

Le 12 juillet 1661, Fouquet donne une fête en l'honneur de la reine mère d'Angleterre, Henriette de France. Comme le roi n'a pas pu y assister, le 17 août, une réception encore plus fastueuse est organisée en son honneur, sous la houlette du maître d'hôtel François Vatel, et en présence de près de six cents courtisans.

Luxe et somptuosité sont les mots d'ordre de la soirée : trois mille personnes au total évoluent dans les jardins. Molière donne sa première comédie-ballet, *Les Fâcheux*, qui marque le début de sa collaboration avec Lully. Le tout est savamment orchestré avec des machineries faisant apparaître ici et là des faunes, elfes et bacchantes qui offrent des diamants aux dames. Comme le rapportera La Fontaine : « Tout combattit à Vaux pour le plaisir du roi, la musique, les eaux, les lustres, les étoiles ». On dit pourtant que le roi s'est offusqué devant tant de splendeurs. Certains ont rapporté qu'à l'issue de la soirée, Louis XIV, en visitant les appartements privés du surintendant, aurait découvert en bonne place le portrait de sa favorite, la jeune Louise de La Vallière, ce qui ne manqua pas de le mettre hors de lui. Le roi, qui ne s'installera à Versailles qu'à partir de 1682, ne peut en effet qu'envier cet homme qui commence sérieusement à lui faire de l'ombre... Selon l'abbé de Choisy, dans le carrosse qui le ramenait à Paris, le roi aurait déclaré à Anne d'Autriche : « Ah, Madame, est-ce que nous ne ferons pas rendre gorge à tous ces gens-là ? » Mais contrairement à ce qu'ont raconté des historiens plus soucieux de légendes que de faits avérés, cette fête extravagante ne fut pas la cause de l'arrestation de Fouquet. La décision d'en finir avec le surintendant avait été prise auparavant. En effet, depuis des mois, Colbert s'emploie à ourdir la machination qui finira par faire chuter son rival.

Dans la légende qu'il a forgée à sa propre gloire, Colbert se présente comme étant issu d'une famille de modestes drapiers rémois. Or dès le début du XVIIe siècle, la famille de Colbert s'est lancée avec profit dans la finance. Les branches de son arbre généalogique croulent sous les manieurs d'argent : grands affairistes, receveurs, trésoriers, et autres contrôleurs... Après des débuts obscurs comme clerc, grâce à l'appui de Le Tellier, secrétaire d'État à la guerre, Colbert entre au service de Mazarin, qu'il va servir avec un zèle aussi aveugle que vorace. « La jonction de ces deux destinées scelle la plus remarquable association d'affairistes que l'Ancien

Régime ait connue », écrit l'historien Daniel Dessert. En 1640, il se fait acheter par sa famille une charge de commissaire ordinaire des guerres. Alors que la France traverse une grave crise politique et financière, un mariage opportun lui apporte une dot de cent mille livres, et lui permet de s'introduire dans les plus hautes sphères des milieux financiers.

Jean-Baptiste Colbert (1619-1683).
Peinture de C. Lefebvre, musée de Versailles.

Pendant la Fronde, Colbert sauve Mazarin de la ruine dont le menaçaient les Grands. Non seulement il le tire d'un fort mauvais pas, mais il réussit à faire fructifier la fortune déjà considérable du cardinal. Colbert n'a pas misé sur le mauvais cheval. Supposé défendre les intérêts de la Monarchie, Mazarin profite de son statut pour exercer à son propre bénéfice une dictature financière. Tous les moyens sont bons pour que les meilleures affaires tombent dans son escarcelle : trafics d'influence, pots-de-vin... Grâce à Colbert, Mazarin se constitue une fortune colossale, sans doute la plus importante jamais amassée sous l'Ancien Régime. Il thésaurise de façon compulsive, et dispose notamment d'un immense magot en argent liquide, objets d'or et bijoux, dissimulé dans des meubles et des coffres, que ce soit au Louvre ou au Palais Cardinal. Sans parler de sa collection d'objets d'art : plus de cinq cents tableaux, des tapisseries, des sculptures. Et une bibliothèque de plusieurs milliers de volumes, aujourd'hui la bibliothèque Mazarine. Cette fortune tentaculaire englobe une masse de billets de l'Épargne, objets de ses fructueux trafics. Dans le Nord-Est, en Alsace, ainsi que dans le Maine, il tire de juteux bénéfices des terres et des charges qu'il cumule. Dans l'Ouest, l'Aunis, sur l'Île de Ré et l'Île d'Oléron, l'impôt sur le sel est d'un fantastique rapport. Enfin, s'il peut y avoir une fin à cette vertigineuse énumération, il faut y ajouter les bénéfices ecclésiastiques que lui assurent ses vingt et une abbayes.

En 1661, alors que le Trésor est vide et que le royaume, exsangue, est au bord de la banqueroute, comment expliquer un enrichissement personnel aussi rapide que colossal ? La générosité du roi est un piètre alibi. C'est au détriment du peuple et de l'État que Mazarin et ses amis ont fait fortune. Installée au cœur de l'État, une faction d'hommes puissants est responsable des désordres qui affectent les mécanismes financiers du royaume. Fidèle intendant, pour ne pas dire complice de Mazarin, Colbert tire des bénéfices considérables de cette situation. Mais un patrimoine aussi rapidement acquis, comme celui de son maître, risque d'éveiller les soupçons. Détourner l'attention sur un autre, voilà ce à quoi songe Colbert, surtout lorsque la mort du cardinal, son soutien le plus sûr, vient bouleverser la donne. Et si l'inventaire des biens de Mazarin révélait l'ampleur des spoliations auxquelles il a lui-même participé ? Comment expliquer qu'avec des revenus annuels de deux millions de livres, le cardinal ait réussi à amasser en huit ans, pour trente-cinq millions de livres de biens ? Il va falloir rendre des comptes ! Fort heureusement, c'est à Colbert que, sur ordre du roi, est transmis l'état des biens du cher disparu. Désormais pour Colbert, il s'agit de faire table rase d'un passé plus que gênant et d'éliminer un rival dont il brigue la place. Sous prétexte de faire le ménage dans les finances du royaume et de poursuivre les prévaricateurs, il déclenche l'affaire Fouquet.

Prévoyant, dès octobre 1659, Colbert avait commencé à rédiger un mémoire sur de prétendues malversations du surintendant des Finances, soulignant que « moins de 50 % des impôts collectés arriveraient jusqu'au roi ». Fouquet avait alors alerté Mazarin. Mais le cauteleux cardinal avait réussi à endormir sa méfiance. Repris par sa folie des grandeurs, et confiant en sa bonne étoile, Fouquet n'avait pas écouté les mises en garde

Château de Vaux-le-Vicomte.

d'amis bien informés. Après la mort du cardinal, en mars, Colbert mettra moins de six mois à ourdir le complot qui perdra Fouquet. Outre les arguments et les prétendues preuves qu'il rassemble, il profite de la maladroite ambition et des erreurs stratégiques du surintendant. La fameuse fête donnée à Vaux-le-Vicomte, le 17 août, est l'occasion pour lui d'exacerber la méfiance et la jalousie du jeune roi. Un travail d'intox facilité par la méconnaissance totale de Louis XIV pour tout ce qui touche aux finances. Ainsi Colbert lui fait-il facilement croire que l'orgueilleux surintendant est responsable de la situation calamiteuse des caisses de l'État. Le piège va alors se refermer rapidement sur Fouquet. Le roi commence par le convaincre de vendre sa charge de procureur général, ce qui le prive de tout recours juridique en cas de procès. Non seulement Fouquet vend sa charge, mais il consent un prêt au roi avec une partie de l'argent reçu. Un geste désintéressé, puisqu'il sait pertinemment qu'il ne reverra jamais cette somme considérable. Dans le plus grand secret, le roi et Colbert prévoient ensuite de priver Fouquet de tout moyen de défense, en confisquant ses papiers. Pour ce faire, ils s'emploient à éloigner le surintendant. Prétextant un voyage à Nantes pour la tenue des états de Bretagne, le roi demande à Fouquet de l'accompagner. À nouveau prévenu qu'une sombre action se trame contre lui, Fouquet est frappé par un violent accès de fièvre.

Arrestation de Nicolas Fouquet à Nantes, par d'Artagnan, le 5 septembre 1661.

Fin août 1661, il accepte malgré tout de suivre le roi à Nantes. Mais le 4 septembre, il est à nouveau alité et reçoit la visite compatissante de Colbert. Le lendemain, bien que pressentant le danger, il est anéanti lorsque son ami d'Artagnan vient l'arrêter « au nom du roi ». Aussitôt, Louis XIV remplace la surintendance par un Conseil royal des finances. Payé de ses efforts, Colbert prend le poste de Fouquet au Conseil d'En Haut, ainsi que son brevet de ministre. L'instruction du procès de Fouquet commence dans la plus grande irrégularité (présence de Colbert lors des perquisitions, va-et-vient des pièces à conviction, subordination de témoins...). Le procès ne s'ouvre que le 3 mars 1662. Les interrogatoires débutent le lendemain, sans que Fouquet n'ait pu prendre connaissance des charges retenues, ni des pièces saisies. Aucun acte de procédure ne lui a été notifié. Les magistrats, du président du tribunal au greffier, en passant par le procureur, ont soigneusement été sélectionnés par Colbert. La machinerie judiciaire peut se mettre en marche. Le sort de Fouquet semble scellé.

Deux crimes principaux sont retenus à sa charge : le péculat (détournement de fonds publics par un comptable public) et la lèse-majesté. Le crime de péculat recouvre ici plusieurs actions : la réception de pensions sur les fermes mises en adjudication, l'acquisition frauduleuse de divers droits sur le roi, le trafic de fausses réassignations et les prêts au roi avec intérêts par l'intermédiaire de prête-noms. L'accusation s'appuie sur des preuves tangibles, comme l'immense fortune de Fouquet et ses nombreuses acquisitions, mais également sur le témoignage de plusieurs manieurs d'argent, ainsi que sur les papiers saisis lors des perquisitions. Mais de manière surprenante, les magistrats ne dressent pas l'inventaire des biens propres de l'accusé, malgré les suppliques de Fouquet, qui sait bien que l'établissement d'une antériorité de sa fortune personnelle suffirait à l'innocenter. L'historien Daniel Dessert donne raison au surintendant. Selon lui, les différents chiffres produits à charge témoignent sans équivoque de la circulation de l'argent entre les mains de Fouquet et de ses collaborateurs, mais non pas de l'ampleur de sa fortune, ni des détournements qu'il est accusé d'avoir commis. Il conclut : « l'ensemble du dossier, pièces à conviction et interrogatoires, ne permet pas de prouver un quelconque manquement de Fouquet ». Jean-Christian Petitfils est plus réservé. Si « rien ne démontre qu'il ait puisé directement dans les caisses du Trésor (...) il est difficile d'admettre qu'au milieu de cette orgie de faux et de concussion, Fouquet soit resté blanc comme neige ». Quant au crime de lèse-majesté, un écrit de Fouquet, découvert à Saint-Mandé, s'avère compromettant pour lui. Dans ce document daté de 1657, il prévoyait un plan d'action – au cas où Mazarin se serait montré trop menaçant – en échafaudant une révolte avec des amis officiers et en renforçant ses places fortes de Bretagne. « Révolte contre la Monarchie » tonne le procureur. « Folie jamais mise à exécution », proteste Fouquet.

Après trois ans d'audience durant lesquels les avocats de Fouquet ont produit plus de dix volumes in-folio de mémoires en défense, le 20 décembre 1664, Nicolas Fouquet est reconnu coupable de péculat, crime passible de la peine de mort. Mais sur les vingt-deux juges, seuls neuf d'entre eux acquiescent en faveur de son exécution. Fouquet est donc condamné à la confiscation immédiate de tous ses biens et au bannissement hors du royaume. Pour la plupart de ses contemporains, l'acharnement dont on a usé pour le perdre est une iniquité. Le peuple de Paris qui, au premier jour du procès, insultait Fouquet, se réjouit de le voir échapper à la mort. Furieux, Louis XIV, au mépris de toutes les règles de droit, commue la sentence en détention perpétuelle. Il disgracie les juges, dont Le Fèvre d'Ormesson, le rapporteur, qui a fait preuve selon lui d'une trop grande indulgence. Corneille, Madame de Sévigné, La Fontaine, fidèles à leur mécène, écrivent pour plaider sa cause. Ce dernier fait circuler, sans nom d'auteur, une *Élégie aux Nymphes de Vaux*, poème dédié à « M. Fouquet », et plus tard une *Ode au roi*, faisant appel à la clémence du souverain. Son positionnement en faveur de l'Écureuil lui vaudra, outre la suppression de sa pension par Colbert, une légitime et éternelle disgrâce royale.

Vue de Pignerol (Alpes savoyardes) où fut enfermé Nicolas Fouquet en 1665.

Après trois semaines de voyage, en janvier 1665, Fouquet arrive à la forteresse de Pignerol, située dans une partie alors française du Piémont alpin. Son geôlier, Saint-Mars, à la tête d'une solide garnison de soixante-six soldats, va appliquer à la lettre les consignes de Louvois, secrétaire d'État à la guerre. D'incroyables mesures de sécurité sont mises en place. Enfermé avec deux valets dans le donjon, constamment surveillé, Fouquet se voit interdire toute correspondance orale et écrite avec le monde extérieur. Les visites sont exclues. Son linge est noir afin d'empêcher le prisonnier d'écrire. Il est autorisé à lire, mais chaque volume rendu est inspecté, au cas où il aurait cherché à y glisser un message. Quel contraste pour celui qui naguère encore jouissait du luxe de Vaux-le-Vicomte ! Mais dans sa solitude, Fouquet fait preuve d'un formidable esprit de résistance. Lors d'un orage, la foudre s'abat sur son donjon, mettant le feu à un dépôt de poudre. L'explosion détruit une partie de la tour où il est confiné. Mais alors qu'on le croit mort, il sort indemne des décombres. Dans les meubles brisés, Saint-Mars découvre alors des billets écrits avec des os de chapon trempés dans de l'encre composée de vin et de suie. La surveillance est renforcée. Fouquet se distrait en composant, comme au temps de sa gloire, des bouts-rimés. Il s'adonne à la lecture, enseigne le latin et la pharmacie à ses valets et se tourne vers la religion en rédigeant des traités de piété.

Fin 1669, son fidèle serviteur La Forêt tente de le faire évader. Cette tentative échoue in extremis. Les gardes qui avaient été soudoyés sont aussitôt fusillés. Le courageux La Forêt est pendu. En représailles, des volets viennent obturer les fenêtres, car c'est par là que Fouquet a communiqué avec ses complices. Les semaines et les mois s'égrènent, monotones et identiques. À Paris, les temps ont changé. Les amis du condamné essaient de se faire entendre. Arnauld de Pomponne, un de ses fidèles soutiens est nommé secrétaire d'État. Turenne et quelques autres parlent en sa faveur. Si bien qu'en 1674, le roi autorise Madame Fouquet à écrire à son mari. Le roi exige cependant de prendre connaissance du message, qui ne doit porter que sur le règlement d'affaires privées. Trois ans plus tôt, en novembre 1671, l'arrivée d'un prisonnier aussi important que singulier est venue rompre la routine de Pignerol. Il s'agit du fantasque duc de Lauzun, ex-favori du roi, qu'il a fini par exaspérer par son attitude arrogante et ses provocations. Sur le point d'épouser Mademoiselle de Montpensier, princesse d'âge mûr et richissime cousine du roi, Lauzun voit ses projets matrimoniaux et pécuniaires contrariés par la maîtresse du roi, Madame de Montespan. Avec ce mariage, adieu l'héritage de la vieille fille ! Furieux, Lauzun menace La Montespan de sa haine vengeresse et refuse la compensation qui lui est proposée : rien moins que le titre de maréchal de France. Le roi fait alors enfermer Lauzun à Pignerol, au secret absolu mais... dans un appartement situé juste en dessous de celui de Fouquet. Prisonnier indocile, Lauzun simule la folie et tente plusieurs fois de s'évader. Il réussit à percer un trou dans le plafond et communique avec Fouquet, qui reçoit enfin des nouvelles du monde extérieur. Et quelles nouvelles... car transfigurées par son extravagant voisin ! Cependant, la situation évolue lentement. Fouquet reçoit enfin, via Louvois, des nouvelles de sa famille. Ainsi apprend-il que son fils est appelé dans l'armée du roi. Les promenades sont autorisées pour Fouquet et Lauzun ensemble. Alors que les deux prisonniers communiquent depuis longtemps, leurs conversations sont épiées. Fin 1678, les changements s'accélèrent. Fouquet peut correspondre librement avec les siens, s'entretenir avec les officiers, lire ce qu'il veut. En mai 1679, presque vingt ans après son arrestation, il retrouve sa famille. Ces retrouvailles sont bouleversantes ; le flamboyant surintendant n'est plus qu'un vieil homme usé par la captivité. Fouquet est sur le point d'être libéré, quand, le 3 avril 1680, la nouvelle de sa mort est annoncée.

Frappé d'apoplexie, Fouquet meurt dans les bras de son fils, le comte de Vaux. La famille n'émet aucun doute sur les circonstances du décès. Pourtant, la disparition de Fouquet survient en pleine affaire des poisons et très vite, par analogie, des doutes vont être émis sur les causes de sa mort. Il est vrai que certains faits sont troublants. En juillet 1669, un nouveau venu est enfermé à Pignerol. Un certain Eustache Dauger, domestique arrêté sur ordre du roi, mais dont les motifs de l'incarcération resteront toujours inconnus (certains diront qu'il n'était autre que le Masque de fer en personne). En 1675, Dauger vient seconder La Rivière, au service de Fouquet. Après la mort de ce dernier, les deux serviteurs seront placés, à vie, dans un isolement absolu.

On fait même croire à Lauzun qu'ils ont été libérés. Le silence s'organise. Personne ne saura rien de ce qui s'est passé, en dehors de Louvois, de Saint-Mars et... de Colbert. Car qui d'autre que lui aurait bien pu vouloir faire disparaître Fouquet, qui était sur le point d'obtenir la grâce royale et dont il redoutait tant l'habileté et l'influence ? L'hypothèse se tient. En 1680, près de vingt ans après l'arrestation de son rival, Colbert n'est plus dans une situation aussi confortable. Le règlement des affaires privées de Fouquet va entraîner des procédures pour escroquerie à l'encontre des complices de Colbert. Or, ces retombées judiciaires risquent d'éclabousser l'image de ministre intègre qu'il a su se forger. Sur le point d'être libéré de sa cage, l'Écureuil aurait été empoisonné.

Cette thèse n'est néanmoins pas partagée par tous les historiens qui se sont penchés sur la fin de Fouquet. Après la mort du surintendant, des documents ayant été envoyés à Louvois ont été retrouvés, celui-ci en accuse réception ainsi : « Mandez-moi comment il est possible que le nommé Eustache ait fait ce que vous m'avez envoyé, et où il a pris les drogues nécessaires pour le faire... » L'emploi du mot « drogues » a été à l'origine de toute une littérature qui accrédite l'hypothèse d'un empoisonnement. Or l'historien Jean-Christian Petitfils a montré que les « drogues » évoquées par Louvois ne sont pas des poisons mais des produits dont s'est servi Fouquet, pour fabriquer l'encre sympathique avec laquelle il rédigea certains documents. Par ailleurs, Fouquet, passionné de chimie, avait eu le droit durant sa détention de fabriquer des remèdes pour soulager ses maux et il en avait même envoyé à Louvois. Quant à Daniel Dessert, s'il juge « plausible » l'empoisonnement, sur l'initiative de Dauger, il conclut qu'il « est totalement absurde et matériellement impossible que Colbert se soit hasardé à commanditer pareille entreprise (...) tout en sachant que continue à flotter un parfum de mystère autour de cet homme étonnant (Fouquet) qu'un destin curieux a installé successivement, par ses fonctions, par ses goûts, par son procès, hors du commun ».

L'AFFAIRE DES POISONS :

UNE TUEUSE EN SÉRIE DANS LE LIT DU ROI-SOLEIL ?

Le 17 juillet 1676, badauds et curieux se pressent sur les quais qui vont de la Conciergerie à Notre-Dame. C'est aujourd'hui que l'on exécute Marie-Madeleine de Brinvilliers, la diabolique marquise qui a froidement éliminé son père, ses frères et son mari au moyen de mystérieux poisons concoctés avec l'aide de son amant, le chevalier Godin de Sainte-Croix, un aventurier hâbleur versant dans l'escroquerie. C'est à la mort de ce dernier que l'on a découvert chez lui une étrange cassette, contenant des fioles et une curieuse confession écrite par la marquise où elle avoue meurtres, inceste et adultère. La cour de Louis XIV réalise avec effroi qu'elle a côtoyé pendant des années une tueuse en série, qui a froidement éliminé tous ceux qui se mettaient en travers de son chemin. Par égard pour son rang, la marquise échappe au bûcher des sorcières : elle sera décapitée, et son corps brûlé. Le lendemain de l'exécution, Madame de Sévigné écrit à sa fille : « Enfin c'en est fait, La Brinvilliers est en l'air : son pauvre petit corps a été jeté après l'exécution dans un fort grand feu, et les cendres au vent ; de sorte que nous la respirerons et, par la communication des petites esprits, il nous prendra quelque humeur empoisonnante dont nous serons tous étonnés ». L'épistolière ne croit pas si bien dire. À la cour, la crainte des poisons vire à la psychose. Certains grands seigneurs ont un goûteur attitré. On jette immédiatement les mets dont le goût paraît suspect. L'exécution de la marquise de Brinvilliers n'est que le prologue d'une incroyable affaire criminelle, qui prend racine dans les bas-fonds

Portrait de Françoise-Athénaïs de Rochechouart Mortemart, Marquise de Montespan (1640-1707).
Châteaux de Versailles et de Trianon.

parisiens et dont les ramifications s'étendent jusqu'aux plus hautes sphères de l'État. Sorcellerie, messes noires, envoûtements, rituels sataniques, pendant toute la fin de la décennie 1670, les couloirs du Louvre bruissent des rumeurs les plus folles. Il semble bien qu'au siècle de Descartes et de Spinoza, les pratiques médiévales les plus sulfureuses aient toujours cours et ce, jusque dans le proche entourage du roi...

Portrait de Gabriel Nicolas de La Reynie (1625-1709). Peinture de N. Mignard.

Tout commence avec l'arrestation, en 1677, d'une bande de faux-monnayeurs menée par le chevalier de Vanens et son comparse, François Galaup de Chasteuil. L'enquête fait apparaître que le chevalier de Vanens est, comme on le dit à l'époque, « artiste en poison ». Il a l'art de créer des venins difficilement détectables, dont il fait commerce pour qui veut se débarrasser d'un rival, d'un ennemi ou d'un mari encombrant. Car à une époque où seules les veuves peuvent librement disposer de leur vie et de leurs biens, sans la tutelle d'un père ou d'un mari, certaines femmes sont vite tentées de s'en remettre au séduisant chevalier. Les deux criminels sont donc arrêtés pour le meurtre d'un petit noble lyonnais. Mais un doute s'insinue dans l'esprit de Gabriel Nicolas de La Reynie, qui enquête sur l'affaire. La mort subite et plutôt suspecte de Charles-Emmanuel de Savoie, deux ans auparavant, revient à l'esprit du lieutenant général de la police de Paris. Chasteuil aurait-il aussi joué un rôle dans cette affaire ? Réputé pour son intégrité et sa très grande loyauté à la Couronne, La Reynie s'en ouvre à Louvois, le puissant ministre de la guerre, qui a alors l'oreille du roi. Ce dernier lui recommande d'enquêter particulièrement sur le milieu interlope des empoisonneurs, alchimistes et autres « sorcières » qui peuplent les ruelles de Paris. La Reynie va dérouler le fil de ce qui est peut-être la plus scandaleuse affaire criminelle du Grand Siècle, dont les tenants et les aboutissants continuent encore aujourd'hui d'alimenter les plus folles spéculations.

Sur dénonciation anonyme, La Reynie va d'abord s'intéresser à un couple étrange : Mademoiselle de La Grange et le curé Nail. Cet ecclésiastique dévoyé accepte de célébrer, moyennant finances, des messes noires consistant à déclamer la messe à l'envers, où les Évangiles sur le corps nu de femmes tiennent lieu d'autel, afin d'attirer la faveur de Satan. Car en cette période de Contre-Réforme, dans une société largement imprégnée par la religion, on croit tout autant au diable qu'au Bon Dieu ! Le curé Nail et la demoiselle de La Grange sont donc accusés de s'être prêtés à des rites sacrilèges, et pire encore, d'avoir fomenté une tentative d'assassinat contre le roi, au moyen d'une lettre empoisonnée. Pour rocambolesque qu'elle puisse paraître, l'hypothèse n'en est pas moins prise très au sérieux par La Reynie : le souvenir de la mort d'Henri IV, grand-père du Roi-Soleil, est encore présent dans tous les esprits. Arrêtés, La Grange et Nail sont soumis à la question et subissent le supplice des brodequins, torture atroce – visant à faire craquer les os et éclater les chairs – qui n'est administrée que si l'accusé est soupçonné de crimes abominables. Lors de l'interrogatoire, La Grange et Nail

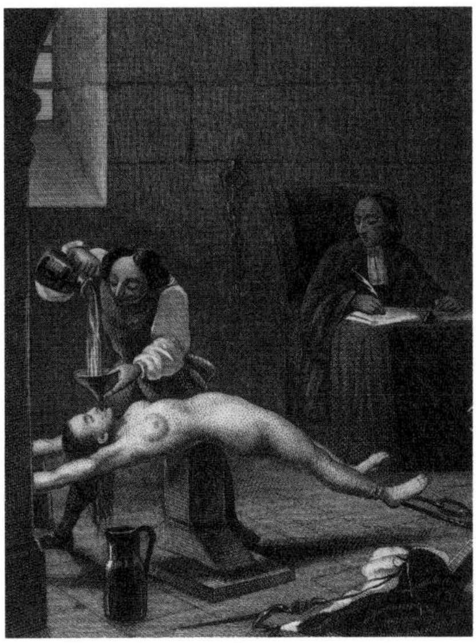

La Chambre de la question.

Laboratoire de Catherine Montvoisin, dite « La Voisin ».

dénoncent deux personnes déjà évoquées par le chevalier de Vanens après son arrestation : Marie Bosse, dite « La Bosse », et son amie et rivale Marie Vigoureux, dite « La Vigoureux ». Les deux femmes sont arrêtées, et il apparaît que La Bosse a bien participé à des assassinats grâce à ses poisons. Interrogée, elle reconnaît avoir été instruite dans cet art par une femme qui deviendra certainement l'empoisonneuse la plus célèbre de son temps : Catherine Montvoisin, dite « La Voisin », reflet des sorcières du Moyen Âge, qui va donner un tournant spectaculaire à l'affaire.

Lors de la perquisition effectuée dans son étroite maison du Pont Marie, La Reynie va en effet faire une découverte stupéfiante : au fond du jardin, dans une cabane qui lui sert à pratiquer son art, se trouve un petit four crématoire qu'elle utilise pour calciner des fœtus d'enfants. Ce jour-là, il est encore rempli d'un petit tas de cendres grises. En effet, un grand nombre de ces diseuses de bonne aventure qui peuplent cet univers parallèle sont bien souvent aussi des faiseuses d'anges. Leur connaissance des plantes et des poisons est en effet le dernier recours des femmes, pour tout ce dont elles ne peuvent parler à leur médecin. Mais La Voisin ne saurait se contenter de nécromancie ou d'avortements. Avec son amant, un dénommé Lesage, et la complicité d'un ecclésiastique débauché nommé Guibourg, elle organise également des messes noires et invocations à Satan, allant même parfois, murmure-t-on, jusqu'au sacrifice d'enfants. Pour faire face à l'accumulation de ces abominables faits, et craignant de ne pas pouvoir compter sur la fidélité totale et absolue du Parlement, Louis XIV décide de ressusciter une vieille institution datant de l'Inquisition : la Chambre ardente. Le 7 avril 1679, il nomme officiellement une nouvelle commission, composée de magistrats triés sur le volet pour leur dévouement et leur fidélité. C'est La Reynie qui mènera l'instruction. Mais lors de leurs interrogatoires, La Bosse et La Voisin font des révélations particulièrement embarrassantes.

Les empoisonneuses dévoilent le fait que les clientes de leurs philtres d'amour et autres décoctions dangereuses ne sont pas issues, en majorité, de la bourgeoisie parisienne, mais bien davantage de la cour. Parmi elles, il y aurait même l'orgueilleuse comtesse de Soissons, nièce du cardinal Mazarin et premier amour de Louis XIV, qui aurait voulu regagner la faveur de son royal amant. Les empoisonneuses citent également la vicomtesse de Polignac, la comtesse du Roure, le maréchal de Luxembourg... Cherchent-elles simplement à gagner du temps en distillant de telles révélations pour retarder l'issue de leur procès ? Il faut pourtant bien enquêter sur l'affaire. L'administration d'un philtre d'amour au roi est en effet considérée comme un crime de lèse-majesté. En janvier 1680, la Chambre ardente lance une série de « décrets de prise de corps » contre plusieurs membres de la cour, et notamment la comtesse de Soissons ; d'autres, comme la duchesse de Bouillon, sont assignés à comparaître. Par égard pour son amour de jeunesse, le roi a fait prévenir la comtesse, lui laissant le choix entre l'arrestation et l'exil. Elle opte pour la fuite. Son départ n'est pas nécessairement un aveu de culpabilité. Mais il laisse penser qu'il reste encore bien des scandales à déterrer. La Reynie ne le sait que trop bien, et a fait retirer du procès-verbal de l'interrogatoire de La Bosse un nom susceptible de créer un scandale sans précédent : celui de Madame de Montespan.

L'influence de la maîtresse officielle du roi depuis dix ans a été telle, qu'elle a su le convaincre de légitimer leurs enfants. Celle qui est traitée avec bien plus d'égards que Marie-Thérèse, comme une véritable reine de fait, aurait-elle été en commerce avec ces empoisonneuses ? C'est ce que Marie-Marguerite, la fille de La Voisin, elle-même arrêtée, ne cessera de répéter. Et il est vrai qu'après une décennie de règne sans partage sur le cœur du roi, la piquante Athénaïs voit son royal amant lui échapper. N'a-t-il pas succombé au charme angélique de Mademoiselle de Fontanges ? Cette dernière, après avoir accouché en décembre 1679 d'un enfant qui n'a pas survécu, est d'ailleurs fort malade. Elle souffre d'hémorragies qu'aucun médecin ne semble capable de faire cesser. Et si ces maux, auxquels elle succombe en juin 1681, étaient dus à un empoisonnement ? Marie-Marguerite assure que La Montespan a plusieurs fois sollicité les préparations douteuses de sa mère : d'abord pour évincer Madame de La Vallière du cœur du roi, puis pour s'assurer les faveurs de ce dernier, et enfin pour se débarrasser de sa nouvelle rivale. C'est par le biais de sa dame de compagnie, Mademoiselle des Œillets, que se passait leur commerce. Et il est effectivement avéré que cette dernière s'est rendue à maintes reprises dans la petite maison du Pont Marie...

Que faire de ces troublantes révélations ? Colbert, alors secrétaire d'État à la Marine – qui dispute âprement à Louvois son influence sur le roi – pense que cette investigation commence à fragiliser l'État. Pour lui, aucun doute : Marie-Marguerite est une mythomane dont les mensonges mettent en danger un pouvoir royal qui n'a jamais été aussi éclatant. Il est temps de clore, avec les exécutions en place de Grève de La Bosse et de La Voisin, cette lamentable affaire. Les autres protagonistes, et notamment Marie-Marguerite, seront soigneusement enfermés, pour le restant de leur existence. Le roi, lui, attendra la mort de La Reynie pour détruire toutes les archives relatives au procès. C'est du moins ce qu'il croit. Car La Reynie avait scrupuleusement répertorié et résumé tous les documents relatifs à l'affaire. Redécouverts par l'érudit François Ravaisson, ils ont permis à plusieurs générations d'historiens de rouvrir le dossier. Louis XIV a-t-il réellement partagé le lit d'une tueuse de sang-froid pendant dix ans ? La mère de ses bâtards légitimés s'est-elle prêtée à des scènes de débauche sataniques ? Certains historiens ont préféré voir en Madame de Montespan la victime d'une machination menée par Louvois, qui cherchait ainsi à combattre l'influence de celle-ci sur le roi, tirant partie d'affabulations obtenues sous la torture.

Mais peut-être la coupable n'est-elle pas là où on le croit. Il est avéré, en effet, que Mademoiselle des Œillets, la dame de confiance de La Montespan, s'est rendue chez La Voisin. Elle aurait également participé à des messes sataniques. Or on sait aujourd'hui qu'elle a partagé avec sa maîtresse les faveurs du Roi-Soleil, dont elle a eu une fille, Louise de Maisonblanche, vers 1676. Aurait-elle pu chercher à éliminer, pour son propre compte, ses potentielles rivales, tout en prétendant agir au nom de la marquise ? Ironie du sort, c'est bien dans l'entourage de la marquise que le roi a choisi celle qui allait lui succéder. Mais les manigances de Mademoiselle des Œillets ne lui seront d'aucune aide, car c'est sur la gouvernante des « bâtards » royaux, la sage Madame de Maintenon, que se porte le choix du roi. L'heure est à la vertu et à la célébration d'une royauté absolue qui n'aura jamais été aussi rayonnante. Dans un parfum délétère, les empoisonneuses, dernières sorcières du royaume, ont emporté sur le bûcher les derniers relents d'un âge baroque, qui cèdera bientôt la place au triomphe du classicisme.

LA PALATINE

UNE COMMÈRE À LA COUR DE LOUIS XIV ?

Charlotte-Élisabeth de Bavière est une princesse allemande née en 1652, fille de l'Électeur palatin du Rhin et de Charlotte de Hesse-Cassel. Cette fille un peu boulotte, surnommée Liselotte, est arrachée à son cher Palatinat natal pour devenir la femme de Philippe d'Orléans, « Monsieur », le frère de Louis XIV, à qui elle a été mariée par procuration. De cet homme, elle ne sait pratiquement rien. Elle n'a surtout pas été prévenue du peu de goût de son futur époux pour les femmes et de ses tendres liens avec le chevalier de Lorraine... Mais les alliances diplomatiques prévalent. Ce mariage avec le propre frère du monarque le plus puissant d'Europe laisse espérer à l'Électeur palatin une grande sûreté pour ses États, sans cesse tiraillés entre l'empire et le royaume de France. Voilà donc la princesse palatine propulsée à la cour du Roi-Soleil, à tout juste vingt ans. Comment cette princesse truculente, un peu rustre mais chaleureuse et fine à la fois réussit-elle à survivre dans cet univers impitoyable ? Certes, La Palatine, comme on la surnomme, n'est pas le personnage dont les manuels d'histoire ont le plus immortalisé le nom, mais grâce à sa prodigieuse correspondance, elle est sans aucun doute la personnalité la plus familière et la plus attachante du Grand Siècle.

Première concession, Liselotte, pourtant élevée dans la religion réformée, doit se convertir au catholicisme. Soumise à la volonté de son père, elle n'a pas le choix, mais n'en pense pas moins. Dans une lettre adressée à sa famille, elle fait preuve d'un esprit critique plus que rare à la cour des Lumières : « Dans tous les sermons, on fait de grands compliments au roi pour avoir persécuté les pauvres réformés (...) il est vraiment bien déplorable que dans sa jeunesse, on ne lui ait pas fait comprendre que la religion est instituée plutôt

Portrait de la princesse palatine Charlotte-Élisabeth de Bavière, duchesse d'Orléans (1652-1722).
Nicolas de Larguillère, musée Condé.

Philippe de France, duc d'Orléans, dit « Monsieur » et frère de Louis XIV (1640-1701). Musée de Versailles.

pour entretenir l'union parmi les hommes que pour les faire se persécuter les uns les autres ». Dans une autre lettre, elle revendique le droit de se faire une religion « à part soi » et avance : « Mourir, c'est tout de même chose affreuse et malheureusement nous ne savons guère ce qu'il adviendra de nous après cette vie ». À la lecture de ces propos, on comprend mieux pourquoi La Palatine verra d'un œil peu amène l'influence grandissante du parti dévot à la cour, et surtout, on mesure déjà tout ce qui va l'opposer à Madame de Maintenon, lorsque celle-ci entendra faire régner à Versailles la morale et la religion.

Physiquement, La Palatine ne peut rivaliser avec les beautés qui gravitent autour du roi, comme la marquise de Montespan, Mademoiselle de Ludres, Marie-Angélique de Scoraille. C'est même cette dame d'honneur de La Palatine, devenue duchesse de Fontanges, célèbre pour ses coiffures excentriques à plusieurs étages qui, en 1678, devient la maîtresse de Louis XIV à qui elle donne deux enfants morts-nés. Si son visage n'est pas sans charme, Liselotte est cependant solidement charpentée, large de hanches, avec une tendance à l'embonpoint. Les choses n'iront guère en s'améliorant. Quand il s'agit de se dépeindre, l'intéressée n'est pas tendre avec elle-même. Voici comment elle se décrit, à l'approche de la cinquantaine : « Ma taille est monstrueuse, je suis carrée comme un dé, ma peau est d'un rouge mélangé de jaune... ». Son mari lui fera, malgré son peu de goût pour les femmes, trois enfants (un minimum contractuel effectué sans ambages ni sentiments, tout juste pour assurer sa succession), dont Élisabeth-Charlotte d'Orléans et Philippe d'Orléans, qui assurera la régence pendant la minorité de Louis XV. À la naissance de son premier enfant, le duc de Valois, comme d'autres courtisans, croyant lui faire plaisir, lui disent que le petit garçon lui ressemble, elle écrit à sa tante, la duchesse de Hanovre : « Vous pouvez bien penser dès lors que ce n'est pas précisément un très beau garçon ».

Philippe II, dit « le Régent », fils de La Palatine (1674-1723). Gravure de Dufles, d'après Souterre.

La démarche quelque peu gauche, Liselotte devient en revanche une cavalière émérite. Comme l'écrit Patrick Pesnot, qui évoque longuement La Palatine dans son ouvrage consacré à son fils Philippe II, le futur Régent, c'est une véritable amazone qui arrive à la cour : « Louis XIV avait encouragé cet emballement qui lui permettait, au cours d'interminables parties de chasse, de chevaucher botte à botte avec cette belle-sœur qui, décidément, l'amusait fort. Dans la forêt, au plus près de la meute et précédant souvent l'équipage, le roi oubliait le visage maussade de son épouse et se reposait des frivolités de ses favorites en goûtant la hardiesse et le langage fleuri de Liselotte ». Il y a tout lieu de penser que l'affection qu'éprouvait Liselotte pour le roi, qu'elle admirait autant qu'elle le défiait, relevait du sentiment amoureux. Hélas, comment rivaliser avec les beautés dont le Roi-Soleil s'amourachait si promptement ? Toujours est-il qu'à la cour, les attentions du roi pour cette Allemande rustique font jaser. On s'étonne que le souverain se montre aussi attentif à ses avis. Mais comme l'hypocrisie et surtout la peur de déplaire au roi l'emportent, Charlotte-Élisabeth est l'objet de flatteries dont elle n'est pas dupe. Pour exemple, lorsqu'en hiver, ne trouvant rien à se mettre pour se protéger du froid, elle prend l'habitude d'enrouler négligemment un morceau de fourrure autour de son cou, des femmes de la cour se mettent à l'imiter. La mode de La Palatine est lancée ! Curieuse, grande lectrice, férue d'opéras et de théâtre, passionnée de musique et d'inventions (comme le microscope), ses lettres croustillent de culture et en font l'un des témoins les plus précieux de son temps.

Mais très vite, Liselotte comprend qu'à la cour, elle ne doit accorder sa confiance à personne. Cette foire aux vanités et aux perversités d'une aristocratie en crise lui inspire une méfiance teintée de mépris. Quitte à être moquée, autant que ce soit en se faisant craindre ! Son sens de la répartie, ses formules assassines, sa faculté à déjouer les roueries et à se démarquer des manigances mesquines, bref son extraordinaire lucidité va lui permettre de survivre dans ce milieu hostile : « Quoique nous autres comtesses palatines, nous ayons pour ainsi dire donné naissance aux princes les plus puissants du monde, on croit ici à peine que nous soyons de bonne maison, et s'il arrive un comte palatin, un misérable duc lui disputera le rang. Cela me rend souvent si furieuse que j'en crève ». On l'a compris, observatrice impitoyable, La Palatine trouve un formidable exutoire dans l'écriture. Chaque jour, elle confie à sa famille et à ses amis, répartis dans toute l'Europe, ses joies, ses peines, ses désillusions, ses effarements... Une correspondance immense et une totale liberté de ton constituent, à l'instar des *Mémoires* de Saint-Simon, un témoignage exceptionnel et savoureux sur la vie à la cour de Versailles.

Le 30 juillet 1683, la reine Marie-Thérèse meurt. Entre deux parties de chasse, Louis XIV déclare alors : « C'est le premier chagrin qu'elle m'ait donné ». La Palatine est l'une des rares personnes à pleurer sincèrement cette mort. Bien qu'elles fussent de tempéraments très différents, les deux femmes avaient en commun d'être des exilées, prisonnières d'une cour dont l'hypocrisie et les mœurs dissolues les rebutaient. La Palatine est d'autant plus affligée que le trépas de la reine confirme l'irrésistible ascension de Françoise d'Aubigné, faite marquise de Maintenon par la grâce du roi. Jusque-là, celle que les satiristes du temps surnommaient « Madame de Maintenant » était restée effacée. Néanmoins, La Palatine la soupçonnait d'être ambitieuse et s'obstinait à voir en elle une parvenue : « la veuve Scarron », l'ancienne épouse d'un poète aussi méchant que contrefait. Que cette dévote ait succédé à une « poute », comme Marie-Thérèse aimait à appeler La Montespan, ne pouvait qu'ajouter au mépris que La Palatine avait pour elle.

Françoise d'Aubigné, marquise de Maintenon (1635-1719).
Musée du Louvre.

Triste de ne plus être de connivence avec le roi, Liselotte se défoule désormais dans ses lettres, où la nouvelle favorite est traitée, entre autres aménités, de « vieille guenipe », « vieille sorcière », et autre « vieille ordure ». Peu lui importe que ses lettres soient interceptées par le cabinet noir du roi et que celui-ci lise ses diatribes. Cette censure semble même stimuler sa haine envers l'épouse morganatique de Louis XIV, qu'elle appelle aussi « la ripopée » ou « l'ébreneuse ». Cette dernière insulte scatologique faisait allusion aux couches que La Maintenon devait changer quand elle était la préceptrice des bâtards que le roi avait eus avec La Montespan, sa précédente favorite. La Palatine reproche surtout à La Maintenon – outre qu'elle en soit l'élue – la grande influence qu'elle exerce sur le roi, et lui impute notamment la décision qui entraînera, en 1685, la révocation de l'édit de Nantes. Mesure aussi discriminatoire que désastreuse, qui provoquera l'exode d'une grande partie des Protestants, anciens coreligionnaires de La Palatine. En 1688, prétendant sécuriser les frontières du royaume, et faire valoir les droits de sa belle-sœur, Louis XIV ordonne à ses armées de franchir le Rhin. L'occupation du Palatinat donne lieu à des exactions de la soldatesque française. Pire, le ministre Louvois suggère de faire de cet État un désert de ruines qui deviendrait un glacis entre l'Alsace et l'Allemagne. Cités, villages, églises, places fortes sont minés ! Heidelberg est détruite, le palais où Liselotte a grandi est rasé et son père et son frère sont abattus. Elle est d'autant plus frappée d'horreur que ses compatriotes lui attribuent la responsabilité de cette campagne de terreur. À Versailles, il n'y a personne pour consoler La Palatine qui gémit : « C'est en mon nom qu'on a brûlé et violé ». Le Roi-Soleil est peut-être à son apogée, mais déjà il rougeoie de bien sanglante façon…

Françoise-Marie de Bourbon, Mademoiselle de Blois (1677-1749).
Pierre Gobert,
musée des Beaux-Arts, Orléans.

Dévastée, La Palatine n'en est pas à sa dernière peine... Madame doit faire contre mauvaise fortune bon cœur. Toujours Allemande d'âme et de cœur, elle fait venir d'outre-Rhin les plats traditionnels de son enfance et survit ainsi, dans une prison dorée dont elle n'admet ni les intrigues, ni les avanies, regrettant quotidiennement sa jeunesse préservée à Heidelberg. Fidèle à ses principes et à son éducation, elle accorde en outre une grande valeur au respect du sang légitime et abhorre la bâtardise – sans doute parce qu'elle a souffert de voir son père, descendant de la prestigieuse lignée des Wittelsbach, déchoir de son rang en installant à demeure une maîtresse, ordonnant à son épouse de quitter le palais d'Heidelberg. Pourtant, elle verra sa pire crainte survenir : l'union contre nature de sa progéniture adorée avec les bâtards de La Montespan. Le 11 janvier 1692, alors qu'elle apprend que son fils Philippe, duc de Chartres, a accepté sans contester d'épouser Mademoiselle de Blois, bâtarde de Louis XIV et de La Montespan, elle gifle violemment son enfant chéri en public. La scène se déroule au milieu des courtisans qui se bousculent dans la galerie des Glaces. Saint-Simon, qui est présent, la relate dans ses *Mémoires* : « Elle lui appliqua un soufflet si sonore qu'il fut entendu de quelques pas et couvrit de confusion ce pauvre prince, et combla les infinis spectateurs, dont j'étais, d'un prodigieux étonnement ». Une occasion de plus pour Liselotte de détester La Maintenon qui avait ourdi ce mariage. Mais quand « la vieille guenipe » s'avise de vouloir marier la fille de La Palatine, Mademoiselle de Chartres, à un autre des bâtards royaux, cette fois, La Palatine ne se laisse pas faire ! Pour dissuader son mari d'acquiescer à cette nouvelle machination, elle lui fait savoir qu'elle est prête à colporter dans toutes les cours d'Europe ce qu'elle sait sur l'empoisonnement d'Henriette d'Angleterre, la première femme de Philippe d'Orléans. C'est en effet le perfide chevalier de Lorraine,

Charlotte-Élisabeth de Bavière, princesse palatine. Peinture d'H. Rigaud, musée du château de Versailles.

le mignon de Philippe, qui avait commandité l'assassinat. Le crime risquant d'éclabousser Monsieur, celui-ci fait profil bas. Néanmoins, pour évacuer sa peine, Liselotte dispose-t-elle au moins d'un langage fleuri n'ayant rien à envier à l'illustre Rabelais, qu'elle affectionne beaucoup par ailleurs... Ainsi, ayant été contrainte de soulager ses besoins naturels en extérieur lors d'une partie de chasse, La Palatine relate-t-elle l'inconfort – indigne de son rang – qu'elle vécut dans une lettre à sa tante Sophie de Hanovre, avec un langage aussi cru qu'ironique, à l'image de notre commère : « De Fontainebleau, le 9 d'octobre 1694. Il n'y a point de frottoir aux maisons du côté de la forêt. J'ai le malheur d'en habiter une, et par conséquent le chagrin d'aller chier dehors, ce qui me fâche, parce que j'aime chier à mon aise, et je ne chie pas à mon aise quand mon cul ne porte sur rien. Item, tout le monde nous voit chier. (...) Vous voyez par là que nul plaisir sans peine, et que, si on ne chiait point, je serais à Fontainebleau comme le poisson dans l'eau ».

Qu'importent ces déconvenues, La Palatine continuera à écrire ses lettres, emplies de fiel et de clairvoyance, véritables exutoires où sa liberté de ton et son ironie feront encore merveille. À l'instar de Madame de Sévigné, elle demeure l'une des plus grandes épistolières du Grand Siècle. N'en déplaise à ceux qui voyaient dans son franc-parler les accents ruraux d'une commère ! Celle qui survivra à son époux qui l'avait toujours protégée, au roi qui lui avait conservé une indefectible affection jusqu'à sa mort en 1715, et même à La Maintenon, son ennemie de toujours, finira ses jours dans la plus grande dignité au château de Saint-Cloud, où elle s'éteindra en 1722, âgée de soixante-dix ans.

LA MAURESSE DE MORET

L'ÉNIGMATIQUE ENFANT NOIRE DE LOUIS XIV ?

Le 30 septembre 1695, Madame de Maintenon invite des membres de la famille royale à la prise de voile d'une jeune novice. La cérémonie se déroule au couvent des bénédictines de Moret-sur-Loing, près de Fontainebleau. Fait insolite pour l'époque, la jeune femme qui prononce ses vœux et qui va devenir, à trente et un ans, sœur Louise-Marie-Thérèse, est noire. Tout aussi surprenante est la pension de trois cents livres, prise sur le Trésor royal, que Louis XIV lui allouera par la suite, comme en atteste un brevet extrait des Archives nationales daté du 16 octobre 1695. D'autres illustres personnages de la cour se rendent eux aussi au monastère, notamment le Grand Dauphin Louis et ses enfants, les princes Louis et Philippe, qui tous s'adressent à cette religieuse avec une familiarité empreinte d'une grande affection. La jeune bénédictine affirme bientôt, aux autres religieuses et moniales, être de sang royal. Toutes les attentions particulières dont elle fait l'objet, depuis sa plus tendre enfance, de la part de ses nobles visiteurs lui ont mis la puce à l'oreille... Et cette haute opinion qu'elle se fait de sa royale naissance lui confère un orgueil tel que ses supérieures s'en plaignent. Voltaire raconte l'anecdote selon laquelle Madame de Maintenon serait venue un jour spécialement de Fontainebleau pour essayer de la raisonner et la rappeler à la modestie de son état. Ce à quoi la religieuse aurait répondu : « Madame, la peine que prend une dame de votre élévation de venir exprès ici pour me dire que je ne

Portrait de Louise-Marie-Thérèse.
Bibliothèque Sainte-Geneviève.

suis pas fille du roi me persuade que je le suis ». Louise-Marie-Thérèse se comporte même avec le Grand Dauphin comme s'il était son frère. Saint-Simon rapporte à ce propos dans ses *Mémoires* qu'il aurait entendu la jeune nonne s'exclamer négligemment, en apercevant Monseigneur chasser dans la forêt : « C'est mon frère qui chasse ». Qui était donc cette jeune bénédictine au teint d'ébène ? Pourquoi l'épouse secrète du Roi-Soleil, Madame de Maintenon, lui témoigna-t-elle autant d'attentions ? Était-elle la fille née d'une tocade exotique du roi ? À moins qu'elle ne soit la fille de Marie-Thérèse d'Autriche ? Dans l'affirmative, qui était son père ? Et surtout pourquoi Louis XIV lui accorda-t-il une pension aussi généreuse ?

Madame de Maintenon – dont le père fut gouverneur de la toute petite île de Marie-Galante – a vécu les premières années de son enfance à la Martinique, dont elle gardera toute sa vie un souvenir intense. Avoir côtoyé des Noirs, certes pour la plupart esclaves, pourrait expliquer qu'elle ait développé une relation aussi suivie avec la religieuse de Moret. Depuis douze ans, date de son mariage secret avec le roi, Madame de Maintenon a délaissé la galanterie pour la piété, et c'est elle qui, usant de ses relations dévotes, a fait entrer la mystérieuse jeune femme au couvent. En outre, le fait que Madame de Maintenon – avant de devenir la favorite puis l'épouse du roi – ait été l'ancienne gouvernante des bâtards royaux, pourrait aussi justifier les égards et les attentions qu'elle portera jusqu'à sa mort à la religieuse de Moret. Cette jeune femme serait-elle alors l'un des nombreux enfants naturels de Louis XIV ? Pour Voltaire, la chose est évidente. Pourtant, si nombreuses soient-elles, les maîtresses de Louis XIV ont toutes été répertoriées avec précision. Le Roi-Soleil fut un souverain dont la vie publique et privée a été des plus observées. Son époque fut celle du théâtre, et à Versailles, il était comme un comédien, en représentation permanente sur une scène splendide, y compris pour les

Le roi de France Louis XIV avec Madame de Maintenon.
Peinture de J. Philipault, musée du Louvre, Paris.

moments supposés les plus intimes, du lever au coucher de son illustre personne. De plus, le souverain, en légitimant les différents enfants nés de ses diverses maîtresses ou favorites, a démontré qu'il désirait les faire tous vivre en pleine lumière. Une rumeur a laissé entendre que le roi aurait eu une aventure avec une domestique noire, venue des Antilles. Mais s'il avait eu une maîtresse noire, ne le saurions-nous pas ? À l'époque, à Versailles, la domesticité comptait un certain nombre de valets noirs d'origine antillaise. À la différence de leurs frères restés dans les îles, ils n'étaient pas traités en esclaves, car l'esclavage n'avait plus cours en

France. Leur présence à la cour de France s'explique en partie par un goût de l'exotisme, mais sert aussi à faire valoir le prestige international du roi.

Portrait de Marie-Thérèse d'Autriche (1638-1683), reine de France.
Peinture de C. Beaubrun, musée de Versailles.

Et si cette jeune femme n'était autre que Marie-Anne, la fille de Louis XIV et de Marie-Thérèse d'Autriche, née le 16 novembre 1664 ? Selon les témoins présents, dont Madame de Motteville, le bébé, à sa naissance, présente une peau noire : « C'était une mauresse dont elle pensa mourir ». Les chirurgiens de la reine sont désemparés devant un tel phénomène. Pour étouffer les rumeurs, des obstétriciens expliquèrent que cette couleur sombre était le résultat d'un accouchement long et difficile : manquant d'air, la petite princesse aurait été prise de convulsions et sa peau aurait pris un teint violacé virant sur le noir. Cette hypothèse fut également défendue par la princesse de Conti, fille légitimée de Louis XIV. D'autres médecins incriminèrent même l'alimentation de la reine durant sa grossesse. Aujourd'hui, à la lumière des connaissances médicales modernes, on peut imaginer que le nouveau-né a été cyanosé, ce qui expliquerait la couleur foncée de sa peau. Toujours est-il que l'on annonça l'enfant de santé fragile et qu'elle fut déclarée morte, quarante jours plus tard, le 26 décembre 1664, non sans avoir été baptisée. Mais le fait qu'une déclaration soit officielle n'implique pas forcément qu'elle se fonde sur des preuves tangibles.

Car on peut légitimement se demander si le roi n'avait pas tout intérêt à extraire, du moins de la vie officielle, une enfant jugée embarrassante pour lui-même ou l'honneur de son épouse... L'énigme reste entière. Madame de Maintenon et Bontemps, le premier valet de chambre du roi, s'emploient tous deux à multiplier les versions afin de brouiller les pistes et ils y parviennent parfaitement ! Pourtant, trente années après cette naissance, une enfant supposée de sang royal et à la peau noire est belle et bien vivante !

Fille du roi Philippe IV d'Espagne, Marie-Thérèse d'Autriche épouse Louis XIV, son cousin germain, en 1660. Elle est très éprise de son mari, qui ne voit dans cette union qu'intérêt et raison d'État. Ce mariage constitue un prétexte à l'alliance passée avec l'Espagne et la possibilité d'avoir des enfants légitimes. Mais très vite, l'appétence de Louis pour les jolies femmes reprend le dessus. La cour est le théâtre de ses multiples liaisons. Cette situation est pénible à Marie-Thérèse, d'autant plus que Louis, pour les avoir à ses côtés, fait de ses favorites des dames de compagnie de la reine. Celle-ci doit aussi subir les légitimations successives des enfants naturels de son époux. Elle finit par se replier sur elle-même, et cherche à recréer l'atmosphère qui régnait à la cour de Philippe IV, à Madrid, mangeant de l'ail et buvant du chocolat – boisson qu'elle contribua grandement à lancer à Paris – entourée de femmes de chambre espagnoles, de moines et de nains. Depuis le Moyen Âge, tous les souverains, sans exception, ont entretenu des personnes de petite taille, en tant que bouffons, domestiques ou personnes de compagnie. Ils sont présents dans toutes les cérémonies officielles, fêtes et circonstances de la vie quotidienne. Le prince de Condé, copiant lui aussi la mode espagnole au cours de fêtes grandioses, en fera même surgir de pâtés en croûte et d'ananas géants ! En Espagne, Philippe IV les chérissait particulièrement sous son règne. Leur nombre n'a jamais été égalé en Europe et Vélasquez, peintre officiel à la cour, immortalisera leur présence dans le tableau *Les Ménines*. C'est donc tout naturellement que la jeune Marie-Thérèse s'accommodera si bien de leur charmante compagnie.

Un jour, le cousin germain du roi, le fantasque duc de Beaufort, ramène d'une bataille victorieuse contre les Turcs, un jeune nain africain originaire du Dahomey (l'actuel Bénin), « un négrillon » prénommé Nabo, dont il fait cadeau à la reine. Le nain noir se révèle vif et plein d'esprit et amuse rapidement l'entourage de Sa Majesté. Étrangement, Nabo meurt quelques jours après la naissance de l'enfant métis. Selon une hypothèse avancée par l'historien André Castelot, l'enfant à la peau noire serait en toute logique le fruit des amours adultères de la reine avec son jeune page maure, Nabo. À l'époque, le chirurgien de Marie-Thérèse expliqua au roi que la seule présence de Nabo auprès de la reine durant sa grossesse avait pu influencer la couleur de peau de l'enfant : « Sire, il peut suffire d'un regard ». Ce à quoi Louis XIV aurait répondu : « Vous me parlez là de regards bien pénétrants », admettant ainsi une possible infidélité de la reine. Mais la piété non feinte de Marie-Thérèse qui, de surcroît, était fort prude et candide, rend peu plausible cette liaison. À moins qu'elle n'ait été abusée pendant son sommeil par l'affectueux et si familier Nabo... Mais l'honneur de la reine restera sauf, le roi paiera pour cela le prix du silence. Quant à l'infortuné Nabo, qui fut embastillé, certains historiens – dont P. M. Dijol – ont même suggéré qu'il serait le véritable Masque de fer ! Difficile, et bien inutile pourtant de chercher à dissimuler l'identité d'un nain noir derrière un simple masque !

Des hypothèses par dizaines... Toujours est-il qu'un portrait de sœur Louise-Marie-Thérèse orna jusqu'en 1779, le bureau de l'abbesse de Villechasson-Moret. Ce portrait fut ensuite transféré au cabinet des antiquités et curiosités de l'abbaye de Sainte-Geneviève, à Paris, où se trouve également un dossier qui ne contient que quelques papiers, avec cette explicite inscription : « Documents concernant la princesse Louise-Marie-Thérèse, fille de Louis XIV et de Marie-Thérèse ». Des recherches menées par la Société de l'Histoire de Paris et de l'Île-de-France, publiées en 1924 aux Éditions Honoré Champion, ont conclu que ce portrait au pastel avait bien été exécuté aux environs de 1680, et de la même main que la série de vingt-deux portraits au pastel des rois de France, de Louis IX à Louis XIV, peints de 1681 à 1683 sur l'initiative du père Claude du Molinet, bibliothécaire de l'abbaye de Sainte-Geneviève. L'origine et l'authenticité de ce portrait attesteraient donc bien de la noblesse d'extraction de la jeune religieuse à la peau noire qui posa pour ce fameux tableau...

Reste une dernière explication au statut exceptionnel de la Mauresse de Moret. À la cour du Roi-Soleil et dans la noblesse de robe, existait un engouement certain pour les sciences occultes, un intérêt remontant à la Renaissance. Ce goût pour l'astrologie et la divination expliquerait les visites des princes de sang et des membres de la cour à la religieuse noire détentrice du précieux don de voyance. Une bien fragile explication du mystère fait autour de cette énigmatique enfant noire. Toujours est-il que depuis près de quatre cents ans, aucun historien ne s'est montré suffisamment clairvoyant pour élucider le mystère de cette Mauresse de Moret.

HARRIET HOWARD

LA FEMME QUI SCELLA LE DESTIN DE NAPOLÉON III

En mai 1846, le prince Louis-Napoléon Bonaparte s'installe à Londres. Il vient de s'évader de la forteresse de Ham, en Picardie, où la monarchie de Juillet l'avait enfermé en 1840, après une tentative de coup d'État totalement ratée. Son rêve de restaurer le trône de son oncle, Napoléon Ier, semble plus fou que jamais : ruiné, sans appuis politiques, méprisé en France, où on le considère au mieux comme un aimable plaisantin, au pire comme un dangereux conspirateur, Louis-Napoléon se réfugie dans les mondanités londoniennes. Or, au détour d'un salon, il rencontre une belle jeune femme qui va lui permettre d'accomplir son destin. Comment Miss Harriet Howard, actrice ratée, reconvertie dans la galanterie tarifée, a-t-elle fait d'un prince en exil un empereur ? Pourquoi cette femme, qui a joué un rôle décisif dans la formation du Second Empire, est-elle aujourd'hui si mystérieusement absente des livres d'histoire ? C'est ce que nous allons découvrir en retraçant la liaison injustement méconnue de Louis-Napoléon Bonaparte et Miss Howard.

En 1846, le neveu de Napoléon Ier a trente-huit ans. Presque toute sa vie s'est déroulée en exil. Né à Paris, le troisième fils de Louis Bonaparte, frère de l'Empereur, et d'Hortense de Beauharnais, la fille de Joséphine, a dû prendre le chemin de l'étranger à l'âge de huit ans, lorsque la Restauration des

Portrait de Miss Harriet Howard.
Peinture d'Henriette née Cappelaere Jacott (XIXe), musée du château de Compiègne.

Portrait en pied de Napoléon III. Peinture d'après Franz Xaver Winterhalter (1855), musée du château de Versailles.

Bourbons, après la chute définitive de l'Aigle, a décidé de bannir toute sa famille du territoire français. Grandissant en Suisse, le prince se pique très vite de politique. En 1830, il est en Italie, où il combat les troupes pontificales et autrichiennes aux côtés des partisans de l'unité du pays. À ses côtés, son frère aîné, Napoléon Louis, trouve tragiquement la mort. Deux ans plus tard, après la disparition de son cousin, le duc de Reichstadt, fils de Napoléon Ier, le jeune homme devient le dernier héritier mâle de la couronne impériale. Son engagement politique a dès lors pour unique but de restaurer le trône de son illustre oncle.

En 1835, avec quelques partisans, il tente de soulever la garnison de Strasbourg, espérant ensuite marcher à sa tête vers Paris. C'est un fiasco complet. Aussitôt arrêté, le prince est exilé aux États-Unis par le roi Louis-Philippe. Pugnace, celui-ci rentre clandestinement en Europe pour assister aux derniers instants de sa mère, avant de récidiver en 1840, à Boulogne, où les soldats de la ville refusent à nouveau de le suivre. La monarchie de Juillet décide cette fois de l'emprisonner à vie. Six ans plus tard, le prince parvient à s'évader. Son exil prend alors le chemin de Londres.

Il y rencontre un accueil plutôt bienveillant de la part des autorités et de la bonne société britannique. Invité des réceptions publiques et des salons privés, Louis-Napoléon devient même la coqueluche de ces dames. Court sur pattes et trapu, totalement dépourvu d'attrait, il affiche en revanche des manières aristocratiques et une prédisposition certaine pour la conversation qui suffisent à lui rallier bien des cœurs. Ce prince célibataire, plus charmeur que charmant, a toujours collectionné les femmes, sans jamais vraiment s'attacher à elles. Or quelques mois après son arrivée à Londres, au cours d'une réception donnée par la romancière Lady Blessington, il fait la connaissance d'une délicieuse jeune fille aux longs cheveux noirs, une rencontre qui va bouleverser sa conception de l'amour. Miss Harriet Howard, ravissante beauté de vingt-trois ans, ne fait pas longtemps mystère de sa condition de demi-mondaine, ce qui ne dérange pas vraiment le prince, grand amateur d'actrices et autres femmes « libres ». Elle lui déclare tout aussi vite sa flamme. En retour, Louis-Napoléon lui révèle que, pour la première fois de sa vie, il se sent amoureux. Qui est donc cette jeune personne capable d'inspirer ce sentiment nouveau au prince ? De son vrai nom Elizabeth Ann Haryett, elle est la fille d'un bottier. À peine sortie de l'enfance, Ann veut devenir actrice, ce qui ne plaît guère à ses parents, des protestants très stricts. Pour contourner le veto parental, à quinze ans, elle prend la fuite en compagnie d'un célèbre jockey, Jem Mason, sensible à ses charmes. Une fois à Londres, la jeune fille s'y rebaptise Harriet Howard. Au théâtre, elle obtient quelques petits rôles, mais sa carrière peine à décoller, faute d'un talent à la hauteur de sa beauté. Espérant, à défaut, se faire épouser par son jockey, elle ne parvient pas davantage à ses fins. Miss Howard doit finalement se contenter du rôle de femme entretenue. Lorsqu'elle fait la rencontre de Louis-Napoléon Bonaparte, elle a depuis quelques années quitté son jockey pour un riche officier de la garde royale, marié mais malheureux en ménage, qui l'a installée dans une splendide maison et nantie de confortables rentes, contre la promesse de sa fidélité. Et détail important pour la suite, lorsqu'en 1842, Ann lui a donné un fils illégitime, le major lui a, pour assurer l'avenir de son enfant, cédé des biens considérables, maisons et terrains à Londres, un capital que la jeune femme ne cessera de faire fructifier en gestionnaire avisée.

Lors de sa rencontre avec le prince Bonaparte, la demi-mondaine est ainsi nettement plus riche que lui, dont les héritages ne suffisent pas à financer un train de vie fastueux. Installé dans un vaste hôtel particulier londonien, se déplaçant dans des équipages au luxe indécent, Louis-Napoléon doit de plus entretenir les quelques fidèles qui le suivent depuis sa première tentative de coup d'État. Peu de temps après son arrivée en Angleterre, le prince a dû consentir des emprunts à plusieurs banques. Sa liaison avec Miss Howard est donc d'autant plus providentielle, pour cet homme en perpétuel besoin d'argent, qu'elle lui apporte la fortune en même temps que l'amour. Très vite, Miss Howard, amoureuse autant que fascinée par le destin romanesque de son amant, sa vie passée en exil, ses complots ratés et son évasion, lui propose de mettre ses millions au service de la restauration bonapartiste. Sans même que Louis-Napoléon ne l'exige, elle rompt avec son riche major. Bientôt, les deux amants s'affichent ensemble au théâtre, aux courses, en promenade. Et contrairement à l'usage en pareilles circonstances, ce n'est pas le prince mais l'actrice qui paie. Des prêts qui vont bientôt revêtir une importance historique.

Car au début de l'année 1848, des événements inattendus survenus en France, mettent fin à cette douce parenthèse de plus d'un an durant laquelle le prince s'adonne aux délices de la galanterie, au détriment de ses ambitions politiques. La révolution de Février, qui met à bas le régime orléaniste au profit d'une Deuxième République, prend Louis-Napoléon de court. Mais il reprend vite ses esprits : depuis Londres, il coordonne l'action du parti bonapartiste lors des premières élections législatives d'avril. Pour ce faire, il reçoit de Miss Howard pas moins de six cent mille francs, aussitôt investis dans une intense propagande. De plus en plus de Parisiens se mettent à manifester en scandant le nom de Napoléon. Élu triomphalement lors d'un scrutin partiel, le prince peut enfin rentrer à Paris en septembre, accompagné de Miss Howard. Le dernier des monarques devient ainsi le premier président de la République, le 10 décembre 1848. Après s'être déclaré candidat, Louis-Napoléon, grâce à un nouveau prêt consenti par sa chère Anglaise, rallie plusieurs journaux à sa cause. Une propagande élaborée qui justifie son élection triomphale, avec près de trois quarts des suffrages exprimés. Voilà le retour de Bonaparte à l'Élysée, qu'il ne conçoit cependant que comme une marche vers le trône.

Prestation de serment de Louis-Napoléon III le 20 décembre 1848. Collection privée.

Très vite, le prince-président entre en conflit avec l'Assemblée ainsi qu'avec ses ministres. Lorsqu'il réunit ces derniers en Conseil dans son palais, Louis-Napoléon dessine ostensiblement des bonshommes sur ses dossiers, fabrique des cocottes en papier... Ses pouvoirs étant largement limités par la Constitution, il ne force guère un caractère davantage porté aux plaisirs et à l'oisiveté. Chaque jour, dès le début de l'après-midi, il rejoint Miss Howard au bois de Boulogne, où les deux amants se promènent à cheval pendant des heures, s'arrêtant parfois au pavillon du Bois pour y déguster un grog. Et après un bref retour à l'Élysée, le prince rejoint sa maîtresse presque tous les soirs. Les convenances ont empêché Louis-Napoléon d'installer Miss Howard dans son palais, où c'est sa cousine, la princesse Mathilde Bonaparte, qui joue le rôle de première dame et d'hôtesse. Mais Miss Howard veille sur sa rivale, non loin de là : elle loue un hôtel particulier rue du Cirque, de l'autre côté de l'avenue de Marigny, où le prince se rend à la nuit tombée en coupant par les jardins élyséens. C'est là qu'il reçoit ses vieux compagnons et ses plus proches conseillers. À l'écart, dans un coin du salon, sa bienfaitrice est toujours là, discrète. Égérie d'autant plus silencieuse qu'elle comprend mal le français.

Même lors des nombreux voyages que le prince-président effectue en province pour renforcer sa popularité, Miss Howard fait partie du cortège présidentiel. À Tours, elle est logée dans la maison d'un receveur général des finances et sa seule présence provoque le scandale lorsque cet honnête bourgeois, furieux que son logis ait été « souillé » par une courtisane, s'en émeut publiquement. Devant ses ministres, Louis-Napoléon doit s'expliquer : « Comme jusqu'à présent, ma position m'a empêché de me marier, on peut bien me pardonner, je crois, une affection qui ne fait de mal à personne, et que je ne cherche pas à afficher ». Une affection qui ne fait surtout pas de mal à sa carrière... À partir de l'été 1851, le prince-président, soutenu par sa garde rapprochée, prépare un coup d'État contre la Deuxième République. Une fois de plus, il a besoin d'argent pour noyauter l'armée, entretenir des agents secrets dans les salons, les clubs et les cafés, afin d'y travailler l'opinion.

Photographie de Napoléon III avec sa femme la princesse Eugénie et son fils, en 1859.

Contrairement à la légende, ce n'est pas la Banque de France qui pourvoit aux dépenses, mais plusieurs contributeurs privés, parmi lesquels Miss Howard, qui se montre toujours plus généreuse : hypothéquant ses maisons de Londres, vendant ses chevaux et mettant en gage ses bijoux, elle prête encore plusieurs centaines de milliers de francs à son amant. Une fervente mobilisation grâce à laquelle l'opération « Rubicon », déclenchée le 2 décembre 1851, s'avère un franc succès. Quittant l'Élysée pour le Palais-Royal des Tuileries, Louis-Napoléon a, de fait, restauré le trône de son oncle, même s'il devra attendre encore un an pour rétablir, à son profit, la si désespérément convoitée, dignité impériale.

Une question le taraude cependant. Comment va-t-il récompenser sa bienfaisante et tendre donatrice, à laquelle il doit tant ? Au cours de l'année 1852, il songe un temps à l'épouser. C'est du moins ce que prétendra Miss Howard jusqu'à la fin de ses jours, affirmant que le nouveau maître de la France la demande en mariage au cours d'une tendre soirée au château de Saint-Cloud. Quoi qu'il en soit, quelques mois plus tard, Louis-Napoléon s'éloigne de l'Anglaise, après que l'apparition de cette dernière, au cours d'un grand bal donné aux Tuileries, eut provoqué un scandale considérable dans la bonne société parisienne. Enfin couronné le 2 décembre 1852, l'empereur Napoléon III décide de mettre fin aux quolibets en jetant son dévolu sur une jeune comtesse espagnole, Eugénie de Montijo. Ingratitude ou pragmatisme ? Napoléon III ne pouvait décemment pas offrir une couronne impériale à une ancienne courtisane. Étant de surcroît célibataire et sans postérité légitime, la question de sa succession dynastique devenait une affaire pressante. Avant d'épouser Eugénie, il tente néanmoins de rompre dans les formes avec Miss Howard, à défaut de pouvoir la maintenir dans son ardente fonction, lui remboursant tout l'argent qu'elle lui avait prêté, avec de confortables intérêts, soit une coquette somme de cinq millions de francs. Il lui donnera encore le titre de comtesse de Beauregard, du nom du château que sa maîtresse vient d'acquérir à La-Celle-Saint-Cloud. Moins élégante est la fouille en règle que mènent au même moment des agents de la police secrète au domicile de l'Anglaise, pour y récupérer les tendres lettres du prince. Deux ans plus tard, Miss Howard se marie par dépit avec un éleveur de chevaux anglais. Union mal assortie dans laquelle Ann ne trouvera aucune consolation. En 1865, une actrice essentielle dans la fondation du second Empire sera inhumée dans le plus grand anonymat au cimetière du Chesnay.

RICHARD III

ÉTAIT-IL L'ASSASSIN DE SES NEVEUX ?

Que s'est-il réellement passé à la Tour de Londres durant l'été 1483 ? Deux enfants âgés de huit et douze ans disparaissent mystérieusement de leurs appartements, alors qu'ils sont sous la protection de leur oncle Richard III, nouveau roi d'Angleterre. Se sont-ils enfuis ? Ont-ils été enlevés, assassinés ? Ces enfants ne sont autres qu'Édouard V, l'héritier du trône, tout juste révoqué de la succession royale pour cause d'illégitimité et son frère Richard. Cet horrible crime est l'apogée barbare d'une guerre fratricide, qui divise depuis trente ans la famille royale anglaise, la guerre des Deux-Roses, en référence à l'emblème des deux branches royales qui se disputent la Couronne. La Rose blanche pour les York, la rouge pour les Lancastre. Un antagonisme porté par des hommes avides de pouvoir, de vengeance et de sang qui, en défiant les lois de la succession, provoqueront la chute de la vieille dynastie Plantagenêt, au profit de celle des Tudor.

La mystérieuse disparition des jeunes princes sera attribuée à Richard III. C'est en tout cas la version merveilleusement servie par la pièce éponyme de William Shakespeare, qui prête ces mots d'une violence inouïe à la propre mère de Richard, la duchesse Cécile d'York, sa principale accusatrice : « Crapaud... fils maudit... que j'aurais dû étrangler dans mes entrailles... Lui qui est venu sur Terre pour faire de la Terre mon enfer ». Comment douter de cette théorie ? Richard est un criminel au sang froid, n'a-t-il pas conspiré contre son propre frère, George, pour ses maladroits complots envers la Couronne ? Volontiers dépeint dans la pièce comme un flagorneur, intriguant et manipulateur, Richard jure fidélité absolue à son autre frère, le roi Édouard IV, alors qu'il n'a qu'une obsession... accéder coûte que coûte au trône d'Angleterre. Or quel meilleur mobile que

Portrait du roi d'Angleterre, Richard III (1452-1485).

RICARDVS · III · ANG · REX

l'ambition ? Ainsi, pour la postérité, Richard endossera-t-il le costume du parfait coupable. Mais une œuvre théâtrale, écrite cent ans après les faits, peut-elle retracer fidèlement l'Histoire ? Richard est-il bien le commanditaire du meurtre de ses neveux ? Certains n'avaient-ils pas davantage intérêt à ces disparitions ?

Richard III est le dernier roi Plantagenêt. Il reste indissociable de cette prestigieuse lignée qui a gouverné le royaume durant plus de trois cents ans. Petit à petit, l'Angleterre se voit dépouillée de ses riches territoires français, et la défaite de Castillon en 1453 achève de faire perdre toute sa raison au bon roi Henri VI. Cette double tragédie scellera le destin de Richard. Cependant, grâce à la bonne administration du royaume, la dynastie tient bon. Le rôle des Plantagenêt ne saurait en effet être réduit à leurs uniques faits de guerre. Grands administrateurs, protecteurs ou inspirateurs de grandes écoles et universités (Oxford, Cambridge), ils sont à l'origine de droits juridiques et politiques qui transformèrent durablement l'Angleterre jusqu'à servir de base à nos démocraties parlementaires. Néanmoins, les trahisons de cette famille vont briser ce consensus et violemment affecter ses membres et leur descendance. Malgré la fragilité mentale du roi Henri VI, son caractère pieux et pacifique attendrit le peuple, qui lui reste fidèle. Aimé mais vulnérable, le souverain doit être soutenu pour gouverner. Un Lord Protecteur du royaume est ainsi nommé, Richard duc d'York, descendant du quatrième fils d'Édouard III et cousin du roi, premier prince de sang et héritier de la Couronne, le père du futur Richard III. Mais tapi dans l'ombre de son orgueil et de ses prétentions dynastiques, le Lord Protecteur se métamorphose bientôt en Lord prédateur pour les Lancastre. Le rétablissement mental inattendu du roi et la naissance d'un héritier contrarient ses plans. Le duc d'York déclenche alors une guerre de famille, prétextant la débilité royale, afin de s'emparer du trône. Ainsi commence la célèbre guerre des Deux-Roses. Pour Richard, le décor est planté, la guerre initiée par son père trois ans après sa naissance ne prendra fin qu'au jour de sa mort.

Portrait d'Édouard IV (1442-1483), roi d'Angleterre.

Richard est l'avant-dernier des douze enfants de Richard Plantagenêt, duc d'York et de Cécile Neville, descendante de Jean de Gand, duc de Lancastre. Il naît le 2 octobre 1452 au château familial de Fotheringhay, alors que la guerre est une succession de défaites et de victoires pour les deux camps. Les protagonistes sont tous assassinés, s'ils ne meurent pas au champ de bataille. Le duc d'York est tué le premier, en 1460, à la bataille de Wakefield. L'un de ses fils, Edmond est exécuté, deux autres, Richard et George, faits prisonniers. Très vite, Édouard, l'aîné, reprend victorieusement le flambeau. Il enferme à la Tour de Londres le pauvre Henri VI qui, cette fois, a totalement perdu la raison, tandis que la reine et le prince héritier s'enfuient pour la France. Le 28 avril 1461, Édouard IV est couronné à Westminster. C'est un Richard, désormais troisième dans l'ordre de succession au trône, sans doute très fier, qui assiste à l'avènement de son frère tant admiré. Henri VI enfermé, la reine et l'héritier en exil, tous les ingrédients sont réunis pour rallumer la flamme des Lancastre. Mais Édouard a beau être roi, son pouvoir est vulnérable. Son mariage secret avec une veuve déjà mère de deux enfants, Elizabeth Woodville, dont le père fut un allié d'Henri VI, fragilise le consensus chez les York. Sa propre mère, la comtesse Cécile, le renie et déclare qu'il n'est qu'un bâtard, argument récurrent dans la famille, semblant même justifier toutes les trahisons ! Même son principal soutien, le comte Warwick surnommé le « faiseur de roi », jusque-là tuteur de ses frères George et Richard et père de leurs futures épouses, le trahit à son tour, jaloux du pouvoir grandissant des Woodville, et allant jusqu'à entraîner dans sa félonie le puîné, George. Seul Richard reste indéfectiblement fidèle au roi. Le 2 octobre 1470, Édouard doit s'enfuir avec Richard. Ils finiront leur course chez leur beau-frère, le Bourguignon Charles le Téméraire. Elizabeth, la femme d'Édouard se réfugie à l'abbaye de Westminster pour accoucher d'Édouard, l'enfant qui détruira à jamais la réputation de Richard. Henri VI retrouve son trône. Après quelques réticences, Charles le Téméraire aide ses beaux-frères à constituer une petite armée qui débarque en mars 1471 en Angleterre. Édouard tente une conciliation avec les traîtres : Warwick s'entête, quand George, sans doute par lâcheté et bêtise, change de camp. La bataille s'engage et Warwick est tué. Le jeune prince de Galles, revenu précipitamment, est capturé et tué sur ordonnance de George. Quand à Henri VI, Édouard charge Richard de l'ordre d'exécution. La défaite semble totale pour la Rose Rouge. Richard devient le plus sûr suppôt d'Édouard. Il ne trempe pas dans le meurtre du prince de Galles mais n'est qu'un simple messager du roi, pour l'exécution d'Henri VI. Il se montre loyal. Le choix de sa devise, « loyauté me lie », est pleinement justifié. Pourtant, la naissance d'un héritier l'éloigne du trône. Peu importe, il semble, pour le moment, ne nourrir aucune ambition royale. Il est d'ailleurs totalement récompensé pour son soutien. En dehors de divers titres honorifiques, il est nommé lieutenant du Nord et il prend soin de faire respecter la justice et d'encourager le développement économique de sa région. À la suite des nombreuses incursions écossaises, Richard part en guerre et réussit à écraser l'ennemi de toujours. Ses exploits lui valent la reconnaissance royale et populaire. Richard, vainqueur mais fidèle, ne profite jamais de ses succès pour remettre en cause la légitimité de son frère sur le trône. Même leur désaccord sur l'entente entre Édouard et Louis XI n'altère pas leur relation. Richard part bouder à York, tout au plus.

Si la guerre des Deux-Roses semble s'achever, une autre commence, véritable trame de la pièce de Shakespeare. La Rose Blanche se fane peu à peu, non des coups de ses adversaires, mais de l'anthropophagie qui ronge ses membres les uns après

Elizabeth Woodville (1437-1492), reine consort d'Angleterre.

les autres. En premier lieu, la querelle entre George, duc de Clarence et Richard pour l'héritage de leur beau-père commun, le comte Warwick, met le feu aux poudres. Édouard doit intervenir pour départager ses deux frères. L'avantage est pour George, mais Édouard refuse de tout lui céder. Richard hérite du château familial de Middleham et, avec quelques terres supplémentaires, renforce sa prédominance dans le Nord. Autre épine de taille, George n'accepte pas le mariage du roi avec une Woodville. Il commet beaucoup d'imprudences pour compromette la reine, et par-delà, le roi. Bien que détestée par le peuple de Londres et par de nombreux nobles, la reine que l'on dit méchante et conspiratrice, a le soutien du roi. Redoutant les rumeurs de sorcellerie que George fait circuler sur son couple, elle apporte les preuves de cette trahison, jugée comme crime de lèse-majesté par le Parlement. George est condamné à mort. Alcoolique notoire, il aurait été, à sa demande, noyé dans une barrique de malvoisie. La reine a gagné. Perfide au point d'assassiner ses opposants en détournant le sceau royal, elle vient de déclencher un cycle infernal dont les prochaines victimes seront ses propres fils.

Mais où est Richard ? Le grand William est formel. George le pur, le loyal, le beau à qui la nature avait tout donné, a été condamné et mis à mort après un complot ourdi par Richard. Il est vrai que tous les historiens ne sont pas d'accord sur son rôle, mais leurs différends portent sur son attitude et non sur sa culpabilité. Est-il intervenu pour sauver George de la potence ? Certains affirment que oui, d'autres tout aussi nombreux restent plus réservés. Si comme le dit l'adage « les ennemis de mes ennemis sont mes amis », et si les rapports tendus entre Richard et les Woodville peuvent faire penser à une intervention de Richard, néanmoins rien n'est sûr. La seule chose admise est l'innocence totale de Richard. Mais il sait la vérité et s'en souviendra. Pour le moment, son éloignement de la capitale le protège des intrigues et complots de la cour, qu'il connait parfaitement et déteste. Le choix du Nord est aussi un choix du cœur pour Richard, et rien ne l'irrite plus que de devoir séjourner à Londres. Mais la mort du roi va l'obliger à changer de posture.

Le 9 avril 1483, le roi Édouard IV trépasse en pleine force de l'âge, à quarante et un ans. Son fils aîné, Édouard, le prince de Galles a treize ans. Il grandit dans la forteresse de Ludlow, sous la protection de son oncle maternel, Lord Anthony Rivers, homme brillant et cultivé, alors que son cadet, Richard, âgé de huit ans, vit à la cour. Le jeune âge du prince héritier fait craindre aux grands du royaume une influence excessive de la reine et de la famille Woodville dans la gestion des affaires de l'État. Le Conseil se déchire, Lord Hastings, grand Chambellan et plus fidèle ami d'Édouard IV, soutenu par les ecclésiastiques et les barons du royaume, mène le combat contre la reine. Il presse Richard de rentrer à Londres, afin d'être nommé Lord Protecteur, jusqu'à la majorité du prince. La reine et sa famille, sans oser nier tout droit à Richard, entendent préserver leur influence et estiment Édouard suffisamment mature pour régner seul. Étrangement, Richard paraît serein. C'est sans empressement qu'il rentre à Londres, snobant les funérailles grandioses de son frère Édouard, semblant résolu à prêter allégeance au nouveau roi, son neveu. Pourtant entre son départ, le 28 avril, et son arrivée triomphale à Londres, le 4 mai, la succession des événements laisse perplexe. Richard est-il un génie opportuniste ou un intrigant bien informé ?

À Londres, les rumeurs entretenues par les uns et les autres sèment peur et confusion. Tout le monde souhaite un couronnement rapide, personne ne remettant en cause la légitimité du prince de Galles. Les Woodville craignent l'arrivée de Richard, quand le peuple de Londres, manipulé par Lord Hastings, l'attend avec impatience. Il croise bientôt le jeune Édouard et son oncle maternel, Lord Rivers, mais aussi le duc de Buckingham, prince de sang, écarté de la cour par Édouard IV. Ennemi de la reine, mais aussi de Lord Hastings, Richard lui demande de le rejoindre à la tête d'une escorte imposante. Avec son aide, Richard réussit son premier coup de force, le 30 avril. Accusé à tort de traîtrise, Lord Rivers est arrêté. La troupe censée protéger le jeune roi est dispersée. Il affirme la fidélité de Rivers, mais se soumet. La force est avec Richard. Les Woodville, alertés, s'enfuient avec une partie du Trésor royal. La reine se précipite à Westminster, sanctuaire inviolable, en compagnie de ses filles et son deuxième fils.

Le 4 mai, Édouard V, revêtu de la couleur royale, fait une entrée triomphale dans Londres, escorté par Richard et Buckingham. La partie semble jouée, Édouard sera roi, Richard Lord Protecteur. Afin d'éviter les soupçons, Richard s'emploie à apaiser le peuple et la noblesse attachés au roi. Les démonstrations d'allégeance sont quotidiennes et grandiloquentes. En parallèle, les preuves de la trahison des Woodville sont grossièrement fabriquées. Mais tout le monde admet que Richard n'a pas le choix. C'était lui ou eux. Londres, rassurée, se prépare au couronnement. Le Conseil Royal se réunit le 10 mai et nomme Richard Lord Protecteur. Première déception : le Conseil lui refuse la

Édouard V d'Angleterre, 4 mai 1483.

tête de Lord Rivers. Pas suffisamment redouté, détenteur d'un pouvoir limité, quelles sont ses alternatives ? Qui peut croire que le vainqueur des Écossais puisse se résoudre à un pouvoir au rabais ? Pour Richard, il n'en est pas question. Même s'il reste entièrement fidèle à Édouard, il veut jouir pleinement des pouvoirs conférés au Lord Protecteur. Principal frein à sa puissance, Lord Hastings doit disparaître.

Le 13 juin, en plein Conseil, accusé d'avoir comploté avec la reine contre lui, l'arrestation et l'exécution immédiate de Lord Hastings sont ordonnées par Richard. Plus qu'un crime, c'est une faute stratégique qui démontre la précarité de son pouvoir. L'énormité du mensonge et l'exécution sommaire choquent et ternissent l'image de Richard : désormais le peuple s'en méfie et la baronnie le craint. Mais Richard a atteint son but. Le nouveau Conseil est totalement inféodé. La reine refuse de sortir de son sanctuaire avec ses enfants (et notamment le petit prince Richard) pour assister au couronnement de son aîné Édouard V. Qu'à cela ne tienne, Richard décide de reporter la cérémonie sine die. Un frisson se propage dans la ville. Les fidèles soldats du Nord arrivent aux portes de Londres avec pour ordre de récupérer le petit prince Richard.

Les princes de la Tour (1897).

Abandonnée de tous, pressée par les prélats qui tremblent pour leur vie, Elizabeth cède. Le 16 juin, le prince Richard est confié à son oncle. Enfermé avec son frère Édouard à la Tour de Londres, ils n'en sortiront jamais. L'attachement populaire aux enfants d'Édouard IV est sincère. La légitimité dynastique est un gage de stabilité, de paix et de prospérité. À partir de ce jour, Richard imagine tous les subterfuges pouvant rendre illégitimes les droits de ses neveux au profit des siens.

Divine providence ! Voici que le bon archevêque de Bath, Robert Stillington, révèle fort à propos un secret jalousement gardé : trois ans avant son mariage avec Elizabeth Woodville, Édouard IV avait déjà contracté une union secrète avec Éléonore Butler. Son mariage est donc invalide, et ses enfants, de simples bâtards. Richard promet de garder le secret, qu'il s'empresse de divulguer. Il lance, sans plus aucune retenue, ses thuriféraires prêcher la bonne parole. Et en premier lieu Buckingham qui conte la terrible histoire du bon roi Édouard polygame à des Londoniens médusés réclamant désormais à cor et à cri l'avènement de Richard. Certains se souviennent que la reine Cécile déclara en son temps qu'Édouard était un bâtard, d'autres qu'Édouard ressemblait peu à son père, contrairement au jeune Richard. Crédules les Londoniens ? Non. Simplement désireux de paix. Dès lors, tout s'emballe, en quelques jours seulement. Richard s'affirme comme le nouvel homme providentiel du royaume. Le Conseil, désormais soumis, lui accorde la tête de Lord Rivers, qui est exécuté le 24 juin. Manipulant une fois de plus l'opinion, Richard refuse la Couronne, pour mieux l'accepter le lendemain… Le 26 juin, le Parlement réuni à Westminster proclame Richard nouveau souverain. Le sacre est fixé au 6 juillet. Entre ces deux dates, par des actes de contrition, de réconciliation avec certains ennemis (dont Woodville) et par des discours politiques subversifs, Richard mène campagne. Il séduit et brise les dernières réticences populaires. Il veut que son couronnement soit, et il le sera, le plus fastueux qu'ait connu l'Angleterre des Plantagenêts et aussi le plus populaire : l'Angleterre ne doit pas douter, elle couronne le seul roi légitime. Rassuré par l'attitude des Londoniens, Richard part le 20 juillet pour York. Il souhaite fêter son avènement avec ses plus fidèles soutiens du Nord. En chemin, par des décisions symboliques, il laisse augurer de sa bonne gouvernance. Ostensiblement, Richard veut séduire et réussit. Mais de Londres lui parvient la nouvelle d'un complot visant à faire évader les deux princes de la Tour. Richard sait que leur évasion sonnerait à terme le glas de son règne. Depuis leur enfermement, les pires rumeurs circulent. L'incertitude sur leur sort, certains évoquent dès la mi-juillet leur possible assassinat, provoque un sentiment délétère. À cette époque, la trahison d'un serment et le meurtre d'un enfant sont des crimes ignobles. Richard est soupçonné de ces deux délits.

Fin août, le doute n'est plus permis : les petits princes sont morts. Ces crimes, jamais élucidés, sont non seulement des crimes de sang, mais une faute morale impardonnable. Attribués à Richard, sa responsabilité ne sera jamais avérée. Buckingham ou Henri Tudor, dernier prétendant Lancastre, ont tout aussi intérêt à leur disparition. On ne peut non plus exclure l'excès de zèle d'un sbire à la solde du roi. Mais pour le peuple, Richard, tuteur des deux enfants, était seul garant de leur sécurité. La culpabilité de Richard est évidente. Si le peuple lui reste fidèle, il n'en garde pas moins une certaine amertume. À peine couronné, Richard doit affronter la première révolte fomentée par ses deux pires ennemies : la vengeresse Elizabeth Woodville et l'ambitieuse Marguerite Beaufort, mère d'Henri Tudor. La haine de Richard transcende la leur, elles s'allient pour le renverser. L'objectif est de couronner Henri Tudor. Soutenues par les Lancastre et certains York fidèles à la reine, elles entraînent Buckingham dans leur conspiration. Richard réagit immédiatement, soulève une armée, promet l'amnistie aux rebelles repentis et

Richard III ordonne l'arrestation de Buckingham.

une somme importante à quiconque lui livrera Buckingham. Le complot échoue. Buckingham est dénoncé et arrêté. Le 2 novembre, il est exécuté après un procès expéditif. Trahi, Richard refuse de le gracier. De nombreux conspirateurs sont arrêtés, d'autres s'enfuient sur le continent et préparent leur revanche. Les fidèles de son frère ont trahi Richard et le contraignent à chercher précipitamment d'autres alliances qu'il sait précaires. En gage de leur fidélité, il leur offre les biens confisqués à Buckingham.

Anne Neville, épouse de Richard III, 1851.

Le calme revenu, Richard rentre à Londres où il est accueilli triomphalement. Ébranlé par les récents événements, il choisit de convoquer son premier Parlement. Sa légitimité toujours contestée par des pairs du royaume, Richard veut la conforter avec l'appui du peuple. À partir du 23 janvier 1484, le Parlement se réunit à Westminster. Le règne d'Édouard IV est déclaré tyrannique, son mariage illégal, ses enfants bâtards et enfin, pour clore cette vilaine affaire, sa reine sorcière. Puis le Parlement devient un lit de justice pour le procès des traîtres qui ont suivi Buckingham. Richard veut pacifier le royaume, il se montre magnanime. Les peines prononcées sont légères. Dans la foulée, il réussit à convaincre Elizabeth de sortir avec ses filles de Westminster, et s'engage à les protéger. Il tiendra parole. L'horizon semble s'éclaircir pour Richard. Il installe au gouvernement des hommes de confiance pour entreprendre les réformes promises. En avril 1484, alors qu'il est en chemin pour ses terres du Nord, il apprend la mort de son unique fils légitime. La reine Anne, très malade, ne pourra plus enfanter, Richard est désespéré. De mauvais gré, il désigne l'un de ses neveux comme héritier. Jusqu'en novembre, Richard séjourne à York et à Nottingham. Il suit, inquiet les avancés diplomatiques d'Henri Tudor sur le continent. Richard pressent la nécessité de liquider ce dernier noyau de résistance. Afin de jouir tranquillement de ses droits, il doit vaincre Henri Tudor. Richard ne doute pas une seconde de l'issue du conflit. Même ses relations avec Elizabeth s'améliorent. Elle est reçue, avec ses filles, à la cour par le couple royal. Croit-elle à l'innocence de Richard ? Fait-elle preuve d'un cynisme douteux ? Ou bien est-elle une femme de devoir dont le seul objectif est d'assurer l'avenir de ses filles ? On murmure qu'avec son accord, Richard épouserait l'une d'entre elles à la mort de la reine Anne, agonisante. Sincèrement outré que l'assassin présumé des princes puisse épouser une de leurs sœurs, le peuple le contraint à un démenti public. Anne meurt au mois de mars 1485. Si le mari est sincèrement peiné, le roi doit réagir. Les nouvelles de France sont mauvaises, le roi Valois, convaincu des chances d'Henri, et trop heureux d'affaiblir l'ennemi héréditaire, l'aide à réunir une armée. En Angleterre, Richard mène une véritable campagne de propagande contre Henri. Tout y passe, de sa bâtardise, à ses racines galloises. Craignant d'être trahi par ses principaux lieutenants, il cherche, une fois de plus, le soutien populaire. Pourtant, son calme surprend et effraie ses plus fidèles lieutenants. Le roi est-il vraiment conscient du danger ? Évidemment ! Et ce n'est pas Henri qu'il redoute, mais la trahison. Car on n'est jamais mieux trahi que par les siens...

Richard apprend le débarquement d'Henri, le 11 août. Ses espions le rassurent : l'usurpateur n'a réuni qu'une petite troupe de mercenaires gallois et français, rien qui puisse impressionner un roi d'Angleterre. Richard rassemble son camp ; les gens du Nord y répondent avec enthousiasme. Après deux semaines de marche et le ralliement de quelques Anglais, Henri est prêt. De son côté, Richard a levé son armée et quitte enfin son château de Nottingham. L'armée royale a fière allure. Le combat semble inégal et la victoire de Richard, assurée.

Mort de Richard III pendant la bataille de Bosworth.

Le 22 août 1485, la bataille s'engage près du village de Bosworth. La combativité des hommes d'Henri est bien plus grande que prévue et déstabilise la stratégie de l'armée royale. Richard, sentant le vent tourner, décide de se porter à la tête de ses troupes et d'en finir avec Henri lors d'un combat singulier. Comme il l'avait pressenti, il se retrouve seul : Stanley et Northumberland le trahissent, refusant d'engager leurs armées dans ce combat. Qu'importe, Richard est confiant, son courage galvanise ses hommes. En voyant l'étendard personnel d'Henri, il lance la charge. Mais la résistance inattendue des forces ennemies brise son élan, il chute de cheval. Blessé, il refuse de fuir. Richard III succombe aux coups de lance de l'armée ennemie. Il est le dernier roi d'Angleterre à mourir sur un champ de bataille. Commence alors le règne des Tudor.

Parfois, on évoque encore craintivement le souvenir de l'ogre qui mangeait ses neveux… car le doute sur sa culpabilité dans le meurtre des enfants de la Tour a définitivement entaché son image. Mais n'en déplaise à Shakespeare, le mystère Richard III demeure. Celui d'un être pétri de contradictions, à la fois fidèle et ambitieux, trahi et solitaire, noble et écrasé par le poids de son destin. Mais l'essentiel est peut-être là : depuis cinq siècles et pour l'éternité, sa légende théâtrale transcende sa vie tourmentée, et ce, malgré deux courtes années de règne. N'est-ce pas définitivement mieux que l'oubli ?

LA REINE VICTORIA

ÉTAIT-ELLE UN MODÈLE DE VERTU ?

20 juin 1887, Buckingham Palace. Assise dans son carrosse, la reine Victoria observe le cortège qui doit l'accompagner jusqu'à l'abbaye de Westminster. En tête, ses trois fils, ses cinq gendres, et ses neufs petits-fils ; dans un autre carrosse, trois de ses filles, ses belles-filles et petites-filles à son côté, sa fille aînée, Vicky. Aussi incroyable que cela puisse paraître, toutes les nations européennes sont représentées dans cette réunion familiale. Cinquante ans après le début de son règne, Victoria est véritablement devenue la « grand-mère de l'Europe », comme on l'appelle affectueusement. La célébration du jubilé d'or de son règne, par l'archevêque de Canterbury, lui rappelle cependant tout ce que ce demi-siècle a exigé d'elle. Arrivée sur le trône presque par hasard, elle a accompagné toutes les formidables mutations qu'a connues sa patrie au cours du XIXe siècle. Un époux disparu trop tôt, la mort de deux de ses enfants, les épreuves politiques qu'elle a traversées, ont réclamé leur tribut à cette femme de soixante-huit ans. Mais elle peut aujourd'hui se targuer d'avoir bâti le plus vaste empire de son temps, imposant au monde un modèle de monarchie constitutionnelle, industrielle et vertueuse, dont les valeurs se développent progressivement dans tout le monde occidental. Et pourtant, c'est aussi au cours de son règne que se multiplient scandales et prostitution, dans des affaires de mœurs où se rencontrent bonne société et prolétariat, sur fond de pauvreté endémique et d'inégalités sociales croissantes. Une société qui invente à la fois ses règles de morale et les meilleures façons de les subvertir, en somme... Victoria a-t-elle été à la hauteur de ce siècle tumultueux, aux usages à la fois puritains et débauchés ?

Victoria (1819-1901), reine de Grande-Bretagne et d'Irlande, et impératrice des Indes.

Rien ne prédestinait Victoria à accéder au trône d'Angleterre. Lorsqu'elle naît, le 24 mai 1819, elle n'est que cinquième dans l'ordre de succession. En Grande-Bretagne, on considère alors la royauté d'un œil assez inquiet : le roi George III, grand-père de Victoria, connaît des crises de démence pratiquement ininterrompues depuis 1810, et l'on craint fort que sa turbulente progéniture n'ait hérité de ses tendances à l'instabilité mentale. Les oncles de Victoria, ses *wicked uncles*, sont en effet connus pour leurs écarts. L'aîné, prince de Galles, futur George IV, a vécu une jeunesse dépravée et fastueuse, contracté des milliers de livres de dettes, qu'il s'empresse de faire effacer par le Parlement une fois arrivé sur le trône, et a collectionné les maîtresses de moralité douteuse lors des orgies qu'il partageait avec son ami le célèbre dandy Brummell. Le deuxième, Frederick, duc d'York, par ses frasques, défraie la chronique des cours européennes, qu'il fréquente avec assiduité il vit maritalement avec sa maîtresse, Mary Ann Clarke, au vu et au su de tous, ce qui lui vaudra une commission d'enquête parlementaire pour expliquer comment cette jolie jeune femme a tiré parti de son statut pour obtenir quelques faveurs à ses amis. Vient ensuite Guillaume, duc de Clarence, qui n'a pas moins de dix enfants illégitimes avec Dorothy Jordan, une actrice. Le benjamin de la famille est Ernest-August, duc de Cumberland, haï par l'opinion publique, accusé d'inceste avec sa propre sœur Sophie, de viol sur la personne de Lady Lyndhurst, et d'avoir poussé un certain Lord Graves, dont il courtisait la femme, au suicide. On le soupçonne même d'avoir des intentions homicides à l'égard de sa nièce Victoria, venue tardivement s'interposer devant lui dans l'ordre de succession ! Le quatrième fils du roi George III et de la reine Charlotte, le duc de Kent Edward, père de Victoria, connaît une jeunesse qui n'est guère plus respectable que celle de ses frères aînés : il vit depuis des années avec Madame de Saint-Laurent, sa maîtresse canadienne, lorsque la mort de la princesse Charlotte, fille du régent George, le contraint à se marier. Il se retrouve en effet quatrième sur la liste de succession, et doit, à cinquante-deux ans passés, assurer sa descendance. Le choix se porte sur Victoria de Saxe-Cobourg-Saalfeld, veuve du prince de Leiningen, sœur de Léopold de Saxe-Cobourg, qui ne tarde pas à mettre au monde une petite fille. Comme souvent dans le cas des paternités tardives, l'ancien débauché notoire est absolument fou de sa fille : « La duchesse de Kent vient d'accoucher d'une ravissante petite fille aussi dodue qu'une perdrix. La petite fille est un modèle de santé et de beauté », écrit-il le 24 mai à sa belle-mère, la duchesse douairière de Cobourg. Hélas, sa joie sera de courte durée, car il meurt l'année suivante, à peine une semaine avant son propre père, le roi George III – dont la longue agonie aura fait languir son fils George IV, qui accède enfin au pouvoir à l'âge de cinquante-sept ans. Usé par les excès, le nouveau roi, que le dandy Brummell appelait affectueusement « Big Ben » en raison de sa corpulence, n'a aucune descendance ; il vit séparé de sa femme Caroline depuis plus de vingt ans. Dès son couronnement, le 19 juillet 1821, la question de sa succession se pose. La toute jeune Victoria, alors âgée de trois ans, est désormais troisième dans l'ordre de succession.

Dès son plus jeune âge, le destin royal de Victoria semble donc scellé ! Curieux destin pour la fille d'un prince cadet. Cet avenir prestigieux n'a certes pas échappé à l'entourage de sa mère, et notamment à John Conroy, ami et aide de camp du duc de Kent que l'on voit de plus en plus souvent à Kensington, résidence de la famille. Ce capitaine de l'armée britannique s'est en effet mis en tête de consoler la jeune et jolie veuve et de garder un œil attentif sur

La future reine Victoria, ici à l'âge de deux ans, avec sa mère la duchesse de Kent.

l'éducation de sa fille Victoria. Il est vrai que la situation de la jeune mère n'est guère enviable : héritant des dettes abyssales de son mari, rejetée par les autres membres de la famille royale – qui ne l'ont même pas admise à l'enterrement d'Edward – elle se retrouve confinée à Kensington, une résidence qui tombe en ruine et qu'elle n'a pas les moyens d'entretenir. Heureusement pour elle, son frère Léopold, devenu roi de Belgique, lui offre un soutien appréciable ; mais pour assurer son avenir, il faut que sa fille Victoria – possible héritière de la couronne – grandisse en Angleterre ! Le capitaine Conroy va alors galamment porter secours à la duchesse, prenant en charge la gestion de ses affaires, s'assurant ainsi de la mainmise sur le fonctionnement de toute la maisonnée. Désormais, c'est bien lui qui fixera les règles de l'éducation de la jeune Victoria. Il met en place le fameux « système Kensington », qui consiste à isoler totalement la jeune enfant, afin de la soustraire aux influences étrangères et la rendre totalement soumise à sa mère et à lui-même. Victoria n'a que onze ans quand décède son oncle George IV, en 1830 ; son oncle Frederick est mort en 1827, et son autre oncle, Guillaume IV, qui lui succède, est déjà un homme âgé. Conroy espère que le temps va jouer en sa faveur et lui donner les clés d'une éventuelle régence. En effet, le Parlement britannique prévoit qu'elle serait assurée par la duchesse de Kent, que le fougueux militaire compte bien manœuvrer. Mais la méthode employée aura un effet finalement inverse à celui escompté. Car Victoria éprouve durant toutes ses années de jeunesse une haine farouche à l'égard de Conroy. Plus encore, la nature des relations entre Conroy et sa mère, qui ne lui échappe pas, lui fait prendre en horreur toute idée d'adultère. Faut-il y voir l'origine de la pruderie victorienne ? Toujours est-il que les manigances de Conroy ne seront pas récompensées. Le 20 juin 1837, Guillaume IV, qui a eu dix enfants illégitimes, mais qui ne laisse aucune descendance royale, décède à l'âge de soixante-douze ans. Victoria a fêté ses dix-huit ans un peu moins d'un mois auparavant. Elle n'a plus besoin de

La reine Victoria, ici lors de son couronnement, le 28 juin 1838.

Conroy, ni de personne. Aussi prend-elle seule les rênes de l'Angleterre, qu'elle ne rendra qu'au siècle suivant.

Même si elle est animée par un farouche désir d'indépendance, Victoria a besoin d'un guide pour faire ses premiers pas en politique. Elle trouvera son mentor en la personne de Lord Melbourne, le chef du parti Whig, alors

Premier ministre. Très vite, un profond attachement unit cette toute jeune reine de dix-huit ans et ce sexagénaire enjôleur, plein d'un bon sens politique, qu'il transmet à sa pupille. Une affection bien compréhensible chez une jeune femme qui a dû grandir sans l'amour d'un père, malgré toute l'attention bienveillante que lui prodiguait son oncle Léopold. Mais le parti Whig, au pouvoir depuis 1830, est renversé dès 1839 par les Tories : la jeune reine va alors commettre un certain nombre d'imprudences, en continuant à entretenir une abondante correspondance avec Melbourne et en refusant de choisir ses dames d'atour parmi les épouses des membres influents du parti Tory, comme le voudrait la coutume. Or, dans ce pays, qui vit au rythme de la monarchie constitutionnelle depuis cent cinquante ans, on ne badine pas avec les usages parlementaires ! Victoria a alors fort mauvaise presse. On lui prête, entre autres, des relations bien peu filiales (et fort improbables) avec Lord Melbourne. Un ultime faux-pas va achever de ternir son image dans l'opinion publique : le traitement incroyablement humiliant qu'elle fait subir à Flora Hastings, une dame d'honneur proche de Conroy, qu'elle soupçonne d'être enceinte des œuvres de ce dernier. Au nom de la moralité et de la décence, Victoria décide que Lady Hastings doit être examinée par un médecin, car elle ne saurait tolérer de dépravation de ses proches. Il ressort de l'examen que Lady Hastings est encore vierge. Mais le peuple britannique retient surtout la cruauté dont a fait preuve Victoria, dans ce qui apparaît comme une vengeance très disproportionnée. Le message n'en est pas moins clair : le temps des débauches des *wicked uncles* est bien révolu, et l'on ne saurait plus tolérer la moindre inconduite dans l'entourage royal.

Et pourtant, Victoria aime s'amuser autant que n'importe quelle jeune femme de son âge. Bien vite, les bals et autres divertissements ne suffisent plus à l'occuper. Il est grand temps pour elle de se marier. L'idée de l'unir à son cousin Albert de

Saxe-Cobourg avait déjà germé dans l'esprit de sa mère, à la naissance de ce dernier, quelques semaines après celle de Victoria. Cette dernière avait d'ailleurs rencontré son cousin et son frère Ernest, en 1836, et les avait trouvés tous deux fort agréables. Mais après l'avoir revu en 1839, Victoria – qui n'envisageait pas de se marier avant trois ou quatre ans – en est certaine, c'est avec Albert qu'elle veut s'unir pour la vie. Une aubaine pour le prince de Saxe-Cobourg, dont le titre ne lui donne guère de pouvoir. Le 10 février 1840, c'est donc une femme très amoureuse qui épouse son cousin dans la chapelle royale du palais de Saint-James, habillée d'une robe de satin blanc rehaussée d'un collier, de boucles d'oreilles en diamants et de la magnifique broche de saphir que lui a offert Albert. Ce mariage, comme chaque grande fête, réveille les sentiments profondément monarchiques du peuple britannique. Les avanies du début de règne sont oubliées, et c'est une foule enthousiaste qui acclame le nouveau couple. La tentative de meurtre dont est victime Victoria quelques semaines plus tard – geste d'un déséquilibré que l'on a soupçonné pendant un temps d'accomplir les desseins d'Ernest-August, l'un des *wicked uncles* de Victoria – augmente encore la ferveur populaire envers sa jeune reine. Durant vingt et un ans, Victoria et Albert vont offrir le spectacle du plus grand bonheur conjugal à leurs sujets. La reine veut faire oublier les inquiétantes extravagances des dernières années de George III, ainsi que les turpitudes de ses oncles. Un modèle familial bourgeois et

Mariage de la reine Victoria avec le prince consort Albert le 10 février 1840.

Portrait de la reine Victoria d'Angleterre (1819-1901) et du prince Albert (1819-1861) avec cinq de leurs enfants, 1846.

vertueux d'autant plus important que la haute société est alors le théâtre de quelques scandales qui jettent une lumière crue sur les mœurs particulières de certains membres de l'aristocratie : ainsi, l'oncle de Lord Russell, homme politique très en vue et futur Premier ministre, est-il retrouvé assassiné à son domicile. L'enquête fait apparaître qu'il s'agirait d'un crime passionnel, perpétré par son valet. On ne sait si la bonne société est plus offensée par l'homosexualité des protagonistes ou par l'imprudence de se commettre en-dessous de sa condition, pour un descendant d'une des plus grandes familles d'Angleterre. Si l'on y ajoute la scandaleuse liaison de Benjamin Disraeli, figure montante du parti Tory, avec Henrietta Sykes, c'est toute la classe politique qui semble se compromettre dans des affaires de mœurs peu reluisantes. Le couple royal va donc tenter d'imposer une nouvelle norme de vertu à l'aristocratie anglaise. Une vertu qui n'empêche pas une union prolifique : leur premier enfant naît neuf mois et demi à peine après le mariage : c'est une petite fille, Victoria, dite « Vicky », qui fait le bonheur de ses parents. L'année suivante, en 1841, c'est Édouard, prince de Galles, qui arrive. Le couple royal aura encore quatre filles et trois garçons, ce qui fait que Victoria se trouvera enceinte quasiment sans interruption durant les dix premières années de leur mariage...

Les questions politiques sont pourtant pressantes : une terrible famine touche l'Irlande, dont les cultures de pommes de terre sont atteintes par un parasite qui les décime. La famine dure de longues années, qui voient la population irlandaise baisser d'un quart, en raison des morts et de l'émigration. Nombre d'Irlandais fuyant la famine viennent grossir les rangs des immigrés qui s'entassent dans les taudis insalubres de l'East Side londonien, véritable enfer de l'ère industrielle, dont la misère horrifie la bonne société. « Ces gueux se terrent aussi dans des cours ténébreuses, fétides, suintantes d'humidité, où les mères pourchassent les rats qui rongent les visages et les doigts des nourrissons », dit Jules Vallès, écrivain français, ancien élu de la Commune de Paris, réfugié à Londres. Mais les relents nauséabonds qui émanent de Whitechapel ne parviennent pas au quartier de Saint-James et, de fait, l'apparente indifférence de Victoria à la question sociale, comme aux malheurs de l'Irlande, lui sera amèrement reprochée. C'est qu'il y a fort à faire pour parachever la construction de l'Empire britannique ! C'est là la grande affaire du règne de Victoria. Le 7 avril 1849, le drapeau britannique flotte sur Lahore : le Penjab fait désormais partie de l'Empire britannique. Pour sceller l'allégeance de cette région de l'Inde à la reine, le maharadjah Dalip Singh fait envoyer à Victoria un fabuleux diamant de plus de cent quatre-vingt-six carats, le Koh-I Nor (« montagne de lumière » en indien). Victoria, de son côté, ne se déplace plus sans ses deux serviteurs indiens, Abdul Karim et Mohammed Buxsh, dont la constante présence à ses côtés fera la joie des mauvaises langues. Pourtant, les trois nouvelles tentatives d'assassinat dont elle fait l'objet justifient amplement

John Brown (1826-1883).

la présence à ses côtés de gardes du corps. Certains prêtent même à Victoria un goût pour les amours ancillaires : n'a-t-elle pas fait construire, à Balmoral, une magnifique demeure afin, dit-on, de passer plus de temps avec John Brown, farouche écossais et chevalier servant de la reine ? S'il semble que les années de mariage de Victoria se sont déroulées sous le signe de la plus stricte fidélité, il est indéniable qu'il ait existé, par la suite, une immense tendresse entre Victoria et son fidèle valet. Car le bonheur conjugal de la reine sera de relativement courte durée : Albert la quitte le 14 décembre 1861, emporté à l'âge de quarante et un ans à peine par une fièvre typhoïde. Un véritable déchirement pour la reine, qui va garder le deuil de cet homme qu'elle a tant aimé tout au long de sa vie. Un drame aussi pour ses enfants, dont il s'occupait avec une affection tout à fait inhabituelle à une époque où les enfants n'étaient pas considérés comme dignes d'une grande attention.

Toujours est-il que si la mort d'Albert est la première épreuve qu'aura à affronter Victoria, elle annonce des années difficiles pour la souveraine. Car celle-ci doit bientôt faire face aux frasques de plus en plus voyantes de son fils Édouard... qui se commet notamment avec une actrice, Nellie Clifden, relation lui rappelant opportunément les fâcheuses épouses morganatiques de ses oncles débauchés. Victoria est intimement persuadée que les vices de son fils ont précipité la fin de son vertueux époux. Aussi le tiendra-t-elle soigneusement éloigné du pouvoir durant tout son veuvage. Le mariage d'Édouard avec la princesse Alexandra de Danemark, en 1863, parvient pourtant à donner une façade respectable à l'héritier du trône ; mais Édouard continuera longtemps à défrayer la chronique à travers toute l'Europe. La débauche et la prostitution sont en effet les plus grands fléaux de la société victorienne : des bas-fonds de l'East End, avec ses prostituées à quelques pennies, aux femmes entretenues des théâtres de Piccadilly, c'est toute une société secrète qui vit là, cachée, en parallèle d'un système de valeurs hypocrite où l'épouse respectable ne doit manifester qu'une indifférence polie au devoir conjugal. Chantage, scandales, cette prostitution omniprésente contamine jusqu'aux plus hautes sphères de l'aristocratie, provoquant le plus profond mépris de Victoria, qui n'a jamais eu une très haute opinion de la bonne société londonienne. Ne sortant jamais complètement de son deuil après la mort de son cher Albert, elle devient, sous ses voiles noires, la figure austère d'une morale que bien peu de gens respectent. Les scandales sexuels qui émaillent la seconde moitié du XIXe siècle fournissent aux gazettes de quoi déplorer avec délectation la déliquescence des mœurs britanniques. Ajoutant le tabou de l'homosexualité à la question de la prostitution, le « procès des petits télégraphistes » – qui met à jour un vaste réseau de prostitution masculine, adossé au réseau des télégraphes – va défrayer la chronique des années 1880. Si la peine de mort pour sodomie a été abolie en 1861 en Angleterre (elle n'était, à vrai dire, guère appliquée), l'homosexualité masculine n'en reste pas moins un tabou absolu. La révélation, dans la lignée de ce procès, des amitiés particulières de grands personnages du royaume, comme Cecil John Rhodes, Lord Kitchener ou Baden Powell, ne manque pas de choquer la société victorienne, à l'instar de sa reine.

Mais Victoria a mieux à faire. Loin des turpitudes de l'aristocratie, elle s'emploie à parachever la construction du plus vaste empire du monde. Et pour cela, elle a trouvé un allié de poids :

Benjamin Disraeli et la reine Victoria.

son Premier ministre, Benjamin Disraeli, avec qui elle va nouer une profonde relation qui, aux dires de certains, a pu aller au-delà de la seule amitié. Issu d'une famille d'origine juive, grand séducteur, écrivain, ce roturier – jusqu'à ce que Victoria le fasse Lord Beaconsfield en 1876 – va devenir le stratège qui offrira à sa reine la couronne impériale des Indes. C'est lui qui va orchestrer la mise en place d'une nouvelle zone d'influence britannique en Asie centrale (connue sous le nom de « Grand Jeu » car concurrencée par la Russie impériale) . La mort du comte, ce « cher Beaconsfield », en 1881, va terriblement affecter la reine. Ce drame suit de près le décès de sa deuxième fille, Alice et de sa petite-fille Marie, emportées par la fièvre typhoïde, et précède de peu celui de son cher John Brown. Quelle qu'ait été la nature exacte de ses liens avec son valet écossais – on a murmuré qu'ils avaient contracté un mariage clandestin – elle perd avec lui son confident et ami. C'est seule qu'elle doit affronter la mort, en 1884, de son fils Léopold, atteint d'hémophilie, seule qu'elle doit assister au déchaînement que provoquent dans la presse les révélations scandaleuses des dernières décennies du siècle. L'art classique victorien se voit en effet sérieusement bousculé par les artistes préraphaélites, dont les mœurs débridées font souffler un vent de nouveauté sur la grisaille londonienne. Wilde, Whistler, Swinburne, Rossetti sont les fers de lance de cette nouvelle vague artistique qui envoie valser la rigidité bourgeoise de l'art victorien, non sans provoquer de vagues. En 1881, l'opérette *Patience* de Gilbert et Sullivan tourne en dérision le personnage flamboyant d'Oscar Wilde. Présente au spectacle, Victoria livre sa sentence : « We are not amused ». La bonne société partage encore son opinion, qui se presse en 1895 au procès de ce même Oscar Wilde (le propre fils de l'oculiste de la reine), dont le crime aura été d'aimer Lord Alfred Douglas, le fils du marquis de Queensberry. Lord Rosebery, alors Premier ministre, semble avoir eu lui aussi des relations équivoques avec l'un des fils de Queensberry. Mais seul le poète sera condamné, et l'honneur sera sauf !

La reine Victoria d'Angleterre.

Dans les derniers scandales du siècle, la classe dirigeante s'accroche encore à ses ultimes lambeaux de dignité. Il s'agit pour le moins de sauver la face, à défaut de sauver la morale. Victoria, quant à elle, s'éteint au moment où le nouveau siècle commence, le 22 janvier 1901, entourée par ses enfants, petits-enfants et arrière-petits-enfants. Bâtisseuse d'empire, elle demeure pour la postérité le symbole de ce XIXe siècle pétri de paradoxes, à la fois corseté et débauché, jouisseur et puritain, dont les règles morales vont bientôt se briser violemment sur le premier conflit mondial. À l'image de son peuple, Victoria n'était pas simplement la représentation vertueuse qu'elle voulait bien laisser paraître puisqu'à sa demande expresse, des objets ayant appartenu à John Brown l'accompagneront dans sa dernière demeure : elle sera en effet enterrée avec non seulement une robe de chambre d'Albert, mais aussi un portrait et une mèche de cheveux de son dévoué valet John Brown. Modèle de vertu, certes, Victoria n'en était pas moins femme !

POURQUOI HENRI IV
A-T-IL ÉTÉ ASSASSINÉ ?

Le vendredi 14 mai 1610, le bon roi Henri a prévu de se rendre à l'Arsenal retrouver son ministre Sully. Dans le carrosse qui le transporte, ont pris place à ses côtés plusieurs gentilshommes, dont le duc d'Épernon, assis à la droite du roi. Rue de la Ferronnerie, les embarras (embouteillages de l'époque) sont importants, car Marie de Médicis, dont le sacre a eu lieu la veille à Saint-Denis, doit faire son entrée triomphale dans la capitale. La foule est si dense, que pour se frayer un chemin dans la cohue, le carrosse royal avance au pas, distançant l'escorte à cheval chargée de la protection du roi. Même les valets de pied doivent descendre des marchepieds. Profitant de ce moment de flottement, un homme barbu et de haute taille prend soudain appui sur la roue arrière droite du carrosse et se hisse à la hauteur du roi qu'il poignarde à deux reprises. Alors qu'un gentilhomme tire son épée pour transpercer l'assassin, le duc d'Épernon, colonel général de l'Infanterie, l'en empêche. Dans la confusion générale et au milieu des cris affolés, plusieurs hommes s'approchent pour régler son compte au criminel, mais ils en sont dissuadés par l'entourage du roi et sont repris aussitôt par la cohue alors à son comble. Ravaillac, le meurtrier, est malgré tout arrêté et conduit à l'hôtel de Retz où, étrangement, beaucoup de gens de l'entourage d'Épernon vont l'approcher. Le roi Henri IV a été assassiné ! Ravaillac a-t-il agi seul ou avait-il des complices ? Ce crime est-il le fait d'un déséquilibré ou bien a-t-il été ourdi par des ennemis du roi ? S'agit-il d'un complot ? Toutes ces questions, les magistrats du Parlement chargés d'instruire l'affaire se

Portrait d'Henri IV, roi de France (1553-1610).
Peinture de Frans Pourbus, Galleria Palatina, Florence.

Assassinat du roi de France, Henri IV.
Tableau de H. Charles-Gustave.

les posèrent. Malgré le supplice et l'exécution de Ravaillac, qui eurent lieu rapidement, le 27 mai suivant, force est de constater que, quatre siècles plus tard, ces questions attendent toujours des réponses...

Dès le premier interrogatoire, Ravaillac déclare avoir agi seul. Cette explication, eu égard à la personnalité de cet homme de trente-deux ans, se tient. Natif d'Angoulême, c'est un fervent catholique, animé d'une foi ardente qui confine au mysticisme. À ses yeux, Henri IV s'est montré beaucoup trop tolérant avec ses anciens coreligionnaires protestants. Dans son exaltation, Ravaillac a cru une rumeur qui prêtait au roi l'intention de déclarer la guerre au Pape. Convaincu d'être investi d'une mission divine, le régicide lui a semblé être le seul moyen de contrer les menées impies du monarque. Après le premier interrogatoire, il est soumis à la « question préparatoire », procédé employé par les tribunaux religieux ou laïques pour faire avouer un suspect ou lui faire livrer le nom de ses complices. Même quand le grand prévôt de l'Hôtel du roi lui fait écraser les pouces avec un rouet d'arquebuse, et malgré la douleur, Ravaillac maintient ses déclarations. Enfermé à la Conciergerie le lendemain de son arrestation, il avoue désormais – ce qui est en parfaite contradiction avec ses convictions – avoir été tenté par le démon et avoir été la proie de visions infernales.

François Ravaillac (1576-1610).

Le 17 mai, interrogé par le président du tribunal, Achille de Harlay, il persiste dans ses aveux initiaux. Le 25, à nouveau soumis à la « question », il ne varie pas, affirmant qu'il veut « détromper ceux qui pensent qu'il a été induit à tuer le roi pour de l'argent ou par de grands ennemis de la France ». Le 27 mai, il est conduit à genoux devant la Grande Chambre du Parlement afin d'entendre l'arrêt qui le déclare : « convaincu de crime de lèse-majesté divine et humaine ». Un crime qui appelle un supplice destiné à marquer les esprits, et dont la postérité a surtout retenu la phase finale, l'écartèlement du condamné par quatre chevaux ! Juste avant l'exécution, soumis une ultime fois à la « question préalable » (non par réel sadisme, mais parce que pour être validés comme tels, les aveux devaient être confirmés et répétés), Ravaillac aura à peine la force de déclarer : « Je ne suis pas assez malheureux pour cacher quelque chose de ce genre, tandis que je suis persuadé que mon silence m'exclurait de la miséricorde divine ». La thèse de l'assassinat solitaire s'appuie donc sur les déclarations de Ravaillac. C'est celle qui a le plus couramment été exposée dans les manuels scolaires sous la plume de la plupart des historiens. Pourtant, dès l'arrestation de Ravaillac, cette théorie fut contrebalancée par celle du complot, sinon comment expliquer les omissions troublantes qui ont jalonné l'enquête ?

Portrait en pied de Jean-Louis de la Valette (1554-1642), duc d'Epernon. Musée des Beaux-Arts de Metz.

En effet, peu de temps avant l'assassinat, un officier de justice de Pithiviers avait annoncé que les jours du roi étaient comptés. Cet homme – que la justice ne daigne même pas entendre – sera finalement enfermé à la Conciergerie, où il sera retrouvé étranglé dans sa cellule ! Tout aussi troublant, les cavaliers en armes qui ont tenté d'occire Ravaillac après son crime n'ont jamais été retrouvés. Les juges du meurtrier ne déployèrent pas davantage d'énergie à rechercher d'autres témoins, ce qui fit dire au chroniqueur de l'époque Pierre de l'Estoile que le Parlement engagea là de bien « lâches procédures ». Il faut d'abord rappeler que les conspirations étaient monnaie courante dans cette période encore marquée par les ultimes soubresauts des guerres de Religion. Au cours de sa vie, Henri IV avait déjà dû faire face à plus d'une vingtaine de complots, certains ayant même été ourdis du temps où il n'était encore que Henri de Navarre. Et il est indubitable qu'en 1610, beaucoup de gens souhaitaient sa mort… En janvier 1611, Jacqueline Le Voyer, dite Mademoiselle d'Escoman, fut la première à accuser le duc d'Épernon et la marquise de Verneuil d'être responsables de la mort d'Henri IV. D'Épernon, haï par Sully, est soupçonné d'avoir agi pour le compte de l'Espagne. Tout porte à croire que d'Épernon connaissait Ravaillac, ce qui expliquerait les longs moments passés avec lui à l'hôtel de Retz, après son arrestation. En outre, le 14 mai était bizarrement la date la plus propice à cet assassinat, juste entre le sacre de Marie de Médicis et le départ du roi pour la guerre. Un procès est organisé sommairement, dans lequel les deux parties sont entendues, sous la présidence d'Achille de Harlay, président du parlement de Paris, qui avait interrogé Ravaillac. À l'issue de l'audience, l'accusatrice est condamnée pour calomnie et emprisonnée. Les Jésuites auraient aussi été accusés d'avoir poussé Ravaillac au régicide. Mais cette théorie fantasque négligeait le fait que le confesseur du roi, et précepteur du dauphin, était lui-même un Jésuite.

C'est Jules Michelet qui a relancé la thèse du complot dans son *Histoire de France*, se fondant sur les accusations de Mademoiselle d'Escoman et le témoignage d'un capitaine de la garde, Pierre Dujardin. Il démontre comment le duc d'Épernon, la comtesse de Verneuil et le couple Concini auraient instrumentalisé Ravaillac, avec la connivence de la reine Marie de Médicis et de Philippe III d'Espagne. De même, dans son ouvrage *L'étrange mort de Henri IV*, l'historien Philippe Erlanger – qui reprend la thèse développée par Michelet – explique que ce provincial ne connaissait personne lorsqu'il est arrivé à Paris, et que Ravaillac fut comme par hasard logé chez Charlotte du Tillet, la maîtresse du duc d'Épernon. Comme Michelet, Erlanger affirme que l'assassinat aurait été conditionné par le duc d'Épernon, la marquise de Verneuil et Charlotte du Tillet. Pour les archives de l'anthropologie criminelle et des sciences pénales, il est exclu pourtant que le duc d'Épernon puisse être mêlé à l'affaire. S'il s'est interposé tout de suite pour que Ravaillac ne soit pas écharpé par la foule, ce n'est pas pour épargner un complice, mais pour qu'il soit interrogé et qu'il puisse livrer le nom de ses acolytes. Si d'Épernon avait tiré les ficelles de cet assassinat, il est évident qu'il n'aurait pas agi de la sorte mais se serait arrangé pour que son homme de main soit éliminé. Une autre théorie développée en 2009 par l'historien Jean-Christian Petitfils semble tout aussi recevable,

Charlotte de Montmorency, princesse de Condé (1594-1650).

eu égard à la réputation de séducteur impénitent du roi : Henri IV s'apprêtait à repartir en guerre sous le prétexte de régler un conflit politique entre des princes du Saint Empire. En fait, son intention était bien plus triviale, puisqu'elle consistait à ramener à Paris Charlotte de Montmorency, à peine âgée de seize ans, qu'il courtisait assidûment. Le mari de la toute jeune femme, le prince de Condé, propre neveu du roi, avait, tant bien que mal, tenté de la soustraire aux avances du « Vert-Galant » en s'éloignant de la cour, mais le roi était allé jusqu'à user de déguisements pour approcher la belle ! En dernier recours, Condé, furieux contre Henri IV, emmena sa femme à Bruxelles pour la placer sous la protection de l'Espagne, puissance ennemie de la France. C'est donc pour éviter cette guerre que l'archiduc des Pays-Bas catholiques, Albert de Habsbourg, aurait guidé le bras de Ravaillac.

Après son écartèlement, le corps de Ravaillac a été dispersé dans divers quartiers de Paris afin d'y être exposé, puis brûlé. Les cendres ont ensuite été éparpillées au vent : car le cadavre d'un auteur de régicide doit disparaître totalement afin de lui interdire tout espoir de résurrection lors du jugement dernier. Le sort d'Henri IV n'en est pas moins banal pour autant... Le 1er juillet 1610, le roi est enterré à la Basilique Saint-Denis, où reposent les rois de France. Mais en 1793, lorsque les tombes royales furent profanées par les sans-culottes, le cercueil du bon roi Henri fut éventré. Sa dépouille, souligne l'historien Rodolphe Huguet, était « en très bon état de

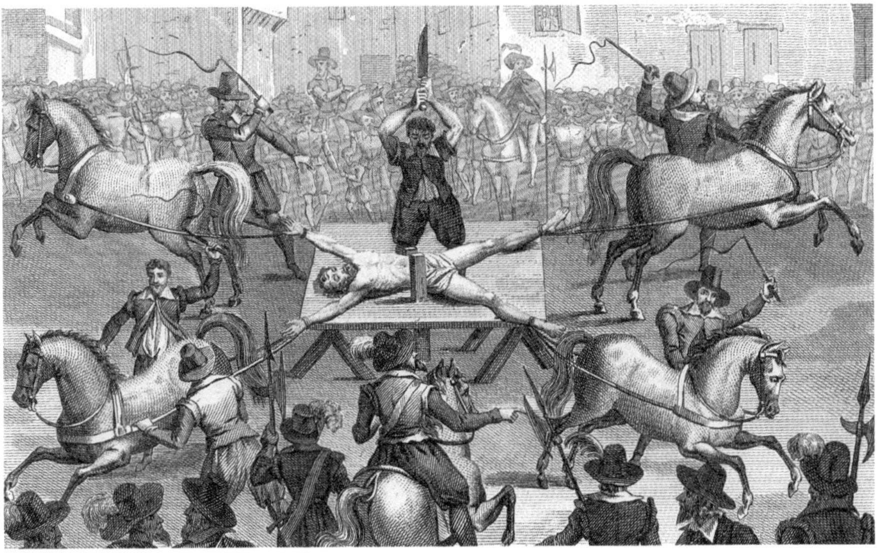

Le supplice de François Ravaillac, assassin du roi Henri IV.

conservation, car elle avait été embaumée. À l'époque, les gens n'en revenaient pas, car la croyance voulait que seuls les cadavres de saints fussent exempts de putréfaction ». Les corps des autres monarques furent jetés dans une fosse commune, alors que celui d'Henri IV, bien conservé, fut dressé le long d'un mur afin d'être exposé à la vue du public. Toujours est-il que lorsque de bonnes âmes tentèrent de rendre aux monarques leurs sépultures durant la Restauration, la tête d'Henri IV était introuvable. Et impossible de savoir qui s'en était emparé…

La célèbre tête réapparaît selon toute vraisemblance au XIXe siècle, dans la collection privée d'un comte allemand. On perd à nouveau sa trace et elle réapparaît finalement le 31 octobre 1919 lors d'une vente aux enchères à l'hôtel Drouot, où un antiquaire de Dinard, Joseph-Émile Bourdais, l'achète pour trois malheureux francs ! L'antiquaire « a remué ciel et terre pour prouver qu'il s'agissait bien de la tête du roi, la proposant au Louvre, au musée Carnavalet, mais personne ne l'a cru ». À sa mort, la tête se volatilise à nouveau. Elle fut finalement

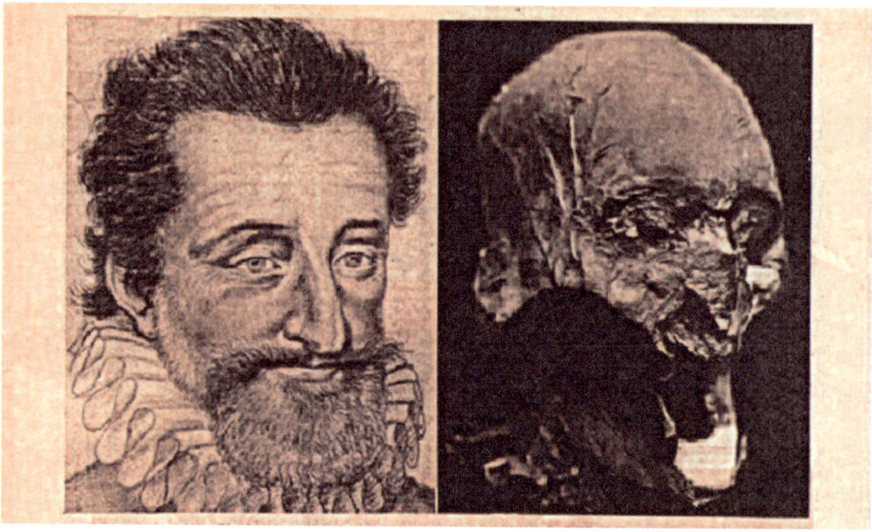

Examen de la tête d'Henri IV.

exhumée du grenier d'un fonctionnaire retraité – qui l'avait achetée en 1955 à la sœur de Joseph-Émile Bourdais pour cinq mille francs – à l'occasion d'un reportage de *Paris Match* pour commémorer les quatre cents ans de la disparition du roi. Son propriétaire demanda alors aux journalistes de remettre la relique au descendant officiel d'Henri IV, le prince Louis de Bourbon, afin qu'il la fasse inhumer dignement à Saint-Denis...

L'authentification de cette tête et son examen scientifique (datation au carbone 14, observations anatomiques...) ont été effectuées par une vingtaine de scientifiques rassemblés autour du professeur Philippe Charlier, médecin paléopathologiste. Une étude du *British Medical Journal* corrobore son authenticité, décrivant une tête « en très bon état de conservation ». Elle est « légèrement brunie, avec les yeux à demi clos et la bouche ouverte » et porte même plusieurs signes distinctifs : « une petite tache sombre de 11 millimètres de long, juste au-dessus de la narine droite, un trou attestant du port d'une boucle d'oreille dans le lobe droit, comme c'était la mode à la cour des Valois, et une lésion osseuse au-dessus de la lèvre supérieure gauche, trace d'une estafilade faite au roi par Jean Châtel lors d'une tentative de meurtre le 27 décembre 1594 ». Plus étonnant encore : l'examen de la tête a aussi permis de compléter le bilan de santé d'Henri IV. Les experts ont découvert l'existence d'une cataracte, d'une arthrose importante et ont constaté un très mauvais état bucco-dentaire, ce qui explique pourquoi des chroniqueurs ont rapporté que l'haleine du roi n'était pas de la première fraîcheur... Un ingénieur géomètre topographe a numérisé la tête pour faire apparaître, via un scanographe, le visage virtuel d'Henri IV sur un écran d'ordinateur. Comme l'a expliqué le professeur Charlier, cela a permis de « fixer de façon quasi éternelle l'image de cette tête, promise à tomber en poussière dans son futur tombeau », mais les échantillons prélevés n'ont pas malheureusement été suffisants pour délivrer l'ADN mithochondrial nécessaire à la réalisation des comparaisons. C'est pourquoi, certains journalistes et historiens remettent en cause cette certitude dont Philippe Delorme. En effet, il s'étonne que « le crâne examiné ne soit ni scié, ni trépané comme cela se pratiquait systématiquement pour les embaumements royaux », d'autant que « tous les témoins déclareront que le crâne était ouvert ». Après toutes ces controverses, la tête d'Henri IV serait confortablement calée dans le coffre d'une grande banque parisienne. Son dépositaire actuel, Louis-Alphonse de Bourbon, chef de la branche aînée des Bourbons, voudrait organiser le transfert et l'inhumation de la relique dans la nécropole royale de Saint-Denis, avec les honneurs dus à son rang. Il lui faut pour cela en obtenir toutes les autorisations officielles du président de la République.

Quoi qu'il en soit, au-delà de ces querelles de chapelle, Henri IV demeure bel et bien l'un de nos plus grands rois. La preuve ? Quatre cents ans après son assassinat, sa tête continue à susciter la polémique...

ANNE D'AUTRICHE

A-T-ELLE TRAHI LA FRANCE ?

Le 13 août 1637, une scène surréaliste est en train de se dérouler au couvent du Val-de-Grâce. Le chancelier de France, Pierre Séguier et l'archevêque de Paris, Jean-François de Gondi se sont introduits sans tenir compte des protestations indignées de l'abbesse. Ils viennent perquisitionner les appartements de la reine Anne d'Autriche, qui a financé le couvent et y effectue de fréquentes retraites. Mais on la soupçonne d'utiliser ces lieux pour d'autres activités que son élévation spirituelle. L'archevêque et le chancelier sont en effet ici pour rechercher de papiers compromettants. Ils interrogent également Marguerite de Sainte-Gertrude, l'abbesse du Val-de-Grâce, et La Porte, un valet de la reine. Ces derniers la défendent avec véhémence, malgré les lourdes menaces qui pèsent sur eux lors de leurs interrogatoires : l'excommunication pour l'abbesse, et la Bastille pour le valet. Le cardinal de Richelieu, qui est derrière cette abrupte et impromptue visite, sait que la reine a des choses à cacher. Cela fait des années que l'épouse de Louis XIII et son principal ministre se livrent une guerre acharnée. Richelieu a désormais en main tous les éléments qui permettront de faire plier celle qui, depuis quinze ans, cherche à provoquer sa chute.

La reine est à Chantilly avec Louis XIII lorsqu'elle apprend l'arrestation de son valet. Rentrant en toute hâte à Paris, elle proteste : non, elle n'a écrit aucune lettre à destination de la cour espagnole ; non, elle ne fournit pas de renseignements à son frère Philippe IV, le roi d'Espagne, avec lequel la France est en guerre depuis deux ans. Pendant plusieurs jours, la reine se

Portrait d'Anne d'Autriche (1601-1666), reine de France.
Peinture de Pierre-Paul Rubens, Amsterdam.

retire dans ses appartements du Louvre. Elle pleure, prie, nie devant le propre confesseur du roi les abominables accusations portées contre elle. Le père Caussin se laisse attendrir. Qui oserait douter de la sincérité des larmes d'une reine ? Et pourtant, l'impitoyable Cardinal se montre inflexible. Anne d'Autriche finit par comprendre qu'elle a perdu. Le 17 août, elle demande à voir Richelieu. Et devant son pire ennemi, elle cède : oui, elle a écrit à Philippe IV ainsi qu'à Ferdinand d'Autriche, son autre frère, à la tête des Pays-Bas espagnols ; oui, elle s'est plainte de l'isolement dans lequel l'avait laissée son royal époux ; oui, elle s'est exprimée en des termes qui ne pouvaient que déplaire au roi ; oui, elle a évoqué la Lorraine, patrie de Charles IV ; oui, elle s'est préoccupée d'une possible alliance franco-britannique. Autant de considérations qui dépassent de loin la simple sollicitude fraternelle. Anne est désormais à la merci du cardinal. L'ombrageux Louis XIII, cet homme si rancunier et colérique, ne va-t-il pas se saisir de ce prétexte pour la répudier ?

La question de la fragilité de son statut auprès du roi se fait en effet de plus en plus lancinante avec les années. Voici déjà vingt-deux ans qu'elle est mariée au roi de France, et ne parvient pas à lui donner un héritier. Aujourd'hui, son pays d'adoption est en guerre contre l'Espagne, son pays de naissance. Elle a failli à la recommandation que lui avait faite son père, Philippe III, lors de son mariage : elle n'est pas parvenue à maintenir l'unité des nations catholiques contre la réforme protestante. C'est pourtant dans ce but que Philippe III avait si habilement manœuvré pour obtenir le double mariage de sa fille Anne avec Louis XIII, et de son fils, Philippe, futur roi d'Espagne, avec Madame Élisabeth, la sœur de Louis. Il fallait en effet garantir l'union entre la France et la dynastie Habsbourg, farouchement catholique, qui régnait alors sur l'Autriche, l'Espagne et les Pays-Bas espagnols. Seul ce front commun pouvait permettre de contenir et de soumettre les princes huguenots. La naissance, à quelques jours d'intervalle, d'Anne et de Louis en 1601 était apparue comme un présage favorable. Henri IV, père de Louis, renâcle devant cette alliance avec les Habsbourg, qu'il considère comme les ennemis héréditaires de la France. Sa veuve, Marie de Médicis, beaucoup plus dévote, s'empressera au contraire de sceller l'alliance avec l'Espagne : la nouvelle d'un accord en vue du mariage de l'infante Anne avec Louis XIII est ainsi annoncée dès janvier 1612.

Le contrat de mariage est signé le 22 août. Leur union effective est célébrée le 28 novembre 1615. La beauté d'Anne est admirée par les nombreux invités à la cérémonie, qui se réjouissent des regards et des sourires que s'échangent les mariés, oubliant peut-être un peu vite qu'ils n'ont que quatorze ans. Aussi vérifie-t-on le soir même que la consommation du mariage a bien eu lieu. Nécessaire précaution en cette période de régence afin de se prémunir contre les opposants à cette alliance. Ce qu'a pu être cette première nuit entre deux amants si jeunes, et totalement étrangers l'un à l'autre, nul ne le sait ! Peut-être faut-il pourtant voir dans cette rencontre si prématurée l'origine des difficultés que va rencontrer le nouveau couple. Car si le jeune Louis affirme à Héroard, son médecin, avoir accompli par deux fois le devoir que son mariage lui impose désormais, les époux ne semblent pas désirer renouveler cette intimité. Vivant chacun dans leurs propres appartements, ils ne font

Mariage du roi de France, Louis XIII avec Anne d'Autriche, le 28 novembre 1615, à Bordeaux. Gravure d'Adrien Moreau.

Portrait de Charles d'Albert, duc de Luynes (1578-1621). Peinture de Robert Fleury, musée du château de Versailles.

guère que se croiser. Une vie sans affection et sans amour qui contraste terriblement, pour Anne, avec la vie de famille très unie qui avait été la sienne à la cour royale d'Espagne. De son côté, le roi est subjugué par son nouvel ami, Charles d'Albert, le duc de Luynes, qui a une grande influence sur lui. Ce dernier a épousé Marie de Rohan, une jeune femme vive et malicieuse, et dont le caractère enjoué a tôt fait de conquérir Anne, ravie de trouver enfin un peu de gaîté dans sa morne existence.

Le duc de Luynes, favori du roi, se préoccupe des risques que fait encourir au souverain l'absence d'héritier. Il avertit le roi qu'il est de son devoir de passer du temps avec sa femme. Le 25 janvier 1619, en dépit de ses protestations, il le conduit fermement devant les appartements de la reine. Le roi passe donc la nuit avec son épouse, événement inédit depuis leur mariage quatre ans plus tôt. La nouvelle est officiellement communiquée aux diplomates étrangers présents en France. Anne espère que son existence va prendre un tour nouveau. N'a-t-elle pas la confiance de son mari, qui la laisse expédier les affaires courantes lorsqu'il part en campagne ? N'a-t-elle pas une fidèle amie en la personne de la duchesse de Luynes ? Au début de l'année 1622, elle est au comble du bonheur : elle attend enfin un enfant, que chacun espère être l'héritier tant souhaité.

Mais son bonheur prend rapidement fin. Sa grossesse ne parvient pas à terme. Dans son journal, le médecin Héroard, toujours scrupuleux, note qu'elle a accouché d'un embryon

Portrait du roi de France, Louis XIII.
Peinture de P. de Champaigne, musée des Augustins, Toulouse.

âgé d'une quarantaine de jours. Louis XIII entend dire que c'est une chute due à une course de la reine, entraînée par Marie de Rohan, qui serait la cause de ce triste événement. Fou de rage, il intime l'ordre à cette dernière de quitter la cour sur le champ. La jeune femme est pourtant intendante de la maison de la reine. Facteur aggravant, elle s'est remariée, après son veuvage, avec le duc de Chevreuse, parent de la maison de Lorraine, avec laquelle les relations de Louis XIII sont fort mauvaises. Malgré la farouche opposition d'Anne, le roi est inflexible : la duchesse doit se retirer dans ses terres. En l'éloignant ainsi, le roi n'a pas conscience qu'il augmente encore l'influence de la jeune duchesse de Chevreuse sur la reine. La duchesse cherche d'abord à jeter Anne dans les bras de Lord Buckingham, venu en France pour s'occuper des détails du mariage d'Henriette-Marie, la sœur du roi, avec le prince de Galles. Elle attire ensuite la reine dans toutes les conspirations qui visent à déstabiliser le pouvoir du cardinal de Richelieu, principal ministre de Louis XIII. Il est vrai que l'ecclésiastique contrarie bien des ambitions. Attaché à établir le pouvoir absolu du roi sur la noblesse, il s'est d'abord évertué à réduire à néant les revendications politiques des huguenots. Il n'aura pas plus d'indulgence pour les membres du parti dévot qui contesteront par la suite ses alliances avec les princes allemands protestants dans sa lutte contre les Habsbourg. Le Cardinal n'a aucune confiance dans la loyauté de la reine et la traite avec un certain mépris. La duchesse de Chevreuse n'aura donc aucun mal à entraîner Anne dans la conspiration échafaudée par son amant, le comte de Chalais, qui vise à éliminer le Cardinal, et même à remplacer le roi par son frère Gaston d'Orléans, en s'appuyant sur l'armée du duc de Lorraine. Le complot échoue lamentablement. Le Cardinal a des espions partout, et les conspirateurs ne savent guère tenir leur langue. Arrêté, le comte de Chalais est décapité en 1626. Le cardinal remporte ainsi une victoire politique, mais n'oublie pas la duplicité de la reine. Celle-ci continue, sous l'influence de la duchesse de Chevreuse, à se ranger systématiquement du côté des opposants à la politique du Cardinal, et ce d'autant plus que celui-ci décide, après avoir soumis les huguenots, de changer d'alliance et de solliciter l'Angleterre et les princes allemands protestants pour lutter contre l'influence Habsbourg. Pour Richelieu, le pouvoir de cette famille en Europe est trop important pour ne pas créer un déséquilibre inquiétant : ils sont en effet maîtres de l'Autriche, de l'Espagne et d'une partie des Pays-Bas, encerclant littéralement la France. C'est l'intérêt de la France, et non celui du parti catholique, qui guide sa politique extérieure. Une attitude incompréhensible pour ses ennemis, et notamment pour Anne, qui n'est sans doute pas consciente, lorsqu'elle entretient ses frères des manœuvres du cardinal, qu'elle trahit l'intérêt de l'État. Car la raison d'État, c'est précisément ce que Richelieu est en train d'inventer.

Ce jour d'août 1637, Anne d'Autriche reconnaît donc qu'elle a trompé le cardinal ; mais a-t-elle réellement voulu trahir la France ? Elle est en tout cas totalement écartée des affaires politiques par son royal époux, et doit même signer un contrat stipulant ses obligations vis-à-vis du royaume. Une incroyable humiliation pour la reine. C'est pourtant à peu près à cette période que le miracle tant attendu par la cour arrive : Anne porte à nouveau un enfant. La naissance du futur Louis XIV, puis celle de son frère Philippe, ne met pas encore un coup d'arrêt aux ardeurs conspiratrices des nobles opposés à Richelieu. En 1642, ce sont les projets d'assassinat fomentés par le marquis de Cinq-Mars, un des favoris du roi, qui sont découverts. Comment le Cardinal a-t-il intercepté les lettres incriminant le

La reine Anne d'Autriche et ses deux enfants Louis Dieudonné (le futur roi Louis XIV) et Philippe d'Orléans. Tableau de l'École française, XVIIIe siècle.

marquis ? Anne d'Autriche a-t-elle racheté sa trahison de 1637 en fournissant à Richelieu ce précieux renseignement ? On l'ignore. Ce qui est certain, c'est qu'une fois devenue régente, après la mort de Richelieu et de Louis XIII à quelques mois d'intervalle, Anne se montrera, avec l'aide de Mazarin, la plus farouche protectrice de l'héritage laissé par ces deux hommes. Forte de son amour pour ses fils et de l'affection profonde du cardinal italien, elle réussira à tenir tête à une noblesse dont les appétits menacent le jeune roi. Elle parviendra à tourner le dos à ses anciennes amitiés dans l'intérêt de l'État, se montrant fidèle aux enseignements du *Testament politique* de son pire ennemi, Richelieu. Anne d'Autriche, malgré ses erreurs, aura décidément su être une véritable reine de France.

RENÉ DESCARTES
A-T-IL ÉTÉ EMPOISONNÉ ?

Des quelques portraits qui nous restent de Descartes, le plus célèbre est certainement celui qu'a fait de lui le peintre flamand Frans Hals. Grave et digne, l'illustre penseur du XVIIe siècle est fidèle à l'image qu'il a laissée au Panthéon des grands hommes de la nation française. Inventeur de la rationalité classique, René Descartes occupe aujourd'hui encore une place essentielle dans notre imaginaire collectif. On lui attribue, à tort ou à raison, la paternité de l'« esprit cartésien », qui n'admet que la rationalité la plus stricte, et dont le poète Saint-John Perse déplorait la froideur dans son discours de réception du prix Nobel. Mais à y regarder de plus près, n'y a-t-il pas une pointe de malice dans le regard de Descartes, un sourire qui se dessine sur ses lèvres minces ? Car l'auteur du cogito n'est pas qu'un austère savant retiré dans ses livres. Après avoir mené une première vie d'aventures comme soldat pris dans la tourmente de la guerre de Trente Ans, il bouleverse totalement la philosophie occidentale avec la publication de son *Discours de la méthode*. Difficile aujourd'hui de mesurer la puissance subversive de ce petit traité autobiographique dans lequel Descartes expose les principes sur lesquels il va construire ses théories. Et pourtant, c'est une tradition séculaire qu'il balaie avec cet ouvrage. L'émergence du sujet dans la pensée moderne, la préférence d'une vérité basée sur la méthode, la raison, l'intuition, voire l'imagination plutôt que sur l'apprentissage « paresseux » révélé dans les livres, les prémisses d'une philosophie fondée sur l'individu et l'autonomie, voilà l'héritage laissé par Descartes. Une sorte de révolution cartésienne qui n'a cependant pas été du goût de tous. Car dans l'Europe du XVIIe siècle, meurtrie par le souvenir des

Portrait de René Descartes (1596-1650), philosophe.
Peinture d'après Frans Hals, XVIIe siècle.

guerres de religion, les querelles philosophiques épousent bien souvent les enjeux politiques et religieux. Il semble peu crédible, a priori, que le philosophe du classicisme ait payé de sa vie ses opinions par trop subversives. Et pourtant...

René Descartes naît à la charnière du XVIe et du XVIIe siècle. Ses parents ont fui l'épidémie de peste sévissant alors à Rennes, où son père est conseiller au Parlement. Sa mère, quant à elle, est la fille du maire de Nantes. C'est donc dans une famille de la bonne bourgeoisie qu'il voit le jour, en 1596, à La Haye en Touraine. Mais seulement treize mois après sa naissance, sa mère meurt en donnant naissance à un second fils, qui ne survit pas. Le jeune René demeure donc, avec son frère aîné Pierre et sa sœur Jeanne, une consolation pour son père et sa grand-mère, qui s'émerveillent de sa précocité intellectuelle. À onze ans, il est confié aux Jésuites du collège royal Henri-le-Grand de La Flèche, où il se passionne pour les mathématiques, pour « la certitude et l'évidence de leurs raisons » ; c'est là le seul savoir qui lui paraît réellement fondé. Pour le reste, il ne voit que doutes et incertitudes. S'instruire ne fait que lui révéler l'étendue de son ignorance. Mais Descartes est destiné à suivre la même voie tranquille que son père : une fois son baccalauréat obtenu, il acquiert une licence de droit à l'université de Poitiers.

Pourtant, rattrapé par son désir d'aventures, il s'engage, sur un « coup de foie », comme il le dit lui-même, dans l'école de guerre du prince Maurice de Nassau. Il se rend aux Pays-Bas, ces « Provinces-Unies » qui se sont déclarées indépendantes en 1581. Pas moins de sept territoires – parvenus à trouver un modus vivendi entre catholiques, huguenots fuyant les persécutions et Juifs expulsés d'Espagne – et qui connaissent une explosion économique sans précédent. Descartes découvre dans ce pays prospère un formidable brassage des devises, des peuples et des idées. Il fait bientôt la connaissance du savant Isaac Beeckman, autour d'un défi de mathématiques. Ce sera le début d'une longue amitié parsemée d'orages, mais qui va permettre au jeune homme de s'initier aux dernières avancées scientifiques de son temps. Toujours avide d'expériences et désireux de parcourir « le grand livre du monde », Descartes continue d'arpenter l'Europe, voyageant de la Hollande au Danemark pour arriver en Allemagne, où la guerre de Trente Ans – qui oppose les princes allemands protestants aux princes catholiques – vient d'éclater, au moment même où l'empereur Ferdinand est couronné.

Dans ce conflit, où les intérêts dynastiques se mêlent aux considérations religieuses, René Descartes se range du côté des catholiques de la Ligue, en choisissant de s'engager auprès du duc Maximilien Ier de Bavière. Mais en 1619, alors que son régiment a pris ses quartiers d'hiver dans la ville bavaroise de Neubourg, Descartes fait une expérience qui va bouleverser sa vie. Comme le rapporte Adrien Baillet, son premier biographe, le jeune soldat fait trois songes durant la nuit de la Saint-Martin, qui seront les fondements de sa pensée : « Le 10 novembre 1619, lorsque rempli d'enthousiasme, je trouvai le fondement d'une science admirable... ». Bouleversé par ces découvertes qui, selon lui, ne peuvent être que d'inspiration divine, Descartes renonce à la vie militaire et fait vœu de pèlerinage à Notre-Dame de Lorette, en Italie, qu'il effectuera plus tard, en 1623. Comme il le raconte dans la deuxième partie du *Discours de la méthode*, il résout alors de « demeurer dans son poêle » – pièce chauffée – pour y établir les bases de sa philosophie.

Devenu rentier en 1622 après avoir vendu les biens de sa mère, Descartes a alors tout le loisir de se concentrer sur ses travaux. Voyageant d'Allemagne en France, en passant par l'Italie, avant de s'installer en Hollande, il s'intéresse à l'étude de l'optique et multiplie les contacts avec des savants et des mathématiciens de renom. Parmi eux figure le père Mersenne, le plus européen des intellectuels du XVIIe siècle, rencontré à Paris en 1626 et avec qui il entame une longue correspondance qui lui permet de se tenir informé de toutes les avancées scientifiques de son temps. Mais l'existence de Descartes ne se limite pas à l'étude des livres et des idées.

Galilée (1564-1642), physicien et astronome italien face au tribunal de l'Inquisition catholique romaine.

Descartes paresse, il joue le jeu de la vie mondaine ou s'isole brutalement de ses amis pour réfléchir, se bat en duel, se perd dans ses voyages... C'est avant tout le goût de la liberté qui guide ses pas. Après avoir rendu visite à Beeckman, en Hollande, en 1628, il décide de s'installer dans ce pays, décidément fort accueillant pour les penseurs, car dans le reste de l'Europe, il n'est pas nécessairement de bon goût de soutenir des idées trop hétérodoxes. En 1633, Descartes apprend que le *Dialogue sur les deux grands systèmes du monde* de Galilée a été condamné par l'Église. Craignant la censure, il retarde prudemment la parution de son propre ouvrage, *Le monde ou traité de la lumière*, qui soutient lui aussi la thèse héliocentrique. Il préfère se pencher sur des sujets moins brûlants et se consacrer entièrement à la philosophie ; ainsi le *Discours de la méthode* ne sera-t-il publié qu'en 1637.

Suivent les *Méditations métaphysiques* et les *Principes de la philosophie*, qui confirment la place prépondérante de Descartes parmi les savants de son temps. Ayant renoncé aux duels à l'épée, il croise néanmoins le fer des mots avec le philosophe anglais Hobbes, dans ce qui lancera « querelle d'Utrecht ». Ce n'est pas la première fois que les deux philosophes sont en désaccord, ils ont déjà eu une controverse en 1637. Mais cette fois, la querelle s'envenime. Les deux hommes s'accusent mutuellement de plagiat, et Hobbes réussit à imposer, dans une certaine mesure, sa lecture de Descartes. À ce demi-échec s'ajoute un drame personnel, lorsqu'en 1640, Francine, la fille que Descartes a eue avec sa servante et amie Hélène Jans, meurt d'une scarlatine à l'âge de cinq ans. Descartes est effondré et ne s'en cache pas.

Thomas Hobbes (1588-1679), philosophe anglais.

Et les choses se compliquent davantage à partir de 1641, avec l'entrée en scène d'un nouvel ennemi, bien plus virulent que ses prédécesseurs, le pasteur Voetius. Ce théologien protestant d'Utrecht a décidé de combattre farouchement la pensée de Descartes, qu'il juge dangereusement corruptrice pour la jeunesse, encouragée à rêver et à méditer plutôt qu'à étudier. Il est vrai qu'avec son *Discours de la méthode* et ses *Méditations métaphysiques*, Descartes circonscrit au minimum les vérités révélées de façon divine. Contrairement à la philosophie enseignée alors dans les universités, entièrement tirée d'Aristote et fondée sur l'érudition plutôt que sur le raisonnement, la pensée de Descartes essaie d'établir toutes les connaissances sur la raison, et non sur la croyance. Or pour le pasteur d'Utrecht, cette position marque un abominable orgueil, et révèle l'athéisme de celui qui la formule. Il réclame pour le philosophe le supplice subi par le penseur italien Vanini, qui a eu en 1619 la langue coupée, avant d'être brûlé vif. Descartes finit par gagner le procès engagé contre Voetius devant le recteur de Groningue, mais il prend enfin la mesure des remous que provoque sa pensée dans les milieux religieux.

Les catholiques en effet ne se montrent pas plus enthousiastes : le père Arnauld, chef de file du courant janséniste de Port-Royal, se révèle extrêmement sévère envers Descartes et le doute méthodique qu'il applique à toute connaissance. Même Blaise Pascal, que Descartes rencontre à plusieurs reprises pour parler de questions scientifiques, juge, dans une formule lapidaire qu'il est « inutile et incertain » ; bref, Descartes fait scandale. Il est pourtant reconnu comme l'un des plus grands esprits de son temps et est réclamé dans toutes les cours européennes... Abandonnant le terrain de la métaphysique, il entame dès 1643

René Descartes donnant des leçons de philosophie à la reine Christine de Suède, vers 1650.

une longue correspondance sur les questions morales avec la jeune mais érudite Élisabeth de Bohême, qui aboutira à la rédaction d'un traité : *Les Passions de l'âme*. En 1650, c'est la reine Christine de Suède qui l'invite à Stockholm. Descartes accepte à condition d'être exempté des cérémoniaux de la cour, afin de se concentrer sur sa seule méditation. Il réside alors chez l'ambassadeur de France, Pierre Chanut ; ce dernier tombe malade, et quinze jours après lui, Descartes contracte à son tour une pneumonie. De constitution fragile, sans doute aggravée par l'habitude qu'a la reine Christine de tenir leurs entretiens à 5h du matin dans une pièce glaciale, Descartes succombe rapidement à son mal et s'éteint à cinquante-quatre ans, le 11 février 1650. Pour Baillet, son biographe, « la véritable et unique cause de la maladie de M. Descartes a été le partage de ses soins entre la reine et l'ambassadeur malade, au milieu d'une saison ennemie de son tempérament ».

Pourtant, il évoque lui-même l'hypothèse d'une explication plus sulfureuse : Descartes aurait été, selon les dires de certains, empoisonné par les « grammairiens » – les lettrés de l'entourage de la reine – jaloux de la supériorité intellectuelle du penseur français. Une théorie immédiatement disqualifiée par le biographe. Cependant, la publication en 2010 du livre d'un universitaire allemand, Theodor Ebert, a reposé l'épineuse question d'un éventuel empoisonnement du philosophe. Reprenant une supposition déjà formulée par l'un de ses compatriotes, Ebert soutient que Descartes aurait été empoisonné par l'aumônier de l'ambassade, François Viogué. Ce dernier aurait craint que les théories de Descartes n'entravent la conversion de la reine Christine à la foi catholique, l'un des objectifs essentiels de la Contre-Réforme. C'est que malgré l'apaisement des guerres de religion en France, le conflit qui oppose protestants et catholiques est loin d'être éteint. Il s'agit pour Rome de reconquérir le terrain perdu au protestantisme, et la conversion d'une souveraine serait une belle victoire. L'aumônier aurait donc insidieusement empoisonné à l'arsenic les hosties qu'il donnait au philosophe français. À l'appui de cette thèse, Ebert cite une lettre de Van Wullen, le médecin de Descartes, dans laquelle celui-ci rapporte que Descartes avait demandé à prendre un vomitif. Avait-il compris qu'on l'avait empoisonné ? Ebert y voit une preuve. Mais les avanies subies par la dépouille du philosophe, dont les restes ont fait l'objet de nombreux pillages lors de son transfert de Suède en France, puis de l'église Sainte-Geneviève à l'église Saint-Germain-des-Prés, rendent impossible la vérification scientifique de cette hypothèse. Pour Jean-Luc Marion, grand spécialiste de Descartes, elle reste néanmoins peu probable. Et même si François Viogué était réellement coupable d'assassinat, il aurait certainement agi de son propre chef, sans en référer à l'autorité de Rome ; il est donc exclu que Descartes ait été victime d'un complot.

Mais, au même titre que Copernic, Galilée et Giordano Bruno, il a été l'un des révolutionnaires de ce siècle, à la charnière de l'âge baroque et de l'époque classique, qui a fait voler en éclats les doctrines du Moyen-Âge, pour poser les fondements scientifiques et philosophiques de notre monde moderne. En dérobant aux clercs une philosophie fondée sur l'érudition et la foi, il a offert à l'homme du peuple une pensée construite sur l'évidence et la raison. Et ce n'est sans doute pas la rationalité froide et mécanique de sa doctrine, mais bien au contraire le caractère vif et subversif de sa pensée, qui n'a de comptes à rendre qu'à elle-même, que Descartes continue d'incarner pour la postérité.

FRANÇOIS Ier

LE PLUS GRAND AMATEUR DE FEMMES ?

Dans l'*Heptaméron*, recueil de contes écrits à la manière de Boccace, les protagonistes, contraints de séjourner dans une auberge durant plusieurs jours à cause d'un violent orage, débattent notamment de ce que doit être un parfait amant. C'est Parlamente, l'une des cinq femmes de la compagnie, qui en donne certainement la plus juste définition : « J'appelle parfaits amants ceux qui cherchent en ce qu'ils aiment quelque perfection, soit beauté, bonté ou bonne grâce, toujours tendant à la vertu, et qui ont le cœur si haut et si honnête qu'ils ne veulent, pour mourir, mettre leur fin aux choses basses que l'honneur et la conscience réprouvent ». Nul doute que l'auteur, Marguerite de Navarre, ait pensé à son royal frère en écrivant ces lignes. C'est que François Ier, roi flamboyant qui a commencé son règne par une éclatante victoire militaire, demeure dans l'Histoire comme le roi ami des arts et grand amateur de femmes. Il inaugure une solide tradition de galanterie, voire de paillardise, à la cour du royaume de France, et trouvera en Henri IV ou Louis XIV de zélés successeurs. Si Saint Louis représente la justice et le Roi-Soleil la splendeur de la monarchie, François Ier, roi hédoniste et esthète, incarne l'alliance la plus raffinée de la beauté et du plaisir. En rapportant de ses conquêtes italiennes les merveilles de la Renaissance, qu'il acclimate au goût français, il a sans doute plus qu'aucun autre monarque contribué à inventer un certain art de vivre, plein de douceur et de galanterie. N'a-t-il pas dit un jour qu' « une cour sans femmes, c'est comme un jardin sans fleurs » ?

Portrait de François Ier (1494-1547), roi de France.
Peinture de Jean Clouet, musée du Louvre.

Louise de Savoie (1476-1531). Régente et mère de François Ier*.* Peinture du XVIe siècle.

Et il est vrai que les dames auront une place de choix dans la vie de cet homme qui ne les aime pas en débauché, mais en admirateur éperdu de la femme, de toutes les femmes. L'influence des femmes qui l'ont élevé, de celles qu'il a aimées, et même de celles, nombreuses, qu'il a désirées, a été essentielle dans le règne de ce roi, qui referme le Moyen Âge de l'idéal courtois pour faire entrer le royaume dans l'ère moderne.

Son premier, et peut-être plus grand amour est certainement sa mère, Louise de Savoie. Lorsqu'elle lui donne la vie le 12 septembre 1494, le lendemain de son dix-huitième anniversaire, Louise ne se doute pas qu'elle accouche du futur roi de France. Le père de François, Charles d'Orléans, duc d'Angoulême, n'est pas en première ligne dans l'ordre de succession. Mais les drames qui affligeront la reine Anne de Bretagne ouvriront la voie au fils de Louise. De son premier mari, Charles VIII, la reine Anne a quatre enfants, dont seul l'aîné, Charles-Orland, survit quelque temps avant de succomber à la rougeole à l'âge de trois ans. Lorsque Charles VIII meurt, sans descendance, Anne épouse son successeur, le roi Louis XII, fils de l'autre Charles d'Orléans, le prince poète. Mais elle semble condamnée à ne connaître que des maternités cruelles : sur les huit enfants issus de cette nouvelle union, seuls deux survivent. Deux filles : Claude et Renée. Il est vite apparu qu'encore une fois, le prochain roi ne serait pas lui-même fils de roi ! Lorsque

Marguerite de Navarre (1492-1549), sœur de François Ier.
Peinture attribuée à François Clouet, musée de Condé, Chantilly.

François a six ans, Louis XII, son tuteur, à la demande des états généraux, se résout à le faire venir à la cour d'Amboise afin de superviser son éducation, anticipant la possibilité de ne pas laisser d'héritier. Pour Louise, les malheurs d'Anne de Bretagne sont un signe du destin. Tant de souffrances ne peuvent être justifiées que par la nécessité de céder la place à cet enfant si parfait qu'elle a mis au monde, et qui ne peut qu'être appelé à de hautes responsabilités. Veuve à dix-neuf ans, elle se voue entièrement à réaliser les ambitions qu'elle nourrit pour son fils, qu'elle appelle son « César bien-aimé ». Et si elle tremble lorsqu'Anne de Bretagne est de nouveau enceinte en 1503, puis en 1512, c'est avec un secret soulagement qu'elle apprend que le malheur a encore frappé la reine, et que les petits dauphins n'ont survécu que quelques semaines.

François a grandi sous le regard bienveillant de cette jeune mère. Sa sœur, Marguerite, de deux ans son aînée, partage cette adoration exclusive. Elle-même ne manque pas de qualités. Vive et pleine d'esprit, elle fait preuve d'une extraordinaire curiosité intellectuelle, qui en fera sans doute la femme la plus brillante de son époque, et l'amie des plus grands poètes de son temps : Rabelais lui dédicace le *Tiers Livre*, et l'Arétin ses poèmes. Celle qui deviendra la grand-mère maternelle d'Henri IV entretient une grande complicité avec son frère, avec qui elle possède une étonnante ressemblance physique. Grâce à ces deux femmes exceptionnelles, le futur roi commence à nourrir cet inépuisable amour des femmes, qui tiendront une place capitale dans sa vie. Pour autant, son entourage n'est pas exclusivement féminin : à Amboise, au Clos Lucé, où il vit désormais, ses camarades de jeu sont Anne de Montmorency, un futur connétable de France, mais aussi Robert de La Marck, seigneur de Fleuranges et de Sedan, qui se distinguera aux côtés de son ami d'enfance lors de la bataille de Marignan. Louise confie l'éducation de François au maréchal de Gié. Cet homme sévère désapprouve la proximité et la fusion dans lesquelles vivent le fils et la mère qui, selon lui, risquent d'induire chez le jeune homme mollesse et puérilité. Louise, mécontente, saura saisir la première maladresse commise par Gié, qui a contrarié Anne de Bretagne, pour se débarrasser de lui et le remplacer par Artus Gouffier, seigneur de Boisy, nettement plus accommodant. Elle veille à ce que l'éducation de son fils fasse la part belle à l'humanisme et aux arts, cultivant chez le jeune homme de nettes dispositions pour les belles lettres.

Mais il est temps de consolider ses espérances de grand avenir pour François par des projets matrimoniaux. Si Louis XII songe, dans un premier temps, à marier sa fille Claude à Charles de Gand, le futur Charles Quint, il voit finalement d'un mauvais œil cette union qui risquerait de donner un pouvoir démesuré à la famille Habsbourg, dont les possessions d'Espagne et d'Europe du Nord menacent le royaume de France pris en tenaille. Habile, le roi parvient à retarder cette décision jusqu'à la réunion des états généraux, en mai 1506, qui réclament à une écrasante majorité l'union de Claude avec le futur héritier de la couronne. Les fiançailles de Claude de France et de François d'Angoulême sont donc annoncées. François a ainsi ravi une prétendante, qui n'est guère âgée que de sept ans, à celui qui, toute sa vie durant, sera son éternel rival...

La Belle Ferronnière.
Tableau de Léonard de Vinci.
Collection musée du Louvre.

Mais en attendant, c'est dans les bras d'Anne de Graville, une dame de la cour, que François découvre les joies de l'amour... A-t-elle vraiment été l'initiatrice du jeune duc ? Sa sœur Marguerite raconte malicieusement dans ses écrits que la jeune dame, qui souhaitait ardemment être le premier amour de son frère, en a été pour ses frais : « Le prince s'en fut dans la chambre de la dame, et bientôt, à la grande confusion de celle qui voulait enseigner, le rusé seigneur parut tant habile qu'il se révéla tout aussi savant qu'elle. La vérité, c'est qu'une simple mais accorte chambrière avait depuis longtemps déniaisé le duc d'Angoulême. La pauvre dame, qui avait donné quelques conseils, se trouva subitement bien morfondue ». Le jeune François continue ses conquêtes, sous le regard amusé et complice de sa sœur, qui relatera plus tard les aventures galantes, dignes de celles de Boccace, de son jeune frère. Dames de la cour ou bourgeoises de Paris, dont la « Belle Ferronnière », épouse du sieur Jean Ferron, dont les exploits ont défrayé la chronique galante du début du XVIe siècle, aucune femme ne résiste au charme de François. Il est vrai que son noble physique lui vaut l'admiration générale de la gent féminine. D'une taille exceptionnellement haute pour son époque, près de deux mètres, le jeune homme aux traits réguliers, malgré un nez un peu fort, dégage une impression de noblesse et de virilité qu'il agrémente d'une galanterie toute chevaleresque. Sa mère veille cependant à ce que son pouvoir de séduction ne lui cause aucun tort. Lorsque que la reine Anne rend son dernier soupir, en 1514, épuisée par ses nombreuses grossesses, Louise de Savoie

Claude de France (1499-1524), première épouse de François Ier.
Collection musée de Condé, Chantilly.

croit l'avenir de son César assuré. Mais, à la stupéfaction générale, Louis XII annonce, dès l'automne 1514, qu'il va sceller son alliance avec le roi d'Angleterre Henri VIII en se remariant avec sa sœur, Marie Tudor. Cette union improbable entre un souverain souffreteux de cinquante-deux ans et une pétulante princesse qui en a seize provoque le scepticisme général, voire quelques ricanements. Comment Louis pourra-t-il tenir le rythme que risque de lui imposer sa jeune épouse, pour lui donner un héritier mâle ? Comme le veut la coutume, c'est François qui accueille la nouvelle reine sur le territoire français. Marie a tôt fait de remarquer ce beau jeune homme qui n'a que deux ans de plus qu'elle ; de son côté, François n'est pas insensible à son charme. Louise de Savoie, qui surveille de près les amours de son fils, sent immédiatement le danger qui se profile : si Marie Tudor tombe miraculeusement enceinte, tous les espoirs de son fils s'envoleront. Elle raisonne donc le jeune homme, en lui rappelant qu'il vient à peine d'épouser Claude de France, qui l'aime éperdument. Il est vrai que la jeune fille ne possède pas les charmes qui attirent habituellement le prince : petite et déjà corpulente, elle est affligée d'un strabisme peu flatteur, et boite en permanence. Mais à ces défauts physiques répondent des qualités de cœur qui lui permettront de gagner le respect, sinon l'amour, de son mari. Pieuse et pudique, elle ne prend pas ombrage de l'omniprésence de ses maîtresses et le roi lui accorde une grande liberté dans le domaine politique, notamment en ce qui concerne l'administration du duché de Bretagne, qu'elle lui a apporté par le mariage. Claude accepte également de laisser la préséance à sa belle-mère et sa belle-sœur, et cela même après être devenue reine. De son côté, François ne manque pas de la traiter avec courtoisie, et d'accomplir son devoir en la mettant enceinte avec une régularité métronomique. Leur premier enfant, Louise, naît le 19 août 1515, un peu plus d'un an après leur mariage, qui a eu lieu en mai 1514. Six autres enfants suivront, dont cinq parviendront à l'âge adulte.

Pour François, cependant, l'heure de la consécration est proche ! Malade, et, dit-on, complètement épuisé par l'ardeur que met sa jeune épouse à lui donner un héritier, Louis XII s'éteint le 1er janvier 1515, une année qui va inscrire François dans l'Histoire. Son couronnement a lieu le 25 janvier. Malgré le froid coupant qui règne dans la magnifique cathédrale de Reims, la cérémonie offre un spectacle exceptionnel aux seigneurs, clercs et bourgeois représentant les trois ordres. C'est Robert de Lenoncourt, archevêque de Reims, qui officie, maître d'œuvre d'un rituel qui comprend à la fois le sacre, le couronnement et l'intronisation du nouveau roi. Comme il l'avait promis lors de leurs après-midi de jeux au Clos Lucé, François Ier n'oublie pas ses amis d'enfance lorsqu'il distribue les charges royales ; pourtant, il remet l'essentiel du pouvoir à un proche de sa mère, Antoine Duprat, en lui confiant la charge de chancelier de France. Cet homme redoutablement intelligent, fils d'un marchand d'Issoire dont les talents lui ont permis de se hisser dans les plus hautes sphères de l'État, est un fidèle de Louise de Savoie. C'est à elle qu'il rend compte de son travail car dans le nouveau système de pouvoir, Louise a pratiquement un rôle de vice-reine, lui permettant de satisfaire ses ambitions politiques. Cette mère attentive entend bien conserver la place éminente qu'elle occupe auprès de son fils, qui, selon elle, lui doit la fonction à laquelle il a accédé, quand bien même il serait roi de droit divin...

François Ier entame immédiatement une série de voyages afin de connaître ce royaume dont il a maintenant la charge. La plus grande partie de son règne, en temps de paix, le verra en effet se déplacer aux quatre coins du royaume, entraînant dans son sillage une prodigieuse cour itinérante. Son cortège peut en effet atteindre jusqu'à quinze mille personnes, suivies par une foule aussi dense. Un nombre considérable à une époque où une ville moyenne ne compte pas plus de dix mille habitants. Cette éternelle itinérance est bien entendu propice aux rencontres les plus galantes : l'entrée du roi dans une ville s'accompagne toujours de bals et de festivités auxquels se pressent les belles dames de la bonne société, qui n'ont d'yeux que pour le jeune roi de vingt et un ans. Mais malgré cette vie de plaisirs, François Ier ne chôme pas. Ses continuels voyages lui permettent d'imposer l'autorité royale sur l'ensemble de ses territoires : incarné, représenté par un visage que tous ses sujets apprendront à reconnaître, contrairement à ses prédécesseurs, le pouvoir royal exercé par François Ier apparaît comme une préfiguration de l'absolutisme que ses successeurs établiront un siècle plus tard. Mais les ambitions de François Ier vont bien au-delà du royaume de France. Retrouvant le tropisme des rois de France vers les duchés du nord de l'Italie, il poursuit les efforts de Louis XII pour rétablir ses droits sur le duché de Milan et le royaume de Naples, en ouvrant un nouvel épisode des interminables guerres d'Italie. Et c'est par un coup d'éclat remarquable qu'il entame ce chapitre grâce à la victoire de Marignan. Après une bataille épique, aux côtés de Bayard et de Robert de La Marck, le jeune roi, qui reste plus de vingt heures en selle, sans manger ni boire, réussit à vaincre les troupes menées par Colonna, qui est fait prisonnier. Le 16 octobre 1515, le roi victorieux entre dans Milan. Mais il se garde bien de se comporter en vainqueur arrogant et d'humilier les Sforza, maîtres de la ville, comme l'avait fait Louis XII avant lui. Au contraire, François arrive en Italie comme un grand admirateur des œuvres de la Renaissance.

Françoise de Foix (1495-1537), comtesse de Châteaubriant.

À Bologne, il fait la connaissance d'un petit homme à la barbe blanche, curieux de tout, et dont la conversation est absolument captivante. Peintre, urbaniste, architecte, sculpteur, ingénieur, il a longtemps travaillé pour les Sforza : son nom est Léonard de Vinci. Séduit par ce jeune roi si cultivé, de Vinci, qui avait refusé les invitations de Louis XII, accepte cette fois-ci d'accompagner François Ier en France, avec dans ses bagages le portrait d'une femme qui éblouit le roi de France : Mona Lisa... L'amitié qui naît entre l'artiste génial, qui admire la beauté, l'esprit et la jeunesse du roi, et le souverain, trop heureux de fréquenter un tel penseur, sera brève – de Vinci disparaît en 1519 – mais essentielle dans la formation esthétique et intellectuelle de François Ier. L'attention du roi ne saurait être uniquement absorbée par cette précieuse amitié. En 1518, le roi de France fait une rencontre qui va le bouleverser. De longs cheveux noirs qui encadrent un visage à l'ovale parfait, des yeux en amande d'un bleu profond, une peau ambrée dont le moelleux évoque les plus grandes voluptés... C'est sur la jeune Françoise de Foix, comtesse de Châteaubriant, que le roi vient de poser les yeux. Leur histoire d'amour ira bien au-delà des badineries ordinaires qu'entretient François avec les femmes qu'il rencontre. Cette fois-ci, il s'agit d'une passion amoureuse ardente. Si elle ne suffit pas à rendre le souverain fidèle, Françoise devient pourtant l'objet constant de son affection, et acquiert un véritable statut à la cour, qui en fait une sorte de « maîtresse officielle ». Les deux amants s'échangent poèmes et déclarations brûlantes, ce qui irrite au plus haut point Louise de Savoie. La mère du roi considère en effet que si quelques galanteries sont bien compréhensibles, une infidélité si manifeste à la reine ne peut se justifier, et ne sied guère à un roi chrétien.

Louise nourrit en outre un nouvel espoir pour son fils. François s'est en effet porté candidat pour devenir le nouvel empereur du Saint Empire, cherchant à ravir la place de Charles Quint, le roi d'Espagne. Si ce dernier apparaît comme le favori, les électeurs restent néanmoins fort corruptibles et l'empereur Maximilien a déjà échoué à le faire élire roi des Romains, lors de la diète d'Augsbourg, en 1518. Tous les espoirs semblent donc permis pour François. Charles est finalement élu l'année suivante, provoquant une amère déception chez le roi de France. Tout entre les deux hommes est propre à susciter la rivalité : Charles Quint est aussi secret et réservé que François est joyeux et expansif ; l'un est malingre et souffreteux quand l'autre est solide et sportif. La nouvelle de l'élection de Charles Quint oblige la France à nouer de nouvelles alliances. C'est le but de la rencontre au « Camp du Drap d'or » en juin 1520, qui réunit François Ier et Henri VIII aux alentours de Calais, dans un camp provisoire d'une telle magnificence qu'elle entre dans l'Histoire, et provoque un certain ressentiment chez le souverain anglais qu'elle aurait dû convaincre. Malgré les assurances d'Henri VIII, l'alliance avec l'Angleterre est loin d'être solidement établie. En effet, le roi britannique s'empresse d'aller à Gravelines rencontrer Charles Quint, dont les manières modestes et l'équipage humble lui plaisent nettement plus que les splendeurs de la cour de François Ier.

L'élection de Charles Quint signe le début des difficultés pour François Ier. Le nouvel empereur entend bien revendiquer comme sien le duché de Bourgogne : n'est-il pas, par sa grand-mère, Marie de Bourgogne, le petit-fils de Charles le

Éléonore de Habsbourg, seconde épouse de François Ier.
Peinture de Joos Van Cleve.

Téméraire ? Les offensives de Charles Quint, aggravées par la trahison du connétable de Bourbon, conduiront François Ier au désastre militaire de Pavie, dont le siège commence en 1524. *Annus horribilis* : c'est aussi durant cette année maudite que François Ier perd sa fille, Charlotte, âgée de huit ans, ainsi que la douce et fidèle Claude, qui meurt en couches. À l'issue de la défaite de Pavie, François Ier est fait prisonnier à Madrid par Charles Quint, dans des conditions épouvantables. La joie des fêtes de la cour et ses délicieuses amours sont bien loin. Mais même dans sa cellule étouffante, le roi sait encore enflammer les cœurs : il a tôt fait de conquérir celui de la propre sœur de l'empereur, Éléonore de Habsbourg. Il parvient à susciter chez elle l'idée d'une alliance matrimoniale, qui ferait partie des conditions d'un traité de paix. Mais ce n'est qu'en 1526 que le roi obtient enfin sa libération, en échange d'un immense sacrifice : il doit abandonner ses deux fils en otage à la cour espagnole ! La présence des deux dauphins est en effet un gage pour l'empereur, qui compte ainsi s'assurer que le roi de France se soumettra bien à ses conditions pour l'établissement du traité de paix.

Changé, mûri par son expérience espagnole, François a la surprise de ne pas retrouver sa chère Françoise à la cour. Louise de Savoie a en effet profité de son absence pour renvoyer

Anne de Pisseleu (1508-1580).
Gravure par Prieur d'après Primatice.

la comtesse, qui s'immisçait un peu trop à son goût dans les affaires de l'État, sur ses terres bretonnes. Mais connaissant son fils mieux que personne, elle a déjà prévu une remplaçante pour l'accueillir : une de ses suivantes, la belle Anne de Pisseleu, aussi blonde que Françoise était brune. Le roi ne tarde pas à s'éprendre de cette jeune fille de dix-huit ans, dont la douceur lui fait vite oublier ses tourments madrilènes. Mais il n'en rappelle pas moins Françoise à la cour, qui redouble de séductions et de chatteries pour reconquérir le cœur du souverain. De cette terrible bataille, c'est Anne qui sortira victorieuse ; il est vrai qu'elle a en Louise une alliée de poids.

Louise de Savoie joue aussi un rôle essentiel dans le règlement du conflit entre son fils et l'empereur Charles Quint : c'est en effet avec la tante de celui-ci, Marguerite d'Autriche, qu'elle définira, à l'été 1529, les conditions de ce que l'on appellera la « paix des Dames ». Une paix scellée par le mariage de François Ier, le 7 août 1530, avec Éléonore de Habsbourg. Peu gracieuse, cette dernière est éperdument amoureuse de son mari ; elle comprend néanmoins assez vite, après la fin de sa lune de miel, qu'il faudra apprendre à partager son royal époux avec la jolie Anne de Pisseleu, qui s'est fait une place importante dans le cœur du roi. La mort de Louise de Savoie en 1531, et celle de Françoise de Foix en 1537, qui aurait été assassinée, signent la fin d'une époque pour François Ier. Privé de deux femmes tendrement aimées, il comprend la nécessité de marquer définitivement l'Histoire. Son alliance diplomatique avec Soliman le Magnifique, le plus célèbre sultan ottoman de l'Histoire, préfigure une fois encore la construction de l'État-nation parachevée un siècle plus tard par Richelieu.

Portrait des épouses et des filles de François Ier.

Mais François Ier reste avant tout un roi bâtisseur : Amboise, Blois, Saint-Germain-en-Laye, le château de Madrid dans le bois de Boulogne, Fontainebleau, où il aime tant séjourner, Chambord, construit pour se rapprocher des charmes de la comtesse de Thoury... Il offre au royaume les plus beaux joyaux architecturaux de son temps, et permet aux plus grands noms de la Renaissance d'exercer leur art. Ces entreprises – qui se révèleront catastrophiques en termes de finances publiques – permettront néanmoins au royaume de France de rivaliser avec les plus raffinées cités italiennes, et d'acquérir un rayonnement politique digne de l'Empire de Charles Quint ou de celui d'Henri VIII. Entre le taciturne empereur, peu porté sur les choses de l'amour, et l'insatiable convoitise d'Henri VIII, assassin de deux de ses six épouses, le galant François apparaît comme l'incarnation d'une indicible douceur de vivre à la française. Son règne plein d'esprit symbolisera pour la postérité un certain âge d'or de la monarchie française.

L'AFFAIRE DU COLLIER DE LA REINE

LE SCANDALE QUI A PERDU MARIE-ANTOINETTE !

11 août 1784. Louis-René-Édouard de Rohan, cardinal-évêque de Strasbourg, ancien ambassadeur de France à Vienne, et courtisan issu de l'une des plus vieilles familles de France, ne se tient plus de joie. Ce soir, il va enfin avoir l'entrevue qu'il réclame depuis un an à la reine Marie-Antoinette, celle qui va mettre fin à plus de dix années de brouille, et qui va faire de la reine sa confidente, voire, s'il est permis de l'exprimer ainsi, son obligée. L'entrevue est fixée pour minuit. Elle a lieu dans les jardins de Versailles, au bosquet de Vénus, cadre fort romanesque pour une rencontre entre une reine et un cardinal. Le visage masqué d'une mousseline noire, Marie-Antoinette a seulement le temps de donner au cardinal de Rohan une rose, en lui murmurant : « Vous pouvez maintenant espérer que le passé sera oublié ». Mais très vite, on les prévient que la comtesse de Provence et la comtesse d'Artois, belles-sœurs de la reine, approchent. Il faut donc écourter cette aventureuse entrevue, qui paraît tout droit sortie d'une pièce de Beaumarchais, auteur alors fort en vogue. Mais le cardinal ne relève pas cette similitude, trop occupé à se frotter les mains, se félicitant de l'habileté dont il a fait preuve dans cette manœuvre de réconciliation. Bien sûr, c'est avant tout grâce à sa bonne amie la comtesse de la Motte que tout a été possible. C'est elle qui lui a permis de nouer une correspondance avec la reine, dont elle se dit proche. Mais tout de même, quelle chance d'être choisi comme intermédiaire par la reine pour faire en son

Portrait de Marie-Antoinette de Lorraine Habsbourg, reine de France (1755-1793).
Peinture de Vigée Le Brun, château de Breteuil, XVIIIe siècle.

nom l'acquisition de l'incroyable collier des joailliers Bœhmer et Bassenge, extravagant bijou de deux mille huit cent quarante carats, initialement conçu pour la comtesse du Barry, avant que la mort de Louis XV ne signe sa disgrâce ! L'heureux cardinal ne se doute guère qu'il vient d'être la dupe de la plus célèbre escroquerie de l'Histoire de France, qui fera la joie des gazettes, provoquera la fureur du peuple, et précipitera indirectement la chute de la Monarchie.

Comme bien des histoires d'imposture, celle-ci commence avec un impérieux désir de revanche sur l'existence. La vénéneuse Jeanne de Valois, dont les charmes ont été immortalisés par Alexandre Dumas dans *Le collier de la Reine*, est née en 1756 dans la misère la plus profonde. Et pourtant, son nom est la preuve d'une authentique ascendance royale. Son vaurien de père, soldat vivant d'expédients et de braconnerie, est le fils de Jean de Saint-Rémy, un bâtard qu'Henri II a eu avec Nicole de Savigny. Mais malgré son royal arrière-grand-père, Jeanne n'est guère qu'une paysanne, dont la mère, dit-on, se prostitue à l'occasion. Consciente de sa condition (son père lui aurait fait jurer, sur son lit de mort, de ne jamais oublier qu'elle est une Valois), Jeanne n'aura de cesse de faire reconnaître sa noblesse et, plus prosaïquement, d'obtenir une pension royale qui lui permette de tenir son rang. Elle épouse en 1780 Antoine-Nicolas de la Motte, qui s'octroie assez vite, sans aucun droit à y prétendre, le titre de comte. Bien vite, elle rejoint la cohorte des solliciteurs qui hantent les couloirs de Versailles à la recherche d'une faveur, et gagne la protection de la marquise de Boulainvilliers qui lui permet d'obtenir une pension royale. Mais celle-ci demeure fort modeste. Il va donc falloir aller chercher l'argent là où il se trouve...

Avec la complicité de son amant, Rétaux de Villette, et de son mari, qui ne prend guère ombrage de la situation, elle va alors imaginer un plan rocambolesque. Il s'agit en premier lieu de se rapprocher du cardinal de Rohan, qu'elle rencontre en 1783. Elle s'assure de sa bienveillance et de ses largesses en passant par

Le cardinal Louis de Rohan chez Jeanne de Valois-Saint-Rémy, comtesse de la Motte, en 1783. Gravure du XIXe siècle.

l'intermédiaire du sulfureux comte de Cagliostro. Ce fils de paysans siciliens, qui a été chassé pour indélicatesse de l'ordre des frères de la Miséricorde (où il était médecin), a voyagé autour du bassin méditerranéen et se dit d'origine arabe. Jouant sur toutes les superstitions du temps, un peu alchimiste, un peu sorcier, prétendument thaumaturge (il dit guérir tous les maux par simple imposition des mains), le prétendu comte – de son vrai nom Joseph Balsamo – a complètement subjugué le cardinal. En attendant, il gagne sa vie en soutirant de l'argent aux membres de la noblesse contre des élixirs de longue vie, secrets ésotériques et autres poudres de perlimpinpin. C'est donc sous le patronage de ce personnage hautement recommandable que Jeanne fait irruption dans la vie du cardinal de Rohan. La volcanique jeune femme n'a aucun mal à le séduire, d'autant qu'il voit là l'occasion rêvée de se réconcilier avec Marie-Antoinette. Du moins le croit-il. La comtesse de la Motte lui assure en effet qu'elle fait désormais partie des intimes de la reine, montrant au cardinal des lettres où la souveraine lui donne du « ma cousine ». Une connivence arrangeant bien le cardinal qui a beaucoup à se faire pardonner... Cet ancien protégé de Madame du Barry – la maîtresse de Louis XV et ennemie intime de Marie-Antoinette – avait scandalisé la vertueuse Marie-Thérèse d'Autriche, mère de Marie-Antoinette, par le luxe ostentatoire déballé lorsqu'il était en poste à l'ambassade de Vienne et par la légèreté de ses mœurs, au point que la sévère impératrice réclama son rappel en 1774.

La reine Marie-Antoinette essayant le fameux collier. Gravure du XIXe siècle.

Lorsque, dans sa correspondance, Marie-Antoinette évoque le collier de Bœhmer et Bassenge, le cardinal voit là une occasion de mettre définitivement un terme à une brouille vieille de dix ans. Marie-Antoinette, en effet, ne peut guère se permettre de faire publiquement une dépense aussi extravagante, alors que son train de vie exubérant est déjà vivement dénoncé par les gazettes auprès desquelles elle n'a pas très bonne presse. Son goût des fêtes à Versailles et ses amours avec Fersen en ont fait la proie des libellistes qui la surnomment désormais « l'Autrichienne ». Signe du désamour croissant entre la reine et son peuple, elle ne reçoit aucun applaudissement, ni aucune acclamation, lors de la traditionnelle visite de Paris qui suit son dernier accouchement, le 10 mai 1785. Elle sollicite donc une véritable faveur auprès du cardinal : accepterait-il d'être le prête-nom qui achètera le collier pour son compte ? Le cardinal s'empresse d'accéder à cette demande, qui est pour lui un véritable honneur. La confiance restaurée entre le prélat et la reine semble désormais sans limites. Il s'adresse donc aux joailliers Bœhmer et Bassenge afin d'acquérir le collier. Ces derniers ne cachent pas leur soulagement : la reine s'est enfin décidée ! Ils lui ont en effet proposé à maintes reprises ce collier extrêmement orné – pourtant assez peu dans le style de celle qui a posé en chapeau de paille pour Élisabeth Vigée Le Brun – et pour la fabrication duquel ils se sont lourdement endettés. C'est que ce bijou monumental coûte deux millions de francs ! Totalement aux abois, Bœhmer et Bassenge acceptent de le céder pour seize cent mille livres, payables en quatre versements. Le collier est donc confié au cardinal, qui le fait parvenir à Marie-Antoinette par l'intermédiaire de la comtesse de la Motte. Nous sommes au début de l'année 1785 ; Rohan attend avec fébrilité de voir sa reine arborer le magnifique bijou qu'il lui a permis d'acquérir. Pourtant, les jours passent sans qu'elle ne se décide à afficher son nouveau caprice ; au cardinal, inquiet, elle répond par lettre vouloir trouver l'occasion idéale. Mais c'est trop attendre ; le cardinal s'impatiente, et Bœhmer et Bassenge avec lui, qui espèrent beaucoup de la publicité que leur procurera ce caprice royal.

Représentation exacte du grand collier en diamants conçu par les joailliers Bœhmer et Bassenge.

Début août 1785, Marie-Antoinette reçoit donc une lettre de ses joailliers attitrés qui lui semble totalement dénuée de sens. Les deux compères semblent s'y réjouir de son acquisition d'un collier qu'ils lui ont présenté plusieurs fois et qu'elle a toujours refusé. N'y voyant qu'une relance supplémentaire pour un bijou dont elle ne veut pas, elle se contente de brûler la lettre. Sidéré de ne pas recevoir de réponse (après tout, le collier n'est pas entièrement payé !), Bœhmer décide de s'adresser à la femme de chambre de la reine, Madame Campan. Celle-ci nie cet achat avec la plus grande énergie. Mais Bœhmer a des preuves : des lettres signées de la main de la reine et adressées au cardinal de Rohan. Rapidement, les deux parties comprennent que cette histoire de collier est en train de prendre un tour dramatique. Du côté de la reine, cependant, un homme se frotte les mains ; c'est Breteuil, un ennemi de longue date du cardinal, qui tient là l'occasion d'anéantir son adversaire. Il combat donc le premier sentiment de la reine, qui veut laisser à Rohan le bénéfice du doute, et lui conseille d'agir avec ardeur. Pris dans une logique de court terme, il ne perçoit pas les dommages collatéraux qu'une telle attitude pourrait causer à la réputation de la reine. Le 15 août, alors qu'il s'apprête à célébrer la messe de l'Assomption (il est en effet aumônier du roi), le cardinal de Rohan est arrêté en plein office dans la chapelle de Versailles et conduit pour une confrontation devant le roi et la reine. Il y subit une humiliation en règle : comment la reine aurait-elle pu faire ainsi confiance à un homme à qui elle n'a pas adressé la parole depuis environ dix ans ? Et surtout, comment un prince de la maison de Rohan, grand aumônier de surcroît, a-t-il pu croire que la souveraine avait signé ses lettres « Marie-Antoinette de France » ? Pour qui connaît un tant soit peu l'étiquette de la cour, cette seule signature aurait dû suffire à jeter le doute sur l'authenticité de toute la correspondance (les reines, en effet, ne signent que de leur nom de baptême). À l'humiliation d'avoir été la dupe d'escrocs s'ajoute, pour le cardinal, la honte de ne pas connaître les règles élémentaires de l'étiquette royale !

Le cardinal est à terre. Louis XVI choisit pourtant de porter cet affront à son paroxysme en décidant de lui imposer un procès public devant le Parlement, contre l'avis de certains de ses conseillers qui lui recommandaient de le faire juger discrètement par un tribunal spécial. La rocambolesque escroquerie est ainsi reconstituée et ses protagonistes arrêtés : en tête desquels l'instigatrice de la manigance, Jeanne de Valois – comtesse de la Motte – son mari et bien sûr, la femme qu'ils avaient recrutée pour se faire passer pour la reine, Nicole Leguay dite « Mademoiselle Oliva », une prostituée du Palais-Royal réputée pour sa ressemblance avec Marie-Antoinette. Le 31 mai 1786, la sentence tombe. Tous les malfrats sont sévèrement condamnés : prison à perpétuité pour la comtesse de la Motte, qui est, comble de la déchéance, marquée au fer rouge sur la poitrine du « V » de voleuse, bannissement pour Cagliostro et Rétaux de Vilette, le comte de la Motte s'étant quant à lui déjà réfugié en Angleterre. Mademoiselle

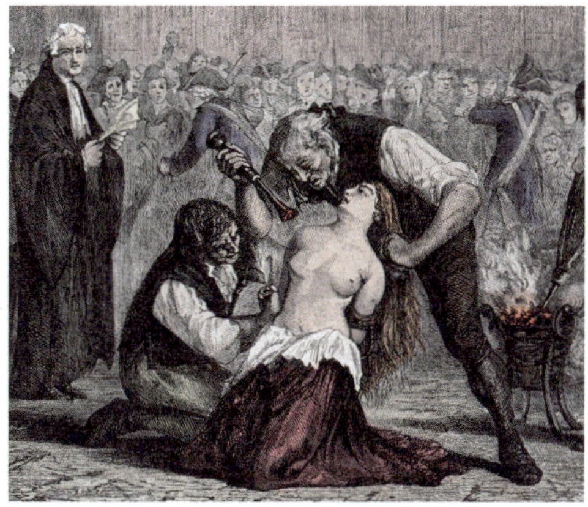
Le supplice de Madame de la Motte (1756-1791).

Oliva, enceinte et peu au fait de l'ensemble de l'histoire, émeut le tribunal et se voit acquittée, à l'instar du cardinal.

Ce procès est un véritable camouflet pour Marie-Antoinette. En effet, cette sentence laisse planer un doute sur son implication dans cette escroquerie... Pour l'opinion publique, la véritable victime de cette affaire semble bien être le cardinal de Rohan, honteusement manipulé par la souveraine avec l'aide de Jeanne de Valois. Celle-ci – qui s'est évadée de la Salpêtrière pour se réfugier à Londres – publie d'ailleurs, avec une incroyable impudence, un livre sur le sujet où elle accumule les affabulations sur ses prétendues relations saphiques avec la reine. Salie par les rumeurs égrillardes des gazettes, humiliée par la sentence d'un Parlement en ébullition et qui cherche à tout prix à se démarquer d'un roi dont il conteste de plus en plus l'autorité, Marie-Antoinette est profondément atteinte par ce scandale qui mêle tous les ingrédients propres à exciter l'imagination des masses : un ecclésiastique débauché issu d'une grande famille, un bijou fabuleux, une aventurière de haute lignée... Ternissant un peu plus l'image de la noblesse dans son ensemble et celle de la reine en particulier, cette ténébreuse affaire aura certainement contribué à préparer l'opinion publique à la chute tragique de celle que l'on appellera bientôt « Madame Déficit » et d'un ordre politique à bout de souffle.

Comme le disait Goethe, dans *Le Grand Cophte* : « Ces intrigues détruisirent la dignité royale. Aussi l'histoire du collier forme-t-elle la préface immédiate de la Révolution. Elle en est le fondement... »

LE SCANDALE DE L'ARMOIRE DE FER

A-T-IL FAIT TOMBER LA TÊTE DE LOUIS XVI ?

C'est le 16 janvier 1793 que se tient l'un des plus extraordinaires procès de l'Histoire de France. Au banc des accusés, devant les députés de la Convention, un homme qui comparaît sous un nom qu'il ne considère pas comme le sien : Louis Capet. Selon les mots de Saint-Just, alors tout jeune membre de la Convention, il ne s'agit pas de juger cet homme pour ce qu'il a fait, mais pour ce qu'il est : l'incarnation d'un pouvoir qui a été renversé par le peuple. À ce titre, il doit être éliminé. Le sort de Louis XVI semble bien scellé, avant même que son procès ne débute. Et pourtant, il existe encore, même au sein de la Convention, un attachement à l'héritier des Bourbons, dépositaire de siècles d'Histoire de France : si la culpabilité de Louis est votée par presque tous les membres, ce n'est qu'à une courte majorité, en revanche, que sa mort est décidée. Parmi ces quelques voix qui font pencher la balance du côté de l'issue fatale, celle de Philippe d'Orléans, rebaptisé Philippe-Égalité, le propre cousin du roi ! Quels sont les événements qui ont permis de faire sauter, dans l'esprit des députés de la Convention, le tabou suprême, et rendu acceptable à leurs yeux – ce qui quelques années plus tôt aurait été considéré comme un crime absolu – le régicide ? Comment expliquer que les députés aient voulu baptiser le nouveau régime du sang de l'ancien roi, alors même que ce dernier avait, deux ans plus tôt, prêté serment à la Constitution ? La réponse se trouve peut-être dans un recoin du palais des Tuileries...

L'armoire de fer dans laquelle ont été découvertes les correspondances royales.

C'est en effet dans l'ancienne demeure des rois de France que vit la famille royale, depuis les journées d'octobre 1789, durant lesquelles le peuple révolutionnaire, venu à Versailles réclamer du pain, a littéralement envahi le château, pour ramener à Paris « le boulanger, la boulangère et le petit mitron » (le roi, la reine et le Dauphin). Depuis lors, Louis XVI a donné le sentiment de naviguer à vue, sans réelle stratégie pour préserver la monarchie, oscillant entre une position conciliante envers l'Assemblée constituante et une attitude de défi. Les fêtes de Pâques 1791 vont définitivement faire pencher la balance vers une hostilité croissante entre le monarque et l'Assemblée constituante : Louis XVI refuse en effet de recevoir la communion des mains d'un prêtre ayant accepté la constitution civile du clergé (condamnée par Rome lors de sa promulgation l'année précédente). On lui interdit pourtant de quitter Paris pour aller assister à la messe au château de Saint-Cloud. C'est à ce moment-là que Louis se rallie au projet que nourrit Marie-Antoinette depuis la fin de l'année 1790, et qu'il consent à fuir à l'étranger. Mais l'audacieux projet échoue : la famille royale est reconnue et arrêtée, le 21 juin 1791, à Varennes, avant d'être ramenée à Paris.

Pour le peuple français, cette tentative de fuite va irrémédiablement entacher du soupçon de duplicité toutes les actions ultérieures du souverain. Le roi accepte pourtant de prêter serment à la Constitution, le 14 septembre 1791. Il n'est donc plus monarque de droit divin, mais demeure le Premier des Français, et est inviolable, c'est-à-dire inamovible. La voie d'une monarchie constitutionnelle semble donc ouverte. Et pourtant, à peine un an plus tard, c'est de la possibilité de juger celui qu'on appelle désormais Louis Capet que l'on discute à l'Assemblée législative. C'est qu'en un an, l'état politique de la France a bien changé : d'une monarchie constitutionnelle voulant se réformer de façon pacifique, on est désormais passé à une République en état de siège, menacée à la fois par les révoltes qui couvent dans l'Ouest et par les monarchies étrangères décidées à faire plier les révolutionnaires français. Plus question pour le roi d'être un allié dans les réformes : il est désormais le symbole d'un ordre obsolète et hostile, qu'il faut à ce titre anéantir !

Tout commence lorsque le roi décide d'exercer un des pouvoirs exécutifs garantis par la Constitution. En usant de son droit de veto contre le décret prévoyant l'expulsion des prêtres réfractaires à la Constitution civile du clergé, Louis XVI provoque une violente réaction dans un peuple parisien déjà passablement inquiet de la situation extérieure de la France révolutionnaire. L'Assemblée législative a en effet déclaré la guerre à l'Autriche. En l'auréolant de patriotisme et en faisant plus que jamais peser le soupçon du double jeu sur la famille royale, la guerre va agir comme un puissant catalyseur qui précipitera la chute du pouvoir monarchique. Le 10 août, c'est l'émeute : le peuple s'empare des Tuileries alors que l'Assemblée nationale vient de déclarer la « patrie en danger » sous les assauts de l'armée prussienne. Le roi et sa famille sont incarcérés à la prison du Temple, et une Commune insurrectionnelle est instituée pour remplacer le pouvoir exécutif.

Que faire du roi ainsi déchu ? C'est la question qui agite les députés révolutionnaires à l'automne de l'année 1792. La victoire de Valmy, le 20 septembre, a permis au pouvoir de reprendre son souffle : la Convention, élue au suffrage universel, déclare la République le 21 septembre 1792. La rupture avec la monarchie est donc consommée, et déjà certains députés radicaux, à l'instar de Saint-Just, considèrent qu'il n'y a pas de place pour Louis XVI dans la société nouvelle que la République doit fonder ! Pourtant, il paraît encore difficile de se débarrasser de celui qui a régné sur la France pendant près de vingt ans. Mais le 20 novembre, le ministre de l'Intérieur, Jean-Marie Roland, dépose sur le bureau de la Convention un dossier accablant contre le roi, fournissant aux députés le prétexte idéal à l'ouverture du procès qui décidera du sort de Louis XVI. Corruption des plus grands révolutionnaires,

La victoire de Valmy, en septembre 1792. Bataille de la guerre entre la France et la Prusse.

complots fomentés avec l'aide des puissances étrangères, les documents vont prouver de façon irréfutable la duplicité de Louis XVI.

À l'origine de cette incroyable découverte, il y a avant tout une trahison, celle de François Gamain, serrurier du roi, et compagnon d'atelier de Louis XVI, dont le goût pour les travaux manuels l'avait conduit à développer une véritable amitié avec l'artisan qui se plaisait à donner au monarque des cours de serrurerie. C'est donc tout naturellement vers lui, explique Gamain à Roland, que le roi s'est tourné au printemps 1792 pour lui demander de concevoir une cachette où il pourrait dissimuler des documents importants. Constamment surveillé, conscient que son palais peut à tout moment être envahi par une foule en colère, le roi fait donc construire à Gamain une armoire secrète dans l'épaisseur d'un mur, recouverte d'une couche de peinture imitant la pierre, et donc invisible pour qui ne connaîtrait pas son existence. C'est cette armoire qu'il montre à Roland, le

19 novembre 1792. Le ministre de l'Intérieur y fait plusieurs découvertes inattendues qui vont s'avérer extrêmement utiles à la Convention. S'y trouve, en effet, toute la correspondance qu'a entretenue Louis XVI avec les autres cours européennes, confirmant le soupçon de trahison, ou tout au moins de défiance du roi à l'égard du pouvoir de l'Assemblée législative. Plus grave, il y découvre également une correspondance secrète entretenue avec certaines des grandes figures révolutionnaires : le général La Fayette, héros de la Révolution américaine et gardien des premières heures de la Révolution ; Mirabeau, instigateur du Serment du Jeu de Paume, mort l'année précédente, Dumouriez, le ministre des Affaires étrangères qui n'a pas hésité à déclarer la guerre à la puissante Autriche... Pour Roland, cela ne fait plus aucun doute : Louis XVI était en train de mettre en place un vaste réseau de corruption au sein des instances révolutionnaires afin de préparer un retour à l'absolutisme, avec la complicité des monarchies européennes hostiles à la Révolution en cours !

Jean-Marie Roland, ministre de l'Intérieur et de la Justice.
Gravure par Hopwood d'après Raffet.

En fait de corruption, il semblerait que Mirabeau se soit simplement fait rémunérer pour offrir des conseils stratégiques, d'ailleurs assez peu suivis, au souverain, et que le reste des documents relève d'une correspondance tout au plus ambiguë entre un souverain et ses ministres et hauts fonctionnaires. Mais l'image de ces tenants de la monarchie constitutionnelle n'en est pas moins fortement écornée. Mirabeau perd son statut de premier héros de la Révolution : sa dépouille, celle du premier grand homme à avoir intégré le Panthéon, en sera finalement exclue en 1794, pour être inhumée anonymement au cimetière de Clamart. Quant à La Fayette, il est déjà en disgrâce depuis la fusillade du Champ de Mars en 1791 : il est donc définitivement écarté du pouvoir. Avec la découverte des documents de l'armoire de fer, c'est tout le courant du club des Feuillants, ces monarchistes qui se sont séparés des Jacobins en 1791, qui est définitivement liquidé.

Les documents trouvés dans l'armoire de fer n'ont, selon les historiens actuels, qu'une importance toute relative ; mais pour les Conventionnels, ils présentent le double avantage d'amoindrir le prestige dans l'opinion publique des premiers révolutionnaires de 1789, tout en offrant des chefs d'accusation tangibles permettant enfin l'ouverture d'un procès contre le roi. Ce sont donc ces pièces qui vont déclencher l'instruction, que nombre de Jacobins considèrent désormais comme le nécessaire acte fondateur de la nouvelle République. Comme le dit alors Saint-Just, tout jeune député de l'Aisne nouvellement élu : « un roi doit régner ou être détruit ! »

Le 11 décembre 1792, c'est le symbole même de l'Ancien Régime qui comparaît devant la Convention. Barère, le président, énonce les chefs d'inculpation à Louis Capet : on l'accuse, entre autres, de n'avoir prêté serment à la Constitution que pour pouvoir corrompre par la suite l'Assemblée constituante, avec l'aide de Mirabeau ; d'avoir comploté avec le roi de Prusse pour rétablir la monarchie ; d'avoir envoyé de l'argent aux aristocrates partis en émigration, pour leur permettre de préparer un projet de Contre-Révolution ; d'être responsable de la fusillade du Champ de Mars... Autant de chefs d'accusation qui, aux yeux de la Convention, paraissent solidement corroborés par les documents de l'armoire de fer. Défendu par des avocats de talent, et protestant de sa bonne foi, Louis XVI nie avec la dernière énergie avoir eu connaissance des documents contenus dans cette armoire, et

Procès du roi de France, Louis XVI, jugé et reconnu coupable de haute trahison.
Gravure vers 1796.

même jusqu'à l'existence de celle-ci ! Une dénégation peu vraisemblable, mais qui a néanmoins nourri un courant historiographique qui voit dans le contenu de l'armoire de fer le produit des manigances de Marie-Antoinette, voulant se jouer de son mari. Il reste cependant plus probable que Louis XVI ait choisi de nier en bloc l'existence des éléments l'accusant, sachant probablement que l'issue du procès lui serait nécessairement fatale.

La culpabilité du monarque ne fait plus guère de doute. En effet, aux yeux des députés de la Convention, le 15 janvier 1793, il est reconnu coupable par une majorité écrasante de sept cent sept voix sur sept cent dix-huit. En revanche, ils ne sont que trois cent quatre-vingt-sept – une majorité bien plus courte – à réclamer la peine de mort. C'est pourtant bien le sort qui attend Louis XVI : la Convention refuse de surseoir à son exécution. Le 21 janvier, la tête de Louis, roi Bourbon, tombe devant une foule ébahie. La nation vient de commettre un parricide, et le sait. Entre ceux qui pensent que le meurtre du père était un crime nécessaire, et ceux qui continuent de croire que rien ne saurait le justifier, le débat ne s'est jamais refermé.

MAXIMILIEN Ier

POURQUOI A-T-IL ÉTÉ SACRIFIÉ PAR NAPOLÉON III ?

Charlotte, fille unique du roi des Belges, petite-fille du roi de France Louis-Philippe Ier, dont la naissance et les prédispositions naturelles rendaient jalouse sa belle-sœur Sissi, l'impératrice d'Autriche, s'éteint seule, le 19 janvier 1927 à Meise, en Belgique, dans le château de Bouchout, acquis pour elle par son frère Léopold. Celle dont la vie fut bien plus longue que la plupart de ses contemporains, y passera plus de soixante ans, cloîtrée, emmurée dans ses délires paranoïaques. Sa mort ne fera pas grand bruit. Son monde s'est écroulé avec la Première Guerre mondiale. Vice-reine de Lombardie-Vénétie, ex-impératrice du Mexique, elle a été, durant six années, l'héroïne d'une aventure épique qui lui fera perdre la raison et coûtera la vie à son époux, Maximilien Ier. Frère de l'empereur François-Joseph (époux de la fameuse Sissi), Maximilien est prince impérial et archiduc d'Autriche. Des bruits circuleront selon lesquels Maximilien serait le fils de l'Aiglon, et donc le petit-fils illégitime de Napoléon Ier. Énigme ô combien importante, puisqu'elle conduira Napoléon III à se préoccuper de ce providentiel cousin éloigné, quitte à bouleverser son destin en lui proposant la couronne mexicaine.

Maximilien rencontre Charlotte lors d'une visite officielle en Belgique. Si le bel Autrichien la séduit au premier regard,

Maximilien Ier, en 1865.
Ferdinand Maximilien Joseph de Habsbourg (1832-1867).
Peinture d'A. Grafle, palais de Chapultepec, Mexique.

Charlotte, dite « Carlota », impératrice du Mexique (1840-1927).
Peinture d'A. Grafle.

elle le laisse totalement indifférent. L'union, consacrée à Bruxelles le 27 juillet 1857 ressemble davantage à un mariage arrangé qu'à un mariage d'amour. Charlotte est sous le charme, mais la rumeur rapporte que la nuit de noces est désastreuse, et que leurs relations sexuelles sporadiques s'arrêtent bien vite. On parle d'un défaut chez l'un des partenaires, et des bruits courent sur une éventuelle homosexualité de Maximilien. Rumeur sans doute malveillante, pour prouver la dégénérescence de la dynastie. L'absence d'héritier ne permettra pas de démentir totalement cette allégation. Mais leur éducation catholique, ainsi que leur sens du devoir, les contraignent à rester ensemble officiellement. Désabusée, Charlotte se console... Elle appartient désormais à l'une des familles les plus prestigieuses d'Europe, les Habsbourg. Maximilien, qui était jugé trop « volage » au sein d'une cour très pieuse offre dorénavant une image plus respectable. Les jeunes mariés s'installent à Vienne, où le prince est aimé par sa mère, l'archiduchesse Sophie et adulé par les cercles libéraux, alors que les relations avec son frère, l'empereur, sont tendues. Sans doute, François-Joseph est-il jaloux de l'affection qui lie son cadet à leur mère, et craint-il ses ardeurs libérales, comme tous les conservateurs autrichiens depuis les événements révolutionnaires de 1848. Quoi qu'il en soit, le couple partage un même besoin d'engagement et d'action, à défaut d'une franche passion.

Et c'est en Italie du Nord, gouvernée par l'Autriche depuis le traité de Vienne, que l'Histoire va venir combler cette attente. Maximilien a l'occasion de gouverner et de promouvoir une politique libérale, honnie et crainte par le gouvernement. L'humiliant voyage de François-Joseph en Lombardie (le silence dans les rues et le boycott de l'Opéra par les nobles milanais qui se sont fait représenter par leurs domestiques), perturbe l'impératrice Élisabeth, qui comprend que la politique de répression sanguinaire menée par l'armée autrichienne est dangereuse. C'est ainsi qu'elle incite son mari, contre l'avis de ses conseillers, à nommer son frère vice-roi du royaume lombardo-vénitien. C'est dans ce contexte que Maximilien et Charlotte s'installent à Milan. Ils sont enthousiastes et leur première visite au peuple froid et hostile de Venise sera bien vite oubliée. Par des gestes symboliques : immersions dans la ville, libération de prisonniers politiques, ouverture d'écoles, promotion de la culture et de la langue italienne... Maximilien conquiert rapidement le cœur des Italiens, brisant jusqu'aux réticences les plus fortes. Certains se prennent même à rêver d'un royaume lombard, indépendant de l'Autriche, dont il serait le monarque.

Mais l'armée autrichienne, encouragée par des chefs réactionnaires, continue ses exactions sanglantes, malgré les ordres de Maximilien. Soutenus par la France de Napoléon III, les Italiens décident d'en finir et chassent les Autrichiens, unissant ainsi la péninsule, à l'exception de Rome. La défaite est cinglante et humiliante pour François-Joseph. Les Viennois réclament quant à eux l'abdication de François-Joseph au profit de son frère devenu si populaire. Mais les Habsbourg sont légitimistes. Et Maximilien le fera savoir sans aucune ambiguïté, la couronne impériale ne l'intéresse pas ! Les relations entre les deux frères sont néanmoins lourdement affectées. Quant aux deux belles-sœurs, elles se haïssent cordialement. Les relations du couple se dégradent. Désœuvré, déchargé de ses responsabilités

Le château de Miramar, vue de la mer, à Trieste, en Italie, 1910.

et ne supportant plus son épouse, Maximilien abandonne alors Charlotte en villégiature à Madère, pour poursuivre sa route vers le Brésil, patrie de sa défunte et vénérée fiancée, l'infante Maria-Amelia du Portugal. À son retour, le couple s'installe à Trieste, surveillant la construction du château de Miramar. Maximilien séjourne aussi régulièrement à Vienne, où il trompe son ennui auprès de jolies courtisanes. Charlotte, loin d'être dupe, fait bonne figure. Elle le sait, seul le protocole les unit encore. Mais leur destin se joue ailleurs, entre Paris et Mexico, dans une intrigue diplomatique, économique et religieuse sans précédent, dont l'enjeu n'est rien de moins que l'équilibre du Nouveau Monde. Conscient de la formidable hégémonie des États-Unis, États anglo-saxons et protestants, l'Europe catholique et latine aspire à créer une puissance capable de rivaliser avec eux. Dès lors, de riches conservateurs papistes mexicains décident de mettre à profit cette nouvelle donne pour renverser la République mexicaine de Juarez. Ils trouvent en Eugénie de Montijo, l'impératrice française, un soutien de choix. C'est sous son influence et les circonstances de la crise politico-économique (surendettement dû aux années de guerre civile, faiblesse de l'État, et guerre de Sécession qui neutralise toute réaction militaire des États-Unis), que Napoléon III décide d'engager la France, auprès de l'Espagne et de la Grande-Bretagne, sur le dangereux mais ô combien prometteur terrain mexicain. Eugénie suggère de proposer à Maximilien la couronne impériale mexicaine. Choix judicieux, destiné à convaincre l'empereur de faire oublier à l'Autriche le soutien français à l'Italie, et de promouvoir un Bonaparte, – Napoléon est persuadé de son ascendance commune avec Maximilien. Rien n'est moins sûr cependant. Car si la relation entre l'Aiglon, fils de Napoléon, et l'archiduchesse Sophie est un secret de polichinelle, rien ne prouve qu'il soit son père. La ressemblance physique des fils de Sophie est d'ailleurs telle qu'ils paraissent ne pouvoir être que des vrais frères. Enfin, Maximilien a toujours affiché ses racines Habsbourg avec fierté, sans jamais évoquer un possible héritage bonapartiste, dont il aurait pu se prévaloir, notamment lors de la trahison de Napoléon III.

Porté par la convention de Londres, en 1861, qui établit le cadre de l'intervention, Louis-Napoléon se jette à corps perdu dans le projet. Mais la mission de Maximilien et de Charlotte semble ardue, au regard des protagonistes qui ont tous des buts différents. Les Anglais veulent se limiter à une pression militaire pour contraindre la jeune République à honorer ses dettes. Les Espagnols, empêtrés dans des problèmes intérieurs, y vont, sans trop savoir pourquoi, rêvant peut-être à leur gloire passée. Les Français ont, quant à eux, la prétention de vouloir réformer le régime, mais aussi la société. Persuadé du bien-fondé de son action, notamment sociale, Napoléon III, fidèle à sa politique paternaliste, rêve d'un Mexique au développement harmonieux. Un nouvel Eldorado, prêt à accueillir tous les migrants catholiques en provenance du vieux continent, et à concurrencer son voisin nord-américain. Qu'en est-il des envies réelles du peuple mexicain ? Maximilien, issu lui aussi d'une famille conformiste et paternaliste, souscrit aux rêves de Napoléon III. Charlotte, étonnamment clairvoyante au début de l'aventure, se laisse convaincre, sans doute éblouie par la perspective de ceindre une couronne impériale, et mue par l'envie de prendre sa revanche sur sa belle-sœur Élisabeth. Cependant, Maximilien demeure prudent, et en bon prince libéral, veut se garantir du soutien populaire mexicain. Mais, mi-décembre 1861, les troupes alliées, fraîchement débarquées sur les côtes mexicaines, sont davantage préoccupées par la fièvre jaune qui les décime, que par le risque d'un conflit. Celui-ci semble d'ailleurs s'éloigner puisqu'une convention est signée en février, à Soledad. Elle stipule notamment que le Mexique ne sera pas attaqué s'il accepte de laisser un libre accès aux trois ports principaux pour les navires alliés.

Dès avril 1862, les Anglais et les Espagnols, sentant le vent tourner, quittent le Mexique sans avoir tiré un seul coup de feu. Poussé par Eugénie et son entourage mexicain, de fervents conservateurs catholiques d'origine espagnole décidés à faire plier la République indigène de Juarez, Napoléon III reste seul dans l'aventure. Pendant deux ans, les Français réussissent à pacifier relativement le centre du pays, et ce malgré la fracassante défaite de Puebla, le 5 mai 1862, qui demeure encore aujourd'hui une fête nationale mexicaine. Pacification assurée grâce aux renforts des vingt-six mille hommes de troupe commandés par le maréchal Bazaine ! En Europe, « l'Aventure mexicaine » est très mal perçue par l'opinion publique et les gouvernements. La reine Victoria, cousine germaine de Charlotte, exhorte celle-ci à la plus grande prudence. Conseil que semble écouter Maximilien. Mais au Mexique, un simulacre de vote est organisé, au rythme des baïonnettes françaises, destiné à rassurer le futur souverain sur la volonté supposée sincère du

La commission du Mexique offre la couronne impériale à Maximilien Ier en 1864.
Peinture de C. dell'Acqua, musée historique du château de Miramar, Trieste.

peuple d'être gouverné par un prince étranger et inconnu. Maximilien se laisse naïvement abuser. Eugénie y verra un signe divin, et Maximilien deviendra pour la postérité « l'Archidupe » ! De partout s'élèvent des objections. Même les convictions de Napoléon III semblent s'émousser. Et le 10 octobre 1863, Maximilien accepte la Couronne, au nom de la volonté « populaire » ! Objectivement, les conservateurs mexicains ont bien manœuvré, mais c'est surtout l'envie de se coiffer d'une couronne impériale, comme son frère, qui fait perdre à Maximilien toute réserve.

Un incident minime va relativiser la soudaine fibre patriotique mexicaine du futur empereur. Contraint par François-Joseph de renoncer par convention à tous ses droits successoraux de prince autrichien, y compris ses prérogatives immobilières et financières, jusqu'au titre d'archiduc, Maximilien refuse, après une violente altercation. Il préfère renoncer au Mexique. Scandalisé, Napoléon III, dans une lettre fort peu diplomatique, le somme d'honorer son engagement : un empereur n'a d'autre voie que celle de l'honneur. Et de l'honneur, Maximilien en a à revendre ! Après un ultime entretien avec François-Joseph, il accepte, le 9 avril 1864, de renoncer à tous ses titres et biens qui le lient encore aux Habsbourg. Le lendemain, au château de Miramar, Charlotte et Maximilien sont sacrés Emperadores de Mejico. Désormais, ils seront Carlota et Maximiliano. Aussitôt, l'empereur Maximiliano récompense ceux qui ont œuvré en coulisse à la réussite de l'entreprise.

Leurs majestés impériales quittent l'empire d'Autriche le 14 avril et, après un long périple, débarquent enfin le 28 mai sur le sol mexicain, à Veracruz. Puis le couple rejoint la capitale, où ils reçoivent un accueil enthousiaste. Pourtant, le choc des cultures, l'anarchie d'après guerre civile, la désunion des alliés, mais surtout l'état des finances publiques les ramènent vite à une réalité bien moins sirupeuse que les quelques vivats sommairement achetés. Les Mexicains ne détestent pas Maximiliano et Carlota, même si parfois ils vilipendent leurs dépenses somptuaires. Ils sont gré à Carlota de ses œuvres charitables, et à Maximiliano de ses efforts d'intégration. Mais jamais ils ne les considéreront comme des Mexicains. Les seuls à le croire encore sont les époux impériaux eux-mêmes...

Tout comme en Italie, les brutales exactions du corps expéditionnaire français anéantissent tous les efforts d'apaisement. Tiraillé entre des promesses de fidélité antinomiques, l'une faite à Napoléon III, et l'autre au Mexique, Maximiliano se montre trop soumis au premier pour représenter une alternative politique crédible auprès d'un peuple fier de son indépendance. Tributaire de sa naissance et de ses conceptions libérales européennes, Maximiliano accumule les maladresses. Trop éloigné de la réalité mexicaine, mais pétri de bonnes intentions, il tente d'imposer une politique utopique qui le brouille avec ses soutiens conservateurs. Juarez et ses combattants républicains restent insensibles aux efforts de l'empereur et mènent une guérilla contre les forces d'occupation. Maximiliano reçoit alors, pour sa sécurité personnelle, l'aide de quelques contingents autrichiens et belges. Lâche et trop frileux pour faire face aux décisions difficiles, l'empereur s'absente volontiers, sous prétexte de visiter le Mexique et ses provinces, laissant la régence à Carlota. Exaltée par sa nouvelle charge, elle se rêve impératrice exemplaire. Sincèrement outrée par l'esclavagisme subi par les Indiens dans les haciendas, l'impératrice se bat courageusement contre les grands propriétaires terriens, tous espagnols d'origine.

Benito Pablo Juarez Garcia (1806-1872).

Pourtant, le mécontentement gagne du terrain et la violence s'installe. Le gouvernement, trop faible pour maintenir un ordre ferme et juste, choisit d'appliquer une justice répressive, arbitraire et incohérente. Ce qui fragilise davantage la légitimité de Maximiliano. Mais le plus inquiétant provient de l'étranger. La guerre civile terminée, les Nord-Américains, se soucient à nouveau de leurs voisins du Sud... Ils clament haut et fort leur refus d'une occupation européenne sur le sol américain. En France, le gouvernement, préoccupé par la montée en puissance de la Prusse, est amené à faire un choix qui conduira le couple impérial à sa perte. Contraint de concentrer ses forces armées en Europe, Napoléon III annonce que le contingent français doit quitter le Mexique, en février 1867. La raison d'État ne fait jamais bon ménage avec la bonne conscience. Renonçant à ses grandes ambitions,

Napoléon III prétexte un refus du Parlement d'accorder une nouvelle aide financière au Mexique et conseille à leurs majestés impériales d'abdiquer. Maximiliano, blessé dans son orgueil, refuse avec courage et dignité. Il veut honorer son serment et rester empereur du Mexique. Cette nouvelle défection du soutien français affaiblit considérablement son pouvoir au profit du parti républicain. Une ambiance délétère de fin de règne incite de nombreux partisans à le trahir...

Après l'échec de plusieurs délégations mexicaines implorant l'appui de Napoléon III, Carlota, dépitée, décide de regagner l'Europe. Maximiliano songe à la suivre, mais Carlota lui rappelle ses devoirs impériaux. Son ambition ne peut plus souffrir les lâchetés de son époux. Malheureusement Maximiliano, trop souvent enivré et totalement dépassé par les événements, décline. Le 13 juillet 1866, Carlota embarque seule, sur « l'impératrice Eugénie ». En France, elle est accueillie sans la considération due à son rang. Et lorsqu'elle sollicite un entretien à Napoléon III, celui-ci se dérobe. À la trahison s'ajoutent donc humiliation et mesquinerie. Mortifiée, Eugénie, son amie de toujours, parvient à convaincre l'empereur de la recevoir. Sans plus de formalisme, Carlota exprime sa rage et sa colère. Mais Napoléon III résiste. Dès lors, Carlota ne cessera de crier sa haine envers le « petit Bonaparte », allant jusqu'à l'accuser, dans ses profonds délires, de vouloir attenter à sa vie. Seul le peuple français se laisse attendrir et, devinant une bassesse de l'empereur, lui témoigne encore de l'affection. Mais l'empathie ne remplit pas les caisses de l'État, et ne suffit pas à lever l'ost impérial. Qu'à cela ne tienne, Carlota part pour Rome solliciter l'aide du pape. Cette rencontre de la dernière chance sera en effet le théâtre de sa première crise de démence. Persuadée qu'on cherche à l'empoisonner, Carlota se jette sur le chocolat chaud du pape pour ne pas avoir à boire le sien. Impuissant mais ému par cette jeune souveraine en perdition d'à peine vingt-six ans, le souverain

L'impératrice Carlota sollicite l'aide du Pape Pie IX en faveur de son mari Maximiliano, empereur du Mexique.

pontife l'autorise à dormir au Vatican. Elle sera, officiellement, la première femme à le faire.

Au Mexique, rien ne va plus. Malgré les sollicitations de ses anciens soutiens, comme de ses opposants, Maximiliano craint le déshonneur et ne se décide pas à abdiquer. Désormais en conflit avec le maréchal français Bazaine, qui reste pourtant son dernier rempart contre les troupes républicaines, l'empereur s'isole. En février 1867, la France ordonne à ses troupes d'évacuer le Mexique. Maximiliano est seul. Ses heures sont comptées. Il perd la mesure noble de ses intentions. Il accable la population de nouveaux impôts et ses troupes commettent de nombreuses bavures. Ses prétentions à gouverner avec équité et justice sont bien loin. Le 15 mai, l'Aventure mexicaine prend fin. Maximiliano est arrêté par le général républicain Corona. Prisonnier, il est traité avec respect, mais son jusqu'au-boutisme a radicalisé ses adversaires. Son procès s'ouvre le 13 juin,

L'exécution de l'empereur Maximilien. Peinture d'Édouard Manet, 1867.

accusé d'usurpation, l'ex-empereur est condamné à mort. De nombreuses voix s'élèvent pour demander sa grâce. Même son frère, François-Joseph, qui décide subitement de lui restituer ses droits sur la couronne des Habsbourg, ne pourra plus le sauver. Son exécution aura lieu le 19 juin 1867, Maximiliano sera fusillé par des soldats de l'armée mexicaine. Colportée depuis l'Europe, la rumeur du décès de Carlota lui est rapportée juste avant. Dans le doute, il tient à lui faire savoir que ses dernières pensées sont pour elle. Sur le chemin qui le mène au peloton d'exécution, il demande à son confesseur de lui faire parvenir sa montre, en gage de fidélité éternelle. Il pense aussi à sa mère et lui lègue son chapeau de feutre... Mais ses derniers mots sont pour « sa patrie, le Mexique ». On prétend qu'en apprenant son exécution, Napoléon III aurait pleuré et qu'Eugénie se serait évanouie. D'émotion ou de culpabilité ? Nul ne le sait. Tenu pour responsable de ce drame, Napoléon III perdra de son prestige. Manet traduit la situation dans son tableau *L'exécution de Maximilien*, où il substitue les soldats mexicains par des soldats français. Napoléon III apprend ainsi à ses dépens que si une victoire à l'étranger est peu bénéfique pour le pouvoir, une défaite peut considérablement le discréditer. Prélude à la défaite française de 1870, l'Aventure mexicaine est aussi une des premières tentatives d'émancipation réussie d'une jeune nation face à ses anciens maîtres européens.

Abandonnée de tous, Carlota se réfugie à Miramar, le seul bien qu'elle possède en Europe. Son état se dégrade progressivement. Séquestrée, maltraitée par ses domestiques, elle vit totalement recluse. Sa belle-sœur Marie-Henriette, reine des Belges, la sauvera de cet enfer pour la ramener chez elle, à Bruxelles. Elle la trouve amaigrie, apeurée et confuse. Elle en tiendra éternellement rigueur aux Habsbourg. Mais la réclusion de Carlota cache peut-être un autre mystère, plus embarrassant pour la famille impériale autrichienne. Carlota aurait accouché dans sa prison. Le père présumé, qui n'est vraisemblablement pas l'empereur, mais un général belge attaché à Maximiliano, aurait décidé la famille impériale à cacher la naissance d'un héritier trop encombrant. Nul ne le sait avec certitude, mais le général de Gaulle en était, quant à lui, persuadé, croyant reconnaître dans le général Weygand cet enfant perdu. À son ministre de la Défense, Pierre Mesmer, qui affirmait, un peu peiné, que la guerre du Mexique n'avait rien apporté à la France, le général aurait répondu : « Si, Weygand ». Et il n'est pas le seul. Un jour, peut-être, connaîtrons-nous la vérité !

Que reste-il, aujourd'hui de Maximiliano et de Carlota, si ce n'est un vague souvenir exotique, le magnifique palais de Chapultepec et un paseo au centre-ville de Mexico ? Ils n'étaient ni des tyrans, ni des martyrs. L'Histoire les a oubliés. Peut-être n'étaient-ils, tout simplement, pas à leur place...

JACK L'ÉVENTREUR

QUI ÉTAIT-IL VRAIMENT ?

8 septembre 1888, 2h du matin, c'est déjà le début de l'automne dans les faubourgs populaires de Londres. Au coin d'une rue, adossée à un réverbère, Annie Chapman frissonne sous le mince châle qui recouvre ses épaules. À quarante-sept ans, elle est l'une des innombrables prostituées occasionnelles recensées cette année à Whitechapel, le quartier le plus sordide de l'East End. Il est tard, mais il lui manque encore quelques pennies pour se payer un lit au foyer de Crossingham, où elle réside parmi les vagabonds et les autres filles de joie du quartier. La violence des lieux ne lui est pas étrangère – le dédale de ruelles sombres, la promiscuité, la foule bigarrée, l'épais brouillard et l'air fétide chargé de maladies. N'y a-t-on pas retrouvé, une semaine plus tôt, le corps de Mary Ann Nichols, dite « Polly », une autre prostituée, horriblement mutilé ? – Mais cette femme d'âge mûr, qui noie sa solitude dans les chimères de l'alcool depuis que son amant l'a abandonnée, sait bien que la rue est le seul endroit où gagner sa vie. C'est pourtant là qu'elle la perdra...

Elizabeth Long, une collègue d'infortune, dira aux enquêteurs avoir vu Annie Chapman s'éloigner avec un homme d'une quarantaine d'années, « d'allure pauvre, mais décente ». À 6h30 du matin, John Davis, manutentionnaire, découvre son corps sans vie dans la cour de son immeuble du 29 Hanbury Street. Le spectacle est effroyable : la gorge tranchée de gauche à droite permet à peine de maintenir la tête, mais le plus choquant est son ventre béant. Annie Chapman a été éviscérée : ses intestins ont été prélevés et savamment déposés sur son épaule droite, son utérus et son vagin ont disparu. Les similarités de ce sauvage

Découverte par un policier du corps d'une des victimes de Jack l'Éventreur. Whitechapel, Londres.

assassinat avec celui de Polly Nichols ne peuvent échapper à la police du quartier. Cette fois, il ne s'agit pas d'une énième agression de prostituée, comme Whitechapel en connaît tant. Les meilleurs éléments de Scotland Yard sont aussitôt réquisitionnés pour enquêter sur ce qui deviendra l'une des plus mystérieuses affaires criminelles des temps modernes : la sinistre épopée de Jack l'Éventreur.

Malgré la brièveté de sa carrière – cinq crimes en seulement deux mois – Jack l'Éventreur est aujourd'hui le plus célèbre des tueurs en série de toute l'Histoire du crime. La raison de cette notoriété tient sans doute aux nombreux mystères qui entourent cette affaire : qui était vraiment Jack l'Éventreur ? Pourquoi a-t-il subitement cessé ses crimes ? Pourquoi le coupable n'a-t-il jamais été démasqué ? S'agissait-il d'un notable particulièrement influent ? Scotland Yard a-t-il cherché à étouffer l'enquête et pourquoi ? La couronne britannique est-elle intervenue en ce sens ? L'autre explication pour laquelle les crimes de Jack l'Éventreur fascinent encore autant aujourd'hui, c'est qu'ils apparaissent comme des actes d'une implacable bestialité à l'époque même où l'Europe entre dans une ère résolument moderne. Durant les dernières années du XIXe siècle, l'Angleterre victorienne accomplit sa révolution industrielle avec brio, initiant l'économie moderne ; la couronne assied sa suprématie grâce aux colonies ; les travaux de penseurs et d'artistes britanniques comme Darwin et Dickens forcent l'admiration du monde entier. Le Royaume-Uni est devenu une terre d'immigration, où de nombreux étrangers viennent chercher fortune. Des Juifs d'Europe de l'Est, des Irlandais fuyant la famine qui sévit dans leur pays. Nouvellement arrivées et sans ressources, les familles s'entassent tant bien que mal dans les taudis de l'East Side, loin des yeux de la très puritaine bonne société victorienne. À Whitechapel, la pauvreté est omniprésente, les tensions entre les différentes ethnies constantes. Le ralentissement économique qui affecte le Royaume-Uni à partir des années 1870 aggrave encore la misère des habitants. Les meurtres de Jack l'Éventreur vont jeter une lumière crue sur ce quartier, gigantesque cour des miracles du pays le plus puissant du monde. Pourtant les agressions sur les prostituées sont monnaie courante à Whitechapel. Plusieurs autres femmes ont été agressées ou assassinées, cette année 1888. En avril et en août, deux meurtres particulièrement violents ont déjà attiré l'attention de la police. D'autres victimes de Jack l'Éventreur ? Les spécialistes en doutent : le modus operandi ne semble pas correspondre aux agissements ultérieurs du tueur.

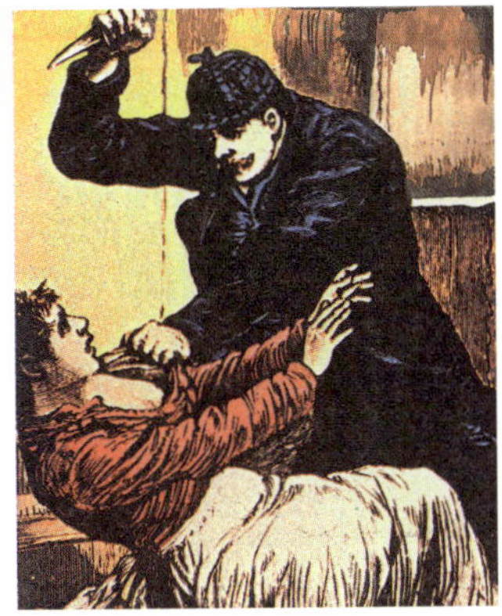

Jack l'Éventreur assassinant une prostituée. Gravure vers 1888.

La première victime, Mary Ann Nichols, surnommée « Polly », est une Londonienne, mère de cinq enfants, que son alcoolisme a jeté dans la rue. Comme Annie Chapman, elle est allée chercher un dernier client afin de réunir la somme nécessaire pour se payer un lit, dans la nuit du 30 août 1888. Elle sera retrouvée le lendemain à 3h40 du matin, la gorge tranchée, de profondes blessures traversant son abdomen. En raison de la nature particulièrement atroce du crime, un inspecteur expérimenté, Frederick Abberline, est dépêché par Scotland Yard à Whitechapel. C'est le début d'une gigantesque investigation durant laquelle plus de deux mille personnes seront interrogées, trois cents personnes feront l'objet d'une enquête approfondie et quatre-vingts personnes seront arrêtées. Dès le 8 septembre, une nouvelle victime est découverte. La mort d'Annie Chapman confirme l'intuition de Scotland Yard : ces crimes sont le fait d'un tueur sadique et méthodique. La presse, qui a déjà largement relayé les horribles mutilations subies par Polly Nichols, s'étend longuement sur ce meurtre, notamment dans le nouveau journal *The Star*, qui voit ainsi son tirage exploser. La peur gagne le quartier de Whitechapel. Un comité de vigilance se forme, dès le 10 septembre, pour pallier l'incompétence policière. Le directeur de la Criminelle n'est-il pas curieusement parti en congés en Suisse ? Devant la pression

Charles Warren (1840-1927).
The Granger collection NYC.

de l'opinion, le directeur de Scotland Yard, Charles Warren, diligente la création d'une cellule spéciale d'investigation menée par Donald Swanson.

Le meurtrier paraît quant à lui se délecter de l'attention de la presse et de l'impuissance des autorités. Le 27 septembre, une agence de presse londonienne aurait reçu une lettre signée Jack l'Éventreur (« Jack the Ripper » en anglais) surnom que le tueur gardera pour la postérité. Bravache et railleur, il y affirme qu'« il pourchassera les putes jusqu'à ce qu'on (le) boucle ». De nombreux courriers seront publiés dans la presse afin d'aider à l'identification de leur auteur, mais ils serviront surtout à entretenir la terreur... Ces lettres sont-elles authentiques ? Les expertises graphologiques effectuées depuis semblent infirmer cette hypothèse : la graphologue Elaine Quigley soutient qu'elles seraient le fait d'un journaliste du *Star*, afin de créer la sensation et augmenter les tirages. Cette publicité sordide, dans une presse en pleine expansion, contribuera sans doute à diaboliser Jack l'Éventreur et à asseoir à jamais sa réputation de serial killer. Mais ces artifices sont inutiles car le criminel se surpasse encore dans l'horreur. La nuit du 30 septembre, deux cadavres sont découverts consécutivement à quarante-cinq minutes d'intervalle. Elizabeth Stride, dite « Long Liz », est retrouvée à une heure du matin à proximité d'un club. Mais ce crime semble inachevé, comme si l'assassin avait été dérangé dans son office. Dans son malheur, Long Liz a « simplement » été égorgée. Une heure plus tard, Catherine Eddowes, retrouvée à plusieurs pâtés de maisons, dans un parc public, subira probablement les foudres de la première frustration du tueur. Complètement défigurée, elle a connu le même rituel macabre que les premières victimes. Son estomac et ses intestins reposent sur son épaule droite, son utérus et son rein gauche ont été prélevés. Détail nouveau cependant, et suffisamment troublant pour accréditer les courriers publiés, son oreille droite est découpée – l'auteur d'une des lettres signées Jack l'Éventreur n'avait-il pas promis de couper les oreilles des prostituées ? – L'acharnement particulier dont le tueur a fait preuve sur Catherine Eddowes laisse présager le pire. Sur le mur qui surplombe son corps sans vie, les premiers témoins peuvent lire une inscription antisémite, que le chef de la police, Charles Warren, se hâtera de faire effacer afin d'éviter un déchaînement de violence dans ce quartier où vivent de nombreux Juifs. Une initiative malheureuse, qui lui sera vivement reprochée.

Une fois encore, le tueur nargue la police en se manifestant auprès des médias, dès le 1er octobre, par une carte postale signée Jack l'Éventreur revendiquant les deux assassinats de la veille. Et si sa folie meurtrière semble quelque temps marquer le pas, ses funestes manœuvres trouvent un nouveau mode d'expression. Le 16 octobre, le président du Comité de vigilance de Whitechapel, George Lusk, fait en effet une atroce découverte : il reçoit par la poste la moitié d'un rein humain, accompagné d'une lettre « envoyée depuis l'Enfer » par le meurtrier, qui affirme avoir mangé l'autre moitié. Pour les experts, d'hier comme aujourd'hui, c'est certainement la manifestation de Jack dont l'authenticité fait le moins de doute. Désormais, c'est toute l'Europe qui s'émeut de cette série de crimes abjects et inexpliqués qui frappent la capitale anglaise. Pourquoi la police n'a-t-elle pas encore arrêté le tueur ? Quels sont les ressorts de cet esprit sadique qui mutile ses victimes ? Les atrocités commises par Jack l'Éventreur signent l'entrée du fait divers dans l'ère des médias de masse. Le tueur ne tarde pas à se manifester à nouveau. Au matin du 9 novembre, c'est le corps de Mary Jane Kelly, dite « Ginger », qui est découvert, dans une mise en scène spectaculaire et désormais tristement célèbre. Comme ses consœurs, elle a été éventrée et éviscérée. Mais cette fois, le meurtrier est allé encore plus loin : les seins ont été sectionnés et placés avec les organes viscéraux sous la tête et sous les pieds ; le visage a été entièrement déchiqueté ; une partie des organes a été brûlée. Ces éléments suggèrent aux enquêteurs que le meurtrier agit maintenant dans un délire religieux de purification. Mais là encore, l'enquête ne permet pas d'identifier un coupable.

L'échec de la police est cuisant. Charles Warren démissionne le 9 novembre, le jour où est découvert le corps de Mary Kelly. Il est remplacé par Sir Melville Macnaghten, son vieil ennemi de toujours, qui ne parviendra pas davantage à confondre le coupable. Pourtant, contre toute attente, les meurtres s'arrêtent subitement. Si l'on retrouve à nouveau, au cours des années 1889 et 1891, des cadavres de prostituées assassinées, les experts s'accordent à dire que ces agressions ne peuvent en aucun cas être le fait de Jack l'Éventreur. Les protagonistes de cette affaire ont chacun leur propre théorie sur la question, qu'ils échoueront tous à accréditer. Pour Fréderick Abberline, le meurtrier est sans doute un barbier polonais du nom de Seweryn Kłosowski, dit « George Chapman », qui sera arrêté et exécuté en 1903 pour le meurtre de ses trois épouses, et prétendra être l'assassin de Whitechapel. L'inspecteur en chef Swanson, quant à lui, penche pour un immigré juif polonais du nom d'Aaron Kosminski, qui a fini par être interné dans un asile. Quant à Sir Melville Macnaghten, le nouveau chef de la police, il croit avoir identifié le coupable en la personne de Montague John Druitt, un jeune avocat en voie de marginalisation, qui s'est suicidé peu de temps après le dernier meurtre. Autant de suspects qui ont surtout l'avantage d'avoir disparu. Mais Jack l'Éventreur n'a pas fini de faire couler de l'encre... En effet, tout au long du XXe siècle, chercheurs, artistes et écrivains ne cesseront de se pencher sur le mystère Jack l'Éventreur. Le mythe du complot royal est l'hypothèse la plus couramment développée, impliquant le prince Albert-Victor, duc de Clarence, petit-fils de la reine Victoria, un fidèle des prostituées de Whitechapel. Une autre théorie connexe, en 1976, soutenue par l'écrivain britannique Stephen Knight fait sensation : le tueur de prostituées de Whitechapel serait William Gull, le chirurgien de la reine chargé de faire taire les prostituées qui

Le prince Albert-Victor, duc de Clarence et d'Avondale, fils aîné du roi Édouard VII.
The Granger collection NYC.

en savaient trop sur l'enfant illégitime qu'aurait eu l'héritier de la Couronne, le duc de Clarence, avec une roturière, Annie Crook. Le commissaire Warren, membre éminent de la franc-maçonnerie londonienne, aurait ainsi volontairement empêché l'enquête d'aboutir. Cette thèse est aujourd'hui largement démentie, sa source principale, le fils du peintre Walter Sickert – ami du duc de Clarence – ayant admis avoir inventé toutes les informations qu'il avait confiées à Stephen Knight. Elle demeure néanmoins la plus romanesque et celle que plébiscitent encore aujourd'hui romanciers et cinéastes. Une version brillamment mise en image par l'auteur de bandes dessinées Alan Moore, dans son roman graphique, *From Hell.* Fascinée par le profil psychologique du tueur, une autre romancière célèbre, Patricia Cornwell, a fait de Walter Sickert, le principal suspect. Ce peintre néo-impressionniste ne partageait-il pas avec son ami Degas une véritable fascination pour le monde de la prostitution ? Mais c'est à Sophie Herfort, une jeune enseignante française que l'on doit la dernière hypothèse en date chez les « ripperologues ». Pour elle, l'assassin ne serait autre que Sir Melville Macnaghten lui-même, dont le mobile serait de nuire à son vieil ennemi légendaire, le chef de la police métropolitaine, Charles Warren, à qui il succèdera. De fait, c'est le même jour qu'ont lieu la démission de Warren et le dernier meurtre. Mais la vengeance est-elle un mobile suffisant pour expliquer une telle sauvagerie ? Le mystère de Jack l'Éventreur, qui balaya en quelques mois « l'establishment » et le flegme britannique, réside avant tout dans l'insondable monstruosité de ses crimes...

QUI ÉTAIT VRAIMENT
LE COMTE DRACULA ?

Dans la mémoire collective, le comte Dracula laisse, avec Ivan le Terrible et Henri VIII, le plus sinistre souvenir des princes sanguinaires. Il faut dire que le surnom que l'Histoire lui a attribué « Tepes » (« l'Empaleur » en roumain) n'arrange rien ! Le plus célèbre des vampires de Transylvanie était, selon le romancier irlandais Bram Stoker, la réincarnation d'un prince du XVe siècle, Vlad III surnommé Dracule (« dragon » en roumain) en référence à l'adhésion de son père à l'Ordre du même nom. Son roman éponyme, paru en 1897, situe cependant l'action au XIXe siècle et retrace l'histoire d'un jeune clerc de notaire anglais qui se rend en Transylvanie afin d'y rencontrer le comte Dracula. Le roman décrit la terreur du jeune homme face à la complexité caractérielle et ontologique du comte, ainsi que la nature particulière de leurs relations. La fin est tragique et rien n'est épargné pour saisir d'effroi le lecteur. Stoker, très minutieux, a mis dix ans pour rédiger cette œuvre et tenter de restituer, le plus fidèlement possible, l'atmosphère abrupte de ces régions inhospitalières et de ces habitants perdus à la frontière des mondes chrétien et musulman, aux confins des Empires austro-hongrois, russe et ottoman. Ce prince de Valachie, l'actuelle Roumanie, oscillait entre piété et cruauté, esprit chevaleresque et trahison, entre finesse politique et brutalité. Personnage complexe, évoluant dans un monde pervers et totalement déséquilibré, Vlad III s'inscrit dans la longue lignée des mal-aimés de l'Histoire. Mais les interprétations de cette figure emblématique d'un XVe siècle barbare sont légions : voïvode pour les historiens, tyran

*Portrait de Vlad Tepes (1431-1476),
de son vrai nom Vlad III ou Vlad Dracula.*

sanguinaire pour les autres, vampire romantique, enfin, pour les écrivains et les cinéastes... Ce que nous savons aujourd'hui, de source sûre, c'est que ce héros de guerre passa sa vie à combattre tantôt les Ottomans, tantôt les Hongrois, afin de préserver l'indépendance de la Valachie, principauté roumaine enclavée entre le Danube et les Carpates. Est-ce bien ce même homme, surnommé « l'Empaleur », qui a inspiré le mythe du vampire et son monde de ténèbres ? Quelles sortes d'exactions a-t-il bien pu commettre pour inspirer un mythe aussi violent ? Où finit l'histoire, et surtout où commence le roman ?

Vlad Tepes est né vers 1431, probablement en Transylvanie, où son père conspire pour recouvrer le trône de ses aïeux. La Valachie a un double statut : de vassalité avec les Hongrois, et de Haraç, sorte d'impôt foncier payé par les populations non musulmanes au sultan ottoman, et par extension aux états chrétiens indépendants. Cette double dépendance est une épée de Damoclès qui menace en permanence les princes valaches, que les Hongrois et les Ottomans sont plus enclins à renverser et massacrer qu'à respecter ou craindre. Les princes, accoutumés à ces pressions, exploitent toutes les opportunités – la faiblesse ponctuelle d'un des deux États, les guerres qui les affaiblissent et les conflits d'intérêts entre les deux pays – pour affermir leur propre pouvoir et l'indépendance de leur principauté. Mais le rapport de force oblige constamment les princes à s'allier à l'un ou l'autre des deux royaumes et à se soumettre à sa volonté. Très vite, Vlad découvre l'inconfort et la précarité de la situation familiale lorsque son père, Vlad II, est obligé, en 1442, de le donner en otage, ainsi que son frère, comme monnaie d'échange pour garantir sa loyauté envers le sultan et par la même occasion, récupérer son pouvoir princier.

La montée en puissance de l'Empire ottoman incite Vlad II à privilégier son entente, notamment commerciale, avec ses voisins du Sud, imposant aux produits hongrois des taxes protectionnistes. Bien mal lui en a pris ! Jean Hunyadi, le régent hongrois d'origine roumaine, fraîchement converti au catholicisme, s'irrite de cette alliance, le chasse de Valachie, le remplace par l'un de ses cousins, Vladislav II, et le fait assassiner en 1447. Mais l'occupation ottomane en Europe ne fait que commencer. La victoire à Kosovo contre les Hongrois, en 1448, installe pour quatre cents ans le pouvoir ottoman dans les Balkans. En Valachie, le jeu des chaises musicales continue. La Hongrie vaincue, son héros est déposé, au profit de Vlad III. Mais deux mois plus tard, Vladislav II profite de l'inexpérience du jeune souverain et du relatif soutien des Turcs pour récupérer son trône. Se détournant du sultan, Vlad Tepes se réfugie alors en Hongrie, où il s'allie avec Jean Hunyadi, l'assassin de son propre père. Huit ans plus tard, en 1456, avec le soutien militaire du régent hongrois, il retrouve son royaume et vainc l'armée de Vladislav II, en prenant soin de le faire exécuter ! Un traité est aussitôt signé avec la Hongrie. Il est intelligemment négocié par Vlad III qui, profitant de la fragilité hongroise, impose une plus large autonomie, une extension de son territoire et une alliance militaire contre les Ottomans. Ces derniers affichent désormais – depuis la prise de Constantinople en mai 1453 – leur volonté d'hégémonie sur l'Europe du Sud-Est et bientôt du centre.

Rassuré par ce traité, Vlad Tepes est désormais confiant dans la pérennité de son pouvoir. Idéaliste, il veut changer radicalement la société. Mais ce jusqu'au-boutiste impose ses réformes dans le sang et la terreur, à l'image de son époque, qui n'est pas à la tendresse. Partout en Europe, les souverains gouvernent avec brutalité et tuent sans discernement, dès qu'il s'agit de protéger leur pouvoir. À la moindre trahison d'un vassal, des régions entières sont dévastées, les populations massacrées ; le viol et l'enlèvement d'enfants réduits en esclavage sont monnaie courante. Mais la violence n'est pas le privilège de l'État, des hordes de brigands (souvent des mercenaires employés ponctuellement dans

Représentation de Vlad Tepes III l'Empaleur déjeunant devant ses prisonniers empalés. Gravure du XVe siècle.

l'armée régulière pour en grossir les rangs, à l'instar des Écorcheurs, en France) se chargent également de semer la terreur, pillant jusqu'à l'ultime grain de blé des régions entières qui mettront des décennies à s'en relever.

Mais le sinistre surnom d'« Empaleur » peut-il, à lui seul, expliquer la piteuse réputation de Vlad III ? Il semble bien que ce qualificatif soit justifié mais néanmoins réducteur ! Nomme-t-on Robespierre, « le Guillotineur » ? Autres temps, autres mœurs. Vlad III choisit l'empalement comme mode d'exécution pour tout condamné à mort par sa justice, pour tous ses ennemis politiques, ainsi que pour de nombreux soldats ottomans faits prisonniers. Cette forme d'exécution n'est pas plébiscitée uniquement pour le plaisir de torturer. La terreur qu'elle inspire est un moyen dissuasif « efficace », qui permet à Vlad III d'imposer au peuple ses propres valeurs morales. En effet, Vlad est un puritain, obsédé par le péché et pétri de principes, qu'il entend rigoureusement inculquer à ses sujets trop enclins à la débauche. Ainsi, un simple menteur peut être condamné au châtiment suprême. Cependant, le pal est plus souvent un instrument de vengeance, destiné à décimer la noblesse coupable de félonies et de trahisons. Ce bras vengeur s'abat sans pitié sur tous les boyards de Valachie. Toutes les familles de boyards sont arrêtées, sans discernement, leurs aînés empalés, on prétend même

Matthias Ier (1443-1490), roi de Hongrie.
Gravure, collection BNF, Paris.

que certaines exécutions sont organisées pour « animer » les repas de Vlad. Les autres, hommes, femmes et enfants sont déportés, condamnés aux travaux forcés. S'ils ne sont pas empalés, ils meurent dans des conditions tout aussi abominables.

Pour combler le vide ainsi opéré dans ses rangs, Vlad forme sa propre élite, issue du milieu rural et artisanal, qui lui est totalement dévouée et qu'il anoblit. Les descendants de ces gens garderont foi en l'idée d'une conscience nationale roumaine et d'une nation libre et indépendante, qu'ils réussiront enfin à fonder au XIXe siècle. Si cette roumanisation satisfait les Valaches d'origine latine, elle mécontente les Saxons installés à la frontière de la Transylvanie, fidèles sujets du roi de Hongrie. D'autant que cette politique ethnique s'accompagne de nouvelles règles économiques très favorables aux commerçants roumains. Pour contrer cette tentative d'hégémonie et protéger leurs privilèges économiques et commerciaux, les Saxons font sécession et choisissent un nouveau roi, Matthias Ier. La réaction de Vlad est immédiate et violente. Au cours d'une expédition punitive, il dévaste la région, mais il est arrêté par le nouveau roi de Hongrie, soucieux de protéger les meilleurs de ses sujets, mais aussi de signifier à Vlad les limites de son autonomie. Le prince, fidèle à son choix, obtempère d'autant plus volontiers qu'il est assuré de l'aide du Hongrois contre les Turcs. Ainsi prépare-t-il une action d'éclat, au sud du Danube, pour impressionner le sultan et libérer le pays de son emprise.

Portrait du sultan Mehmed II, dit « le Conquérant » (1432-1481). Biblioteca Marciana, Venise.

En janvier 1462, son expédition sanglante (pas moins de trente mille turcs sont tués) est une victoire à la Pyrrhus, qui n'entame en rien la puissance ottomane. Peut-être rassuré par la passivité de Mehmed II, et le soutien de Matthias Ier, il s'enhardit au point de refuser de payer le tribut de l'Haraç. Cet affront est une déclaration de guerre au sultan, qui se doit de réagir à cette offense en châtiant l'impudent. Il prend la tête de son armée afin de punir personnellement ce vassal indélicat et de montrer aux autres marches de l'empire ce qu'il encourt de défier son autorité. Les forces sont tellement inégales que Vlad, conscient de sa faiblesse, tente d'abord d'affamer les armées du sultan en pratiquant la politique de la terre brûlée, saccageant tout sur son passage. Puis, quand les Turcs s'approchent de Târgoviste, il essaie de les effrayer en ordonnant à ses hommes d'empaler les centaines de prisonniers turcs et de les exhiber sous les murailles de la capitale. La vision de ce massacre horrifie tellement le sultan qu'il préfère quitter les lieux. Il laisse Radu, le frère de Vlad – que Mehmed II a choisi pour le remplacer sur le trône valaque – mener le siège de Târgoviste. Vaincu, Vlad s'enfuit, mais trahi par ses alliés hongrois, il est arrêté par les Saxons de Brasov et emprisonné d'autorité à Buda. Sa captivité durera douze ans. Vlad écarté, les velléités d'indépendance s'estompent, mais survit dans le cœur du peuple et de la noblesse, solidement ancrée, la notion d'appartenance à une même nation, la Roumanie.

Vlad est libéré au printemps 1476. Exploitant une dernière fois les luttes intestines et la rivalité hongro-ottomane, il parvient à reconquérir son trône. Mais rancunier, Mehmed II, qui a depuis consolidé ses positions en Europe, refuse de voir son vieil ennemi revenir au pouvoir. Afin de l'empêcher de constituer des forces à même de lui résister, il ordonne immédiatement une nouvelle expédition. Ainsi, l'armée trop fragile de Vlad est balayée dès le premier assaut. Vlad est capturé, exécuté et sa tête, fixée sur un pic, est exhibée et présentée au sultan. La leçon est comprise. La principauté de Valachie s'assagit et reste dans le giron ottoman jusqu'au XIXe siècle, date à laquelle elle s'alliera à la Moldavie et à la Transylvanie pour créer la Roumanie moderne.

En Roumanie, Vlad est aujourd'hui encore considéré comme un héros national. Malgré sa cruauté, il a su résister aux puissances extérieures et être le premier à vouloir libérer la nation roumaine. Pour les siens, cette mauvaise réputation est considérée comme une propagande revancharde émanant des Hongrois et des Turcs, qui ont pourtant connu eux aussi des souverains tout aussi sanguinaires. Un mythe moderne exagéré donc, probablement inspiré par les écrits romantiques de Polidori et Byron, et peut-être aussi par la barbarie des crimes commis seulement quelques années plus tôt par Jack l'Éventreur, à Londres, où se déroule justement une partie de l'action du roman épistolaire de Stoker. Il n'en demeure pas moins que le supplice du pal, qui sert à tuer les vampires, est bien inspiré des pratiques du prince des Carpates. Par sa complexité, Vlad échauffe encore les esprits, comme Dracula les consciences : tous deux torturés, terriblement seuls, à la fois bourreaux et victimes, damnés et condamnés à la vie éternelle (dans le cœur des Roumains pour Vlad), ils nous renvoient, comme ce pauvre Harker dans le roman, à nos propres limites, entre le Bien et le Mal, entre la vie et la mort, entre l'homme et la bête. Et ils finiraient presque par nous émouvoir...

KASPAR HAUSER

ENFANT SAUVAGE OU HÉRITIER GÊNANT ?

26 mai 1828. C'est le jour de la Pentecôte à Nuremberg, florissante ville du royaume de Bavière. Place du Suif, un cordonnier du nom de Weissmann discute avec un autre artisan de la ville. C'est alors qu'ils voient arriver un adolescent d'une quinzaine d'années, hagard, à bout de forces, titubant comme s'il était ivre, incapable de répondre aux questions qu'on lui pose. Qui est cet étrange jeune homme, habillé en paysan, mais dont les mains blanches indiquent qu'il n'a jamais travaillé aux champs ? Est-il un enfant sauvage qui aurait grandi dans les bois ? La victime d'une longue séquestration ? Ou bien un héritier trop gênant qu'il aurait fallu écarter ? Depuis près de deux siècles, le mystère Kaspar Hauser ne cesse d'agiter poètes, psychanalystes, cinéastes et généticiens, tous aussi désireux de percer le mystère des origines de celui qu'on a appelé « l'orphelin de l'Europe ».

L'adolescent, ainsi apparu dans les rues de Nuremberg, est porteur d'une lettre destinée au capitaine du 4e escadron du 6e régiment de chevau-légers, la cavalerie bavaroise. C'est donc au capitaine Von Wessening qu'est confié l'orphelin. Dans l'enveloppe, il trouve deux billets : le premier, censé être rédigé de la main de celui qui a élevé le jeune homme, retrace l'histoire de ce dernier et commence ainsi : « Très honoré Monsieur le capitaine, je vous envoie un garçon qui voudrait servir fidèlement son roi et qui l'a demandé. Ce garçon m'a été confié en 1812, le 7 octobre, et je suis moi-même un pauvre journalier, j'ai moi-même dix enfants, j'ai moi-même assez de peine à me tirer d'affaire, et sa mère m'a confié l'enfant pour son éducation ». L'auteur du

Kaspar Hauser, « l'orphelin de l'Europe ».
Gravure de 1911.

Portrait de Kaspar Hauser, vers l'âge de seize ans. Gravure du XIXe siècle.

billet avoue ensuite que l'enfant n'est jamais sorti de chez lui. Le second billet, supposé de la mère de l'enfant, indique sa date de naissance – le 30 avril 1812 – et précise que son père faisait lui aussi partie du 6e régiment de chevau-légers.

Mais le capitaine Von Wessening se méfie. Il lui semble évident que les deux billets ont été écrits de la même main. Craignant une imposture, il décide de confier le jeune homme aux autorités locales, qui le confinent dans la prison de Nuremberg pour vagabondage. Les médecins qui l'examinent pensent d'abord qu'ils ont devant eux un enfant sauvage, qui aurait grandi dans les bois, au contact des animaux : le jeune homme ne se nourrit que de pain et d'eau, n'a jamais vu ni chat, ni poule, et il ne manifeste aucune pudeur. Il est cependant capable de parler, répétant dans un allemand très sommaire : « Moi vouloir être cavalier comme père a été ». Surtout, il est capable d'écrire son nom : Kaspar Hauser. Mais si l'on connaît le nom du jeune homme, on ne sait encore rien de sa véritable identité.

Ému et intrigué par ce cas si singulier, le maire de Nuremberg décide de lui apporter sa protection, et confie son éducation au professeur Georg Friedrich Daumer. Celui-ci, à force de patience et de soins, réussit à faire parler le jeune homme, qui lui révèle les horribles conditions de son existence passée : depuis aussi longtemps qu'il s'en souvienne, il aurait vécu dans une pièce sombre, dormant à même le sol en terre battue, nourri au pain et à l'eau. Certains jours, explique-t-il, l'eau avait un goût plus amer qu'à l'accoutumée ; cette indication fait supposer au professeur Daumer que l'eau était probablement droguée à l'opium, afin de subjuguer l'enfant. Durant sa captivité, il n'aurait eu aucun contact avec le monde extérieur, à l'exception de l'homme qui le surveillait, qu'il décrit comme « l'homme qui est toujours avec moi », invariablement vêtu de noir. Cet homme, qui l'aurait ensuite conduit et abandonné aux abords de Nuremberg, lui aurait auparavant appris à écrire son nom.

Très vite, le jeune homme fait des progrès spectaculaires. Il apprend à lire et à écrire, et rattrape, en une année, pratiquement toutes les lacunes de son éducation. La presse internationale ne tarde pas à s'emparer du cas de ce mystérieux jeune homme, aux traits nobles et réguliers, qu'elle surnomme déjà « l'orphelin de l'Europe ». Des rumeurs commencent à circuler sur ses origines : ne ressemble-t-il pas, de façon troublante, aux princes de Bade ? Serait-il un bâtard descendant des anciens margraves, qu'on aurait voulu écarter de la succession royale ? Le président de la cour d'appel de Nuremberg, et célèbre théoricien du droit pénal, Paul Johann Anselm von Feuerbach, décide d'enquêter sur ce cas de séquestration d'enfant. Mais le 17 octobre 1828, se produit un véritable coup de théâtre : Kaspar Hauser est retrouvé blessé à la tête, dans le cellier de la maison de Daumer. Que s'est-il passé ? Kaspar explique que l'homme qui l'a attaqué est celui-là même qui l'a séquestré durant toutes ces longues années ; il l'aurait menacé d'une mort certaine si Kaspar Hauser venait à quitter la région de Nuremberg. Pourtant, certains murmurent que Hauser s'est lui-même infligé cette blessure, afin d'échapper au tutorat de Daumer, qui commence à douter de l'authenticité des propos de son élève prodige.

Quoi qu'il en soit, Kaspar Hauser est désormais hébergé chez un conseiller municipal, Biherbach. Mais là encore, un incident tragique ne tarde pas à survenir. Le 3 avril 1830, un coup de feu retentit dans la chambre qu'il occupe. Un simple accident, explique le jeune homme, qui n'est que légèrement blessé à la tête. Pourtant, sa garde est retirée à la famille Biherbach, qui reproche au jeune homme sa vanité et son arrogance. Il s'installe ensuite dans la maison du baron von Tucher, avant d'être finalement confié à la garde de Lord Stanhope, un britannique extrêmement intrigué par ce cas exceptionnel, et qui va, à son tour, tenter d'élucider le mystère de ses origines. Mais le temps, l'énergie et l'argent qu'il y consacre ne suffisent pas à prouver l'hypothèse formulée d'une ascendance hongroise. Il finit donc par installer Kaspar Hauser à Ansbach, où ce dernier occupe un emploi de copiste chez un notaire.

Avec la mort suspecte et vivement controversée de Feuerbach, en avril 1833, c'est un ardent défenseur de Kaspar Hauser qui disparaît. Feuerbach avait en effet publié, un an auparavant, un livre faisant la somme de son enquête sur l'enfant trouvé, qui corrobore les allégations de filiation à la famille de Bade, aboutissant à une théorie hautement explosive pour le tout proche grand-duché... Une hypothèse risquée qui lui aura sans doute coûté la vie, à en croire son fils Ludwig, le célèbre philosophe, persuadé que son père a été empoisonné. Mais la menace que constitue peut-être Kaspar Hauser ne survit que peu de temps à son protecteur. Le 14 décembre 1833, il rentre chez lui avec une profonde blessure à la poitrine. Il dit avoir été agressé à l'arme blanche par un homme qui l'aurait attiré dans un parc pour lui donner une bourse violette. Alors que Hauser agonise, la bourse est effectivement retrouvée dans le parc. Elle contient un message mystérieux, écrit à l'envers, de sorte qu'il ne peut être lu que dans un miroir. Son auteur dit qu'il vient des frontières bavaroises, et que Kaspar Hauser connaît son identité.

Kaspar Hauser rend l'âme à vingt et un ans, le 17 décembre 1833. L'enquête ne permettra jamais de retrouver son mystérieux agresseur. Certains soupçonnent même Hauser de s'être volontairement blessé, pour raviver l'intérêt de la presse, et surtout, celui de son protecteur, Lord Stanhope. Et c'est toute l'ambiguïté

Stéphanie de Beauharnais, grande-duchesse de Bade (1789-1860). Peinture d'après F. Gérard.

du personnage de Kaspar Hauser que l'on peut lire dans la phrase inscrite sur la pierre qui marque encore aujourd'hui l'emplacement de son agression : « Hic occultus occulto occisus est », « Ici un inconnu a été tué par un inconnu ».

Mais le mystère Kaspar Hauser ne s'éteint pas pour autant avec lui. Il est déjà, de son vivant, le héros d'une histoire qui renvoie à tous les éléments de ce que Freud appellera, un siècle plus tard, « le roman familial » : un enfant d'origine noble, arraché à ses véritables parents par malice, et maltraité par ses parents adoptifs. C'est en effet dès 1829 que se répand une embarrassante hypothèse, relayée ensuite par Feuerbach, selon laquelle Kaspar Hauser ne serait autre que le prince héritier du grand-duché de Bade, le fils de Stéphanie de Beauharnais, le petit-fils de Napoléon Ier. Mariée au prince Charles II de Bade, la fille adoptive de Bonaparte et Joséphine de Beauharnais a effectivement donné naissance, le 29 avril 1812, à un garçon, qui meurt quelques jours plus tard. L'enfant est rapidement enterré, et l'on refuse à sa mère de tenir dans ses bras le corps sans vie de son bébé, prétextant que l'épreuve serait trop douloureuse à surmonter. Pourtant lorsque, dix-sept années plus tard, Stéphanie de Beauharnais entend parler de ce mystérieux orphelin qui serait apparu à Nuremberg, elle se prend à espérer : son fils serait-il vivant ? L'aurait-on finalement privée d'un enfant, de surcroît le seul héritier mâle pouvant succéder à son père ? Après s'être déplacée incognito à Ansbach, pour voir de ses propres yeux l'enfant sauvage miraculeusement revenu à la civilisation, Stéphanie de Beauharnais acquiert la conviction qu'il s'agit bien là de son fils. Cette théorie est aussi celle défendue par Anselm von Feuerbach, qui prétend que l'enfant aurait été enlevé par la comtesse Louise-Caroline d'Hochberg, seconde femme du grand-duc Louis-Frédéric, le père de Charles II de Bade. De rang nobiliaire inférieur à son mari, elle n'avait pu contracter avec lui qu'une union morganatique, ne permettant pas à ses enfants de prétendre à la succession dynastique. Pour qu'ils aient malgré tout une chance de pouvoir accéder au trône de Bade un jour, il fallait donc éliminer tous les autres prétendants. Kaspar Hauser, unique héritier mâle des grands-ducs de Bade, aurait donc peut-être fait les frais de l'ambitieuse comtesse...

Une hypothèse rocambolesque, que certains historiens rejetteront par la suite, mais qui a séduit nombre de contemporains et de commentateurs ultérieurs. Comme l'a montré l'historien britannique Martin Kitchen, c'est aussi l'extrême défiance de la société vis-à-vis de la famille régnante de Bade, dont les excès étaient connus et controversés, qui s'exprime à travers l'adhésion à cette thèse du complot. Charles II de Bade, le père supposé de l'enfant, n'était-il pas un débauché notoire ? De fait, l'alcoolisme et la folie ont frappé les descendants de la comtesse Hochberg. Plus choquant encore, dans cette histoire où tout le monde manipule tout le monde, il est aussi fort possible que le maire de Nuremberg et le conseil municipal aient vu dans ce personnage naïf et terriblement médiatique l'occasion rêvée de jeter le discrédit sur la famille du grand-duché de Bade, et ainsi déstabiliser une région limitrophe vers laquelle la prospère Bavière aurait enfin pu étendre sa zone d'influence.

Kaspar Hauser serait-il donc, comme l'ont affirmé la plupart des historiens, un simple garçon de ferme à l'imagination fantasque, qui se serait inventé une légende spectaculaire ? Les incertitudes qui subsistent encore aujourd'hui sur les circonstances des différentes agressions, les observations de ses nombreuses familles d'accueil – qui se sont plaintes de sa

propension naturelle au mensonge et à la manipulation – ainsi que des tests ADN effectués en 1996 ont largement contribué à infirmer la possibilité d'un lien avec la famille de Bade.
Et pourtant... La découverte, le 11 août 2000, d'un cachot secret dans les communs du château de Beuggen, près de Rheinfelden, n'est pas sans rappeler le cachot découvert, quatre-vingts ans plus tôt, au château de Pilsach, près de Nuremberg, communément appelé depuis le « château Kaspar Hauser ». Or l'aménagement des cellules et la présence de dessins de chevaux dans les deux réduits représentent de bien troublantes analogies. De même, en 2002, de nouveaux tests ADN effectués à partir de cheveux ayant appartenu à Kaspar Hauser établissent un lien de parenté avec Astrid von Medinger, descendante directe de Stéphanie de Beauharnais. Bien que contestés dans leur méthode – la dégradation des échantillons d'ADN et les risques de contamination ne garantissant pas un processus d'analyse fiable –, ces tests offrent néanmoins des résultats troublants, qui ont ravivé la théorie d'une ascendance noble. Même si, à ce jour, la maison de Bade continue de refuser catégoriquement que des analyses soient pratiquées sur la dépouille du fils défunt de Charles II de Bade et de Stéphanie de Beauharnais.

Qui était finalement Kaspar Hauser ? Libre à chacun d'accréditer la thèse qui lui paraît la plus vraisemblable, car le mystère demeure. L'histoire de ce garçon pris dans la tourmente d'enjeux qui dépassaient son énigmatique existence, et tragiquement décédé à tout juste vingt et un ans, continuera certainement de passionner de nombreux artistes, comme elle a inspiré Verlaine, qui lui consacre ces vers émouvants, dans son recueil *Sagesse* :

Suis-je né trop tôt ou trop tard ?
Qu'est-ce que je fais en ce monde ?
Ô vous tous, ma peine est profonde :
Priez pour le pauvre Gaspard.

QUI A BIEN PU EMPOISONNER

AGNÈS SOREL ?

On ne sait exactement quand naquit Agnès Sorel. Sans doute aux alentours de 1422. Une autre incertitude demeure quant au lieu de sa naissance, que certains historiens situent à Coudun, près de Compiègne. Toujours est-il que son père, Jean Sorel, est seigneur de Coudun, et sa mère, Catherine de Maignelais, châtelaine de Verneuil-en-Bourbonnais. Une naissance modeste mais noble, qui prédestinait Agnès au service d'une des maisons de Bourbon ou d'Anjou, dont sa lignée était vassale. Mais c'était sans compter sur son hypnotique beauté et sa personnalité détonnante qui allaient la porter sur le devant de la scène. Agnès deviendra en effet la première maîtresse officielle d'un roi de France et, en dépit de son jeune âge, bouleversera à jamais son souverain, autant que son temps et ses contemporains. Une influence qui ne sera pas du goût de tous, puisqu'elle mourra empoisonnée au mercure, alors qu'elle venait d'offrir au roi Charles VII un quatrième enfant...

La guerre de Cent Ans, commencée en 1337, n'en finit pas, malgré de nombreuses tentatives de trêves et de paix infructueuses. L'année 1422 est marquée par la mort du roi Charles VI, dont le règne fut aussi long que singulier. Surnommé « le Bien-Aimé », en témoignage de l'affection de son peuple, il fut bientôt appelé « le Fol » en raison de ses crises de démence incontrôlées. C'est en 1392, alors qu'il traverse la forêt du Mans, que le roi est foudroyé par une première crise. Bien d'autres suivront jusqu'à la fin de son règne. Son esprit oscillant entre folie et lucidité, ses oncles ainsi que son frère, Louis d'Orléans, complotent les uns contre les autres afin de s'accaparer le pouvoir au sein du conseil de régence présidé par la reine, Isabeau de Bavière. Un malheur

Portrait d'Agnès Sorel, maîtresse de Charles VII, surnommée « la Dame de Beauté-sur-Marne » (vers 1422-1450).

n'arrivant jamais seul, éclate alors une terrible guerre civile. Opposant les Armagnacs, partisans de Louis d'Orléans et du modèle français, aux Bourguignons, soutiens du duc de Bourgogne, Jean sans Peur, et fervents défenseurs du modèle anglais. Si l'on ajoute à ces troubles les désordres causés par le grand schisme d'Occident et la terrible défaite d'Azincourt qui, en 1415, voit périr la fine fleur de la chevalerie française, on comprend dans quel contexte tourmenté Agnès Sorel vient au monde. La pauvre enfant, s'étant très jeune retrouvée orpheline, a été recueillie par sa tante maternelle, de qui elle reçoit une parfaite éducation. Grâce aux recommandations dont elle bénéficie, et aidée par sa grande beauté, Agnès devient demoiselle de compagnie de la reine de Sicile, Isabelle de Lorraine, belle-sœur du roi de France et épouse du roi René d'Anjou. Agnès ne convoite pas tant cette charge pour les avantages matériels qu'elle lui procure – à peine dix livres par an – que pour les portes qu'elle peut lui ouvrir...

Sur son lit de mort, Charles VI déclare que son fils, le dauphin Charles, est un bâtard. Il décrète que l'héritier du trône est finalement son gendre, Henri V, le roi d'Angleterre ! La guerre de Cent Ans est relancée. Certains courtisans n'hésitent pas à railler Charles VII, le « petit roi de Bourges » sans titre et sans beauté et dont l'autorité, bafouée à Paris, ne s'exerce plus que sur un domaine qui rétrécit comme peau de chagrin. Mais en 1429, grâce à Jeanne d'Arc qui l'emmène se faire sacrer à Reims, il combat avec succès l'alliance anglo-bourguignonne et reconquiert son royaume, ce qui lui vaut le glorieux surnom de « Charles le Victorieux ». Le « bon roi René », dont la sœur, Marie d'Anjou, a épousé Charles VII, est très proche du roi de France. C'est avec plaisir que les deux hommes se retrouvent à Toulouse, en février 1443. Parmi les suivantes d'Isabelle de Lorraine se trouve la ravissante Agnès. « Un visage clair, lisse, avec des pommettes rondes comme un reste d'enfance, de longs yeux pers où brillent les étincelles du rire, une bouche tendre et belle, une gorge hardie, une taille de guêpe, un sourire qui tremble ». Si l'on en croit la description que Jeanne Bourin donne d'Agnès dans son ouvrage *La Dame de Beauté*, on comprend que Charles VII, d'ordinaire si réservé et d'humeur plutôt morose, soit tombé sous le charme de la jeune femme de vingt ans sa cadette.

Le roi Charles VII et Agnès Sorel.

Un proche du roi, Pierre de Brézé, ayant remarqué que Charles n'avait d'yeux que pour la jeune fille, se charge de la lui présenter. Charles VII, le cœur chaviré, abandonne toute timidité et lui déclare sa flamme. Conséquence inopinée mais heureuse de ce coup de foudre : Agnès passe, dès 1444, au rang de demoiselle de la maison de la reine, Marie d'Anjou. La fidèle épouse de Charles, qui lui a donné treize enfants, doit se résigner à cette cohabitation. Agnès ne tarde pas à devenir la favorite officielle. Un statut totalement novateur car, jusque-là, les maîtresses royales devaient se contenter de rester dans l'ombre. Mais Agnès n'est pas une jeune femme ordinaire, elle sait s'attirer les faveurs du roi, charmer ses conseillers, devenir un modèle pour les dames de la cour. Pour mettre sa beauté en valeur, elle ne se contente pas de suivre les usages vestimentaires de son temps, mais fait évoluer la mode. Ainsi renonce-t-elle aux guimpes, ces pièces de toiles qui encadraient le visage des femmes et lance la mode du décolleté qui dénude largement les épaules. Jean II Jouvenel des Ursins, archevêque de Reims, s'étrangle en maudissant les extravagances de cette mise immodeste : « avec des ouvertures de par-devant par lesquelles on voit les tétons, tettes et seins ».

L'audace d'Agnès se double d'une grande fantaisie, puisqu'elle prolonge ses robes serrées à la taille et bordées de marte ou de zibeline, par des traînes pouvant mesurer jusqu'à huit mètres. Des coiffeurs ornent sa chevelure blonde de singulière et spectaculaire façon. La seule année 1444, le roi lui offre pour vingt mille six cents écus de bijoux, dont le premier diamant taillé connu à ce jour.

Jacques Cœur (vers 1395-1456), argentier du roi Charles VII.

Éclipsée, la reine se retrouve complètement délaissée. Le Dauphin, le futur Louis XI, malheureux de voir sa mère ainsi bafouée, conçoit une grande rancune envers son père et tant que celui-ci règnera, il n'aura de cesse de comploter contre lui. Il jalouse aussi Agnès, qui a à peu près son âge, mais tellement plus de pouvoir ! Pourtant, alors que la France sort d'une guerre aussi cruelle qu'interminable, Agnès adoucit les mœurs de la cour, y apportant un raffinement qui présage celui de la Renaissance. Pour la confection de ses atours, Agnès affectionne les étoffes précieuses et rares, comme celles importées d'Orient qu'elle trouve à Bourges, chez son fidèle ami, le richissime marchand et grand argentier du roi, Jacques Cœur, dont elle devient la meilleure cliente. En favorisant cette relation, Agnès trouve son intérêt, mais le roi aussi, car sur les conseils de sa favorite, c'est bel et bien grâce à la fortune de Jacques Cœur, que Charles VII reprendra confiance en lui. Agnès fera de Jacques Cœur un de ses exécuteurs testamentaires. Ce qui amènera certains historiens à leur prêter une liaison amoureuse, probable explication de la disgrâce dont Jacques Cœur sera victime après la mort de sa protectrice. Jaloux, le roi oubliera alors les services rendus par son grand argentier, et n'interviendra pas lorsque celui-ci sera arrêté et condamné pour des malversations fictives que des ennemis, envieux, lui attribueront.

Le roi ne refuse aucune richesse à sa favorite, et lui octroie les fiefs de Vernon, Issoudun, Roquesezière et de Beauté-sur-Marne, d'où le titre – purement romanesque – de « Dame de Beauté ». Le roi lui offre aussi le domaine de Loches, où, en surplomb de la ville, elle fait aménager le château. Devant tant de largesses, le Dauphin Louis a de plus en plus de mal à accepter la situation et laisse un jour éclater sa rancœur. Brandissant son épée, il en menace Agnès qu'il poursuit de pièce en pièce jusqu'au lit royal où elle finit par se réfugier. Charles VII, courroucé par tant d'impertinence, chasse son fils de la cour et l'exile dans le Dauphiné. Le choix est fait. Le roi ne saurait se passer de sa muse. Il semble bien en effet qu'Agnès Sorel ait transformé Charles VII. Lui qui était connu pour être inquiet, terne et malchanceux devient à son contact joyeux, habile et téméraire, manifestant enfin l'envie de gouverner, de s'occuper de politique et même de combattre les Anglais. Aux côtés d'Agnès, Charles VII rayonne, retrouve sa jeunesse. Un contemporain note à propos du roi : « Enflammé pour elle à ce point qu'il ne pouvait supporter qu'elle lui manquât un instant : à table, au lit, au Conseil, il fallait toujours qu'elle fût à ses côtés ».

Très pieuse, et très éprise de son souverain, Agnès donne trois filles à son royal amant, les « bâtardes de France », ainsi appelées car nées hors mariage : Marie de Valois, Charlotte de Valois et Jeanne de France, que le roi légitimera cependant. Charlotte connaîtra un destin tragique puisque son mari, Jacques de Brézé, le fils du fidèle sénéchal, l'ayant surprise dans les bras de son amant, l'assassinera d'un coup d'épée entre les épaules. Ces naissances, qui rapprochent encore le couple, indignent à nouveau Jean II Jouvenel des Ursins, qui reproche vertement à Agnès, cette créature aux mœurs libres, d'avoir initié le roi, jusque-là si chaste, à la débauche.

Début 1449, rompant une trêve de plusieurs années, les Anglais investissent Fougères, en Bretagne. Le roi hésite à intervenir, mais encouragé par Agnès et par ses conseillers, il se met en campagne. Finalement, les Anglais sont repoussés et Agnès, qui attend un quatrième enfant, décide de quitter Loches pour retrouver le roi en l'abbaye de Jumièges, près de Rouen. Les raisons de ce voyage restent obscures. Agnès avait-elle hâte de rejoindre son amant ? Ou voulait-elle l'avertir d'un nouveau complot ourdi par le Dauphin ? À peine arrivée à destination, le 3 février 1450, elle met au monde un enfant, qui décédera quelques jours plus tard. Le 9 février, elle est soudainement prise de « flux de ventre » et meurt en quelques heures, à vingt-huit ans. Elle aura tout juste le temps de recommander son âme à Dieu et à la Vierge Marie et de dicter ses dernières volontés. Elle lègue ses biens à des proches, à des hôpitaux, à des couvents et à la collégiale de Loches afin qu'y soient dites des messes pour le repos de son âme. Mais sa mort est si rapide, Agnès est si jeune et de constitution si solide, qu'une rumeur ne tarde pas à circuler à la cour et dans tout le royaume sur les circonstances troublantes de son décès : Agnès a été empoisonnée. Mais par qui ?

Jacques Cœur, alors en disgrâce, est suspecté d'avoir fait assassiner son amie. Ses ennemis ne reculent devant aucune calomnie pour éliminer le grand argentier. Mais celui-ci, avant d'être banni pour d'autres motifs, est lavé de tout soupçon. Autre suspect : le Dauphin, qui détestait la maîtresse de son père pour l'influence qu'elle exerçait sur lui. Jusqu'à aujourd'hui, les historiens accréditent cette thèse. Le médecin d'Agnès, Robert Poitevin, légataire d'une partie de son héritage, sera également l'objet de suspicions, notamment à cause de son absence de diagnostic d'empoisonnement, malgré des signes éloquents, et sa promptitude à vouloir enterrer l'affaire avec la victime. Mais de là à en faire un assassin... La science moderne est pourtant venue lever le voile sur cette énigme. En 2004, à l'occasion d'un ultime transfert du Logis royal de Loches à la collégiale Saint-Ours, les restes d'Agnès Sorel sont exhumés et confiés pour analyse à des scientifiques, une équipe de vingt-deux chercheurs (radiologues, médecins légistes, toxicologues, archéologues...) placés sous la direction du professeur Philippe Charlier du CHU de Lille. L'examen des dents confirme le nombre de grossesses et détermine l'âge du décès. À cette occasion, une autre incertitude est levée. Au musée des Arts Décoratifs de Bourges était présentée une mèche de cheveux attribuée à Agnès Sorel... Mais ces cheveux sont bruns, alors qu'Agnès a toujours été décrite comme blonde. Les analyses effectuées ont pourtant authentifié la relique. En effet, les cheveux auraient subi une altération naturelle au fil des siècles. Agnès Sorel était bien une vraie blonde ! Quant à l'étude toxicologique des mêmes cheveux, elle n'a révélé aucune trace d'arsenic. En revanche, des taux considérables de mercure – appelé vif-argent au Moyen Âge – ont été décelés malgré la vétusté des échantillons analysés. Une main criminelle aurait-elle fait ingurgiter ce mercure à Agnès ? On sait que la favorite était soignée pour des vers intestinaux, grâce à l'association de pollens de fougères mâles et de mercure. Mais comment expliquer ce taux mortel ?

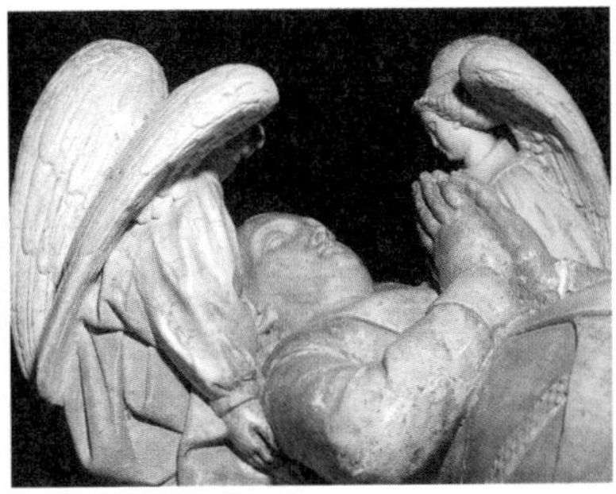

Tombeau d'Agnès Sorel.
Logis royal de Loches, XVIIIe siècle.

Les partisans de la thèse de l'empoisonnement n'ont à ce jour pas pu déterminer le commanditaire de cet assassinat, tant les mobiles semblent nombreux. Ainsi, l'ambitieuse cousine d'Agnès, et nourrice de ses trois filles, Antoinette de Maignelais, a-t-elle été soupçonnée à son tour lorsque, trois mois à peine après la disparition d'Agnès, elle a pris sa place dans le lit du roi. Pourtant Charles pleura longtemps Agnès, et fit graver sur le tombeau de marbre de sa bien aimée : « Cy gist noble dame Agnès de Seurelle, en son vivant dame de Beaulté, de Roquesezière, d'Issoudun et de Vernon-sur-Seine, pitieuse envers toutes gens et qui largement donnait de ses biens aux églises et aux pauvres ; laquelle trépassa l'an de grâce MCCCCXLIX. Priez Dieu pour le repos de l'âme d'elle. Amen ».

DIMITRI II

ÉTAIT-IL UN IMPOSTEUR DE GÉNIE ?

En se faisant couronner « tsar de toutes les Russies », le 16 janvier 1547, alors qu'il n'était jusque-là que grand-prince de Moscou, Ivan IV le Terrible est devenu l'empereur et le maître absolu de la Russie. Le peuple le vénère autant qu'il le craint. Le règne d'Ivan est cruel et le pays exsangue. Dans un accès de démence, le tsar en déclin frappe mortellement de son glaive son fils aîné, le tsarévitch Ivan Ivanovitch, qui tentait de s'interposer pour protéger son épouse enceinte. À la mort d'Ivan, en 1584, le trône échoit donc à Fédor, son deuxième fils, qui est déficient mental et incapable d'assumer sa charge. Sans descendance, c'est son demi-frère Dimitri, âgé de deux ans qui devient tsarévitch. Mais le jeune Dimitri disparaît mystérieusement à Ouglitch, en 1591, à l'âge de neuf ans. Aussi Fédor se voit-il contraint d'accéder au trône et ce sous la régence de Boris Godounov. Et lorsqu'il meurt sans héritier, le pays plonge dans une profonde angoisse. L'État s'effondre et la société convulse pendant des années, avant de trouver enfin un nouveau souverain légitime. Pourtant, quelque temps plus tard, un homme réussit à convaincre le peuple qu'il est Dimitri, le tsarévitch disparu et se fait sacrer empereur de Russie. Comment y est-il parvenu ? Et pourquoi des hommes persuadés de son imposture acceptent de le soutenir dans cette invraisemblable aventure ?

Portrait de Dimitri II
dit aussi « le Premier Faux Dimitri » (1580-1606).

PERATOR.
uxor Marianna.
Georgii
ex Tarlouna.

Ivan IV dit « le Terrible » (1530-1584).

Les prétendus tsarévitchs miraculeusement ressuscités d'entre les morts, seront légions pendant le règne des tsarines et des tsars dont la légitimité est conflictuelle, et la gouvernance despotique. Mais aucun, malgré quelques beaux succès d'estime, ne triomphera comme Dimitri. Leurs succès, même momentanés, sont intrinsèquement liés à un idéal mystique typiquement russe de voir arriver, tel un messie, le « tsar libérateur » qui délivrera le pays de la tyrannie. Cette barbarie, qui régit les rapports entre les différentes classes de la société va continuer de s'exercer pendant des siècles sur un peuple miséreux et analphabète. Ivan a laissé une société épuisée par les guerres incessantes contre les Tatars, Suédois et Polonais. Le peuple est traumatisé et déboussolé par son extrême violence – notamment celle de ses hommes de main, les opritchiniki –, qui frappe surtout ses proches et sa cour. La Russie devient, à l'instar du tsar, pourrie, exténuée, spasmodique, malgré ses veines tentatives pour soigner son grand corps malade.

Tyrannique mais lucide, Ivan est conscient de la déficience mentale de son fils Fédor et prépare l'instauration d'un conseil de régence. À sa mort, celui-ci se réunit mais, affaibli par des luttes intestines, implose et permet à Boris Godounov, le chambellan d'Ivan – et beau-frère de Fédor –, de s'imposer comme unique régent. Sa première décision est d'exiler le tsarévitch Dimitri et ses soutiens loin de Moscou. Moins cruel, la gouvernance de Boris s'inscrit toutefois dans

Boris Godounov (vers 1551-1605), tsar de Russie.

la continuité du règne précédent. Le témoignage d'Anglais autorisés à commercer avec Moscou souligne le despotisme du gouvernement et son mépris du peuple. Ainsi, l'ambassadeur d'Élisabeth Ière d'Angleterre rapportera-t-il : « Le gouvernement est à peu près à la turque. Les Russes semblent imiter les Turcs autant que le permettent et la nature du pays et leurs capacités politiques. Ce gouvernement est une tyrannie pure et simple car il subordonne toutes choses à l'intérêt du prince, et cela, de la manière la plus barbare et la plus ouverte ». Sans aucune compassion, les successeurs d'Ivan, sans pour autant atteindre sa cruauté, maintiennent une chape lourde et écrasante sur le peuple laborieux de Russie. Serfs ou libres, tous sont la propriété du tsar qui a droit de vie ou de mort. Bien loin de l'esprit libéral anglais et de son *Habeas corpus*.

Dimitri ayant disparu, Fédor est le dernier représentant des Riourikides (descendants de Riourik, cette dynastie a régné sur l'Ukraine depuis le IXe siècle, et fondé Moscou au XIIIe siècle). Cette vacuité dynastique – bien que très vite comblée par la prise de pouvoir et le couronnement du régent Boris Godounov – marquera une période d'intrigues et de rivalités sans précédent, communément appelée « le temps des troubles », entre les prétendants au trône. À l'appel du patriarche de toutes les Russies, un zemski sobor (sorte

Portrait du tsar Fédor Ier (1557-1598).

d’assemblée comparable aux États généraux français) élit Boris Godounov tsar, le 17 février 1598. Alors que son zèle envers Ivan le Terrible lui a permis de marier sa sœur au tsarévitch Fédor, l’incompétence de ce dernier à gouverner lui a valu d’asseoir petit à petit son autorité et de préparer cette nomination sans trop de heurts. Mais l’absence de toute hérédité dynastique va peser en sa défaveur sur ses sept ans de règne.

Le nouveau tsar Boris endosse vite la tenue de l’autocrate et rêve de fonder une nouvelle dynastie. Il institue le patriarcat de Moscou, permettant au métropolite moscovite de rivaliser avec les autres grands chefs des Églises chrétiennes. Il s’intéresse à l’Occident et tente d’établir des liens avec les monarchies européennes, notamment allemandes. Il ouvre certains domaines au commerce international, afin de relever le niveau de vie pitoyable des Russes, mais ne réussit pas à endiguer l’effroyable famine qui, de 1601 à 1603, décime la population de Moscou, et bientôt toute la Russie. Bien au contraire, il accable d’impôts toutes les couches sociales afin de financer ses armées employées à défendre le pays contre les Suédois et les Polonais. En rétablissant, puis en abolissant le droit des paysans à changer de propriétaire, il figera même le servage dans l’espace sociétal russe pendant presque trois siècles. Cette politique autocratique et la famine persistante provoquent des révoltes et l’exil de nombreux paysans. Elles créent un climat anxiogène qui favorise l'apparition d'illuminés se faisant passer pour le tsarévitch Dimitri, pourtant mort depuis bien longtemps. Tous sont favorablement accueillis par une population naïve et pathologiquement dépressive qui veut croire au renouveau de la Russie. Jusqu'en 1604, ces imposteurs restent confinés dans quelques villages et s'avèrent incapables de fédérer, autour de leur prétention, une opposition réellement dangereuse pour le tsar. Mais le fantôme des Riourikides discrédite toujours la légitimé de Boris, qu'une peur panique envahit peu à peu et amènera sans doute à se suicider. Sa mort reste encore aujourd'hui mystérieuse. La légitimé populaire – Boris n'a-t-il pas été élu ? – ne semble pas pouvoir rivaliser avec la légitimé divine, intrinsèquement attachée aux liens du sang.

La fragilité de la Russie pousse ses adversaires historiques, notamment les Polonais, à intervenir dans ses affaires intérieures. Aussi, quand un certain Grigori Otrepiev se réfugie en Pologne en clamant être le tsarévitch Dimitri, trouve-t-il aussitôt des soutiens au plus haut niveau de l'État, et de la hiérarchie catholique. Pour parvenir à ses fins, Grigori saura de toute évidence faire jouer l'ancestrale rivalité entre Polonais et Russes, entre Églises catholique et orthodoxe. En effet, en 988, la conversion de Vladimir Ier au christianisme de Byzance demeure une défaite pour l'Église de Rome et pour le pape, qui n'aura de cesse de soutenir toutes les tentatives polonaise et lituanienne pour rétablir la « vraie foi », à savoir la leur. Grigori trouve aussi un écho favorable auprès de certains Russes qui refusent toute allégeance à un souverain sans légitimité dynastique. Ce rejet de Boris n'est pas seulement politique, il exprime surtout la nature mystique du lien qui unit le tsar à son peuple. Le tsar est élu par Dieu. Écarter l'héritier légitime est perçu comme un sacrilège annonciateur de catastrophes divines. C'est là toute l'ambivalence du peuple russe, entretenu par l'Église dans son innocente ferveur, il attend le « Vrai tsar » ou « tsar libérateur », qui le soulagera de sa misère, mais accepte du même

Portrait de Dimitri II (1580-1606).

coup, tout ce que le ciel lui envoie, les avanies, comme les tyrans...

Grigori est né dans les années 1580, comme Dimitri. On ne connaît rien de ses ascendants, ni de sa prime enfance. Adolescent, il sert les Romanov qu'il quitte quand Boris les bannit de Moscou. Il fréquente alors différents monastères orthodoxes où ses qualités semblent reconnues, puisqu'il arrive à se propulser au service direct du patriarche. Opportuniste et malin, il assimile rapidement ses leçons et impressionne aussi par son éloquence. Il quitte pourtant la vie monacale au bout d'une année et après un voyage à Kiev, pour se retrouver chez le prince Ostrogski, théologien orthodoxe, qui refuse tout contact avec les autres Églises chrétiennes, les estimant blasphématoires. Les deux hommes se brouillent rapidement. Est-ce pour un différend théologique ? Ou bien Grigori a-t-il cherché le soutien du prince pour faire valoir ses prétentions dynastiques, et celui-ci aurait-il refusé de le suivre ? Le mystère reste entier. Il n'en demeure pas moins qu'aussitôt après avoir quitté son hôte, Grigori, qui a trouvé refuge chez le prince polonais Wisniowiecki, affirme être le tsarévitch. Le prince, homme influent en Pologne et grand propriétaire terrien en Russie, accepte de le soutenir. C'est un catholique converti de fraîche date, ennemi personnel du prince Ostrogski et de ses convictions. La question religieuse restera, jusqu'à la fin de l'épopée, un sujet épineux pour Grigori, que ses adversaires utiliseront pour le déstabiliser, voire le discréditer.

Groupe de nobles russes appelés boyards ou boïars.

La nouvelle d'une possible survie du tsarévitch Dimitri échauffe les esprits. Boris y voit un complot fomenté par des boïars, jaloux de sa suprématie. Le peuple, lui, espère un rétablissement de l'ordre naturel de la monarchie. De leur côté, les Polonais, les Suédois et les Lituaniens misent sur l'opportunité d'affaiblir leur vieil ennemi. Rien ne prouve que les boïars, fameuse noblesse russe, soient impliqués dans ce complot, pas plus que d'autres Moscovites. Néanmoins, Grigori trouve quelques citoyens russes pour attester à ses hôtes polonais qu'il est bien le tsarévitch, survivant miraculeux du meurtre commandité treize ans auparavant par Boris. Conforté dans ses convictions, le prince Wisniowiecki obtient, en mars 1604, une audience royale, en présence du nonce papal. Quel fut l'équilibre entre la crédulité des uns, le

Sigismond III Vasa de Pologne (1566-1632).

simple calcul politique des autres et la force de persuasion de Grigori ? Mystère... Toujours est-il qu'à la suite de cette entrevue, Sigismond III de Pologne reconnaît officiellement Grigori comme le dernier héritier de Riourik et lui accorde une aide financière substantielle. Les archives du Vatican témoignent de l'intérêt grandissant du pape pour le prétendant et confirment le rôle déterminant des Jésuites dans la très probable conversion de Grigori au catholicisme. Cette conversion n'est, dans l'esprit des Jésuites, qu'un prélude à celle du peuple russe. Conforté par tous ces soutiens, Grigori réussit à lever un corps expéditionnaire impressionnant : des seigneurs polonais lui louent le service de leurs troupes et des brigands galvanisés par l'espoir de nouveaux pillages le rejoignent. Enfin et surtout des Cosaques zaporogues, sans doute payés par des nobles ukrainiens, viennent renforcer ses troupes. Le 13 octobre 1604, il franchit la frontière russo-polonaise avec son armée. Le petit peuple lui réserve un accueil enthousiaste et de nombreuses villes lui ouvrent même leurs portes. Le 21 décembre, à la surprise générale, il bat l'armée régulière russe lors de leur première confrontation. Cependant, la solde n'étant pas versée en temps et en heure, des mutineries éclatent. Affaiblie par ces dissensions, la cohorte de Grigori est finalement écrasée, le 21 janvier 1605.

Il parvient à s'enfuir de justesse. Mais la Russie traumatisée ne peut accepter la défaite de son tsar qu'elle a légitimé. Aussi, malgré le danger, de nombreux paysans s'empressent de le rejoindre. C'est finalement l'appui massif des Cosaques ukrainiens qui le remettent en selle. Ce soutien, outre le fait qu'il permet à Grigori de vaincre, préfigure des liens qui bientôt uniront, sous une même couronne, la Russie et l'Ukraine. Le décès mystérieux autant que providentiel de Boris Godounov, le 13 avril 1605, favorisera également la victoire de Grigori.

Car même si Boris avait prudemment préparé sa succession, son fils cristallise tous les mécontentements et ne parvient à se maintenir au pouvoir plus de trois mois. Aussi incroyable que cela puisse paraître, Grigori pénètre en héros dans Moscou, en juin 1605, où l'attend un accueil triomphal. Seul le patriarche refuse encore temporairement de lui prêter allégeance ; la propre mère de Dimitri feint quant à elle de le reconnaître et simule publiquement une formidable émotion. C'est donc dans le plus grand enthousiasme qu'il est sacré tsar, sous le nom de Dimitri II. Par quel subterfuge un petit moine défroqué parvient-il à s'emparer avec tant d'aisance des attributs impériaux ? Nul ne peut l'expliquer. Toujours est-il qu'il impose, sans la moindre hésitation, une nouvelle façon de gouverner à des conseillers déboussolés. À l'opposé de ses ancêtres présumés, il refuse de faire régner la terreur et, avant Catherine la Grande, pense et réagit en monarque éclairé. Il se préoccupe du sort des plus humbles et réfléchit à une politique économique qui permettrait à la Russie de rattraper son retard économique, notamment en ouvrant ses frontières aux savoirs et aux techniques occidentales. Ainsi, il ébauche une politique analogue à celle qui sera menée par Pierre Le Grand un siècle plus tard. Il aime d'ailleurs autant que lui se mêler aux simples artisans pour s'initier à leur savoir-faire. Mais comme tout homme de pouvoir digne de ce nom, il a tôt fait d'oublier la promesse donnée aux Jésuites et au roi de Pologne de christianiser la Russie... Le tsar semble très à l'aise dans l'exercice de ses nouvelles fonctions. Mais qui est donc réellement Grigori ? Plus que généalogique, se pose la question de ses convictions sur la légitimité de son ascendance. Est-il un imposteur de génie, ou bien a-t-il été élevé dans l'absolue certitude de sa glorieuse naissance ? À moins qu'il ne soit un illuminé habité par des obsessions impériales ? Dans tous les cas, il remplit parfaitement son rôle de tsar. Son attitude iconoclaste, ses projets culturels, économiques et sociaux alarment cependant la noblesse, qui appréhende la perte de ses privilèges.

Il éprouve par ailleurs depuis son adolescence une vive hostilité envers les moines. Cette inimitié, ainsi que la rumeur de sa conversion au catholicisme, font craindre à la hiérarchie orthodoxe la fin de ses prérogatives et de son influence spirituelle sur le peuple russe. Mais ce dernier ne partage pas de telles craintes. Bien au contraire, le peuple adule ce tsar providentiel, et c'est sans doute cette immense popularité qui protège Dimitri d'un coup d'État. Seule ombre au tableau, les Cosaques qui l'accompagnaient lors de son entrée en Russie, des mercenaires jugés hautains et violents, qui commettent exactions et pillages au sein de la population moscovite, comme aux temps sombres d'Ivan le Terrible. Cependant, quelques boïars, emmenés par Vassili Chouïski, qui ne fait pas mystère – au nom d'une vieille ascendance de Riourik – de ses prétentions au trône, complotent pour chasser Dimitri du trône. Celui-ci est informé de cette conspiration, mais aveuglé par un sentiment de toute puissance, il ne tient aucun compte des mises en garde qu'il reçoit. L'heure est aux festivités.

Le 24 avril 1606, Marina Mniszek, la fiancée de Dimitri, fait son entrée dans Moscou. Elle est accueillie avec joie, mais son escorte polonaise, beaucoup trop nombreuse et trop armée, heurte l'orgueil d'un peuple plus que sensible sur la question de son indépendance et viscéralement méfiant envers les étrangers. Les conspirateurs se chargent donc opportunément

Marina Mniszek (1588-1614), épouse de Dimitri II.

d'exacerber cette provocation, faisant le lien entre la conversion du tsar à la religion de l'ennemi extérieur, le catholicisme, et ces hordes de Polonais. Ayant échoué à persuader le peuple que Dimitri n'est qu'un usurpateur, les boïars prétendent désormais que, malgré sa légitimité, celui-ci est influencé par les soutiens polonais à qui il aurait vendu la Russie afin de l'asservir et de la convertir au catholicisme. Mais ce nouveau stratagème échoue. Personne ne veut croire qu'un tsar puisse trahir la Sainte Russie. Ces échecs récurrents ne découragent pas pour autant les insurgés, qui décident d'exploiter à leur profit la désorganisation des services de sécurité durant les noces impériales, pour tenter un nouveau coup d'État. L'affluence populaire est telle que la garde rapprochée de Dimitri se laisse totalement déborder. Bien conscients de la grande popularité du tsar, Vassili Chouïski et ses acolytes fomentent un plan subtil, destiné à piéger tout le monde. Feignant d'adhérer à la ferveur populaire, ils proclament leur soumission au tsar et appellent le peuple à venir au Kremlin pour sauver le souverain menacé par un hypothétique complot polonais, bien sûr totalement imaginaire. Les gardes sont soudoyés et les portes du Kremlin grandes ouvertes, afin de laisser entrer le plus grand nombre. La gigantesque cohue qui suit permet aux comploteurs d'approcher le tsar et de l'assassiner. La foule, soigneusement

Élection de Michel Romanov au rang de tsar, en 1613.

abreuvée de vodka, est plus occupée à piller qu'à sauver son souverain. Sans aucune considération religieuse et sans plus de formalité, son cadavre est immédiatement incinéré et ses cendres tirées au canon vers la Pologne. L'ennemi est ainsi désigné. Ironie du sort, Vassili Chouïski est couronné, mais aussitôt renversé, devant aussi combattre un nouveau faux Dimitri. Il faudra encore sept années de soubresauts épiques avant que la Russie ne parvienne, en proclamant Michel Romanov tsar, à surmonter ses démons.

Grigori demeurera le tsar Dimitri II pour l'éternité. Car bien qu'il soit communément admis aujourd'hui que Grigori Otrepiev était un imposteur, bien des questions demeurent. Où et quand est née une telle imposture ? Qui en étaient les conspirateurs ? Sur quels critères ont-ils choisi Grigori ? Ses soutiens russes et polonais étaient-ils vraiment désintéressés ? Toutes ces questions trouvent partiellement des réponses. Toutefois cette mascarade est avant tout le miroir grossissant de la formidable descente aux enfers de l'État russe et de son peuple, car l'épopée de Grigori n'est pas un cas isolé et sera, du XVIIe au XIXe siècle, suivie de beaucoup d'autres. Comme le rapportera l'un des plus grands historiens russes du XIXe siècle, Vassili O. Klioutchevski : « Le succès du premier faux Dimitri a fait de l'imposture une maladie chronique de l'État : depuis lors et quasiment jusqu'à la fin du XVIIIe siècle, il n'est guère de règne qui se soit passé de l'imposture ». Ces imposteurs profiteront des faiblesses structurelles de l'État russe, comme la survivance du servage et des difficultés des Romanov à assurer des successions sereines, comme celles de Pierre, d'Élisabeth ou de Catherine, pour s'imposer auprès d'une population malmenée, mais toujours fidèle au mythe utopique, viscéralement ancré dans la psyché russe, du « tsar libérateur ».

LA MYSTÉRIEUSE DISPARITION DE **SAINT-EXUPÉRY**

Le 31 juillet 1944, à 8h45, aux commandes d'un P-38 Lightning 223, Antoine de Saint-Exupéry s'apprête à décoller du terrain de Poretta, à Borgo, près de Bastia. La météo est excellente. Bien que non inscrit sur le tableau des vols, il a insisté pour décoller, comme à son habitude. Cap sur la vallée du Rhône, Annecy et retour par la Provence. La mission ? Une reconnaissance photographique en vue du débarquement en Provence, prévu pour le 15 août. Le pilote est seul dans l'étroite carlingue. Son avion n'est pas armé et dispose de seulement six heures de carburant. Duriez, le responsable de l'opération, aperçoit le commandant lui adresser un petit geste de la main, puis le mécanicien retire les cales qui bloquent les roues. Libéré, l'avion va se placer en cahotant au bout de la piste. Quand Saint-Exupéry décolle, Duriez ne se doute pas qu'il sera l'un des derniers à le voir en vie.

Compte tenu des distances entre le nord de la Corse et le continent, Saint-Exupéry aurait dû être de retour pour 12h. Mais à 12h30, pas de Lightning en vue. Les écrans du contrôle radar ne signalent rien. Les heures passent. Très inquiet, le colonel René Gavoille, son supérieur, fait les cent pas. À 14h, toujours aucun signe de vie du pilote. À 14h30, heure à laquelle l'avion est théoriquement à court de carburant, il faut bien se rendre à la terrible évidence... En temps de guerre, il est impossible d'effectuer des recherches. « Saint-Ex » est officiellement porté disparu. À son retour, Gavoille devait lui annoncer que le débarquement était imminent : il s'agissait donc de sa dernière mission de reconnaissance ! Dans le journal de Marche de la 1ère escadrille du groupe 2/33, à la date du 1er août 1944, on peut lire ceci : « Un bien triste

Antoine de Saint-Exupéry (1900-1944).

événement vient ternir la joie que tous éprouvaient à l'approche de la victoire : le commandant Saint-Exupéry n'est pas rentré. Nous perdons en lui, non seulement notre camarade le plus cher, mais celui qui était pour nous tous un grand exemple de foi. S'il était venu partager nos risques malgré son âge, ce n'était pas pour ajouter une vaine gloire à une carrière déjà magnifiquement remplie, mais parce qu'il en sentait, pour lui-même, le besoin. Saint-Exupéry est de ces hommes qui sont grands devant la vie, parce qu'ils savent se respecter eux-mêmes. Bien sûr, nous avons tous le grand espoir de le revoir bientôt ; le destin ne dispose pas d'un homme armé d'une expérience de sept mille heures de vol et qui a résisté à tant de coups durs. Il peut être posé en Suisse ou camouflé dans le maquis savoyard, si même il est prisonnier, ce n'est plus pour bien longtemps. Mais nous pensons tous à cette joie qu'il n'aura pas de rentrer en France libérée avec nous ».

Quand il disparaît, Saint-Exupéry est un écrivain reconnu, plusieurs de ses ouvrages ont rencontré un grand succès. Né en 1900 dans une famille aristocrate désargentée, troisième de cinq enfants, il reçoit une formation classique dans des pensionnats catholiques. Élève rêveur, indiscipliné et irrégulier, il est pourtant bachelier à dix-sept ans. Échouant au concours d'entrée à l'École navale, il va se consacrer à l'aviation, sa vraie passion. À douze ans, émerveillé, il reçoit son baptême de l'air et le soir même, rédige un poème à la gloire de l'aéronautique. Durant la Première Guerre mondiale, l'adolescent vibre aux exploits de Guynemer et de Fonck. En 1921, lors de son service militaire, il signe son premier exploit en s'emparant, sans autorisation, d'un appareil pour effectuer un vol solitaire. Cette tête brûlée obtient très vite son brevet de pilote, devient caporal, puis sous-lieutenant de réserve et décide de s'engager dans l'armée de l'air. Saint-Exupéry cherche un sens à sa vie. Les protestations de la famille de sa fiancée, Louise de Vilmorin, l'en empêchent. Mais la vie de bureau ne réussit pas à l'éloigner des terrains d'aviation bien longtemps, et il préférera rompre ses fiançailles.

À l'automne 1926, engagé par la société d'aviation Latécoère, il va participer à l'ultime épopée de l'Histoire de l'aviation. Sous la houlette de Didier Daurat, il devient responsable des premiers long-courriers vers l'Afrique et l'Amérique du Sud. En 1927, il est nommé chef d'escale à Cap Juby, dans le Sud marocain, l'actuel Sahara occidental. Une escale aussi dangereuse que vitale, sur la ligne Casablanca-Dakar. À plusieurs reprises, Saint-Exupéry secourt des aviateurs tombés en panne dans le désert ou captifs des Maures. Et quand vient le soir, il écrit. Désormais ses livres baliseront son aventureuse trajectoire, comme pour tenter d'en fixer les mouvantes vicissitudes et d'en exprimer la poésie. Alors que son premier roman, *Courrier Sud*, vient juste de paraître chez Gallimard, et qu'il est nommé chevalier de la Légion d'honneur pour ses exploits de Cap Juby, l'année 1930 s'achève par un inattendu coup de foudre, en la personne d'une jeune veuve d'origine salvadorienne rencontrée à l'Alliance française de Buenos Aires, Consuelo Suncin Sandoval, qui devient aussitôt sa muse et sa femme. En 1931 est publié *Vol de nuit*, dont l'action, largement autobiographique, se déroule en Amérique du Sud, où Saint-Exupéry a contribué à mettre en service les lignes reliant l'Argentine à la Patagonie, en compagnie de Didier Daurat, qui lui inspirera le personnage de « Rivière ». Le 30 décembre 1935, alors qu'il tente de battre le record Paris-Saigon, son avion s'écrase à la frontière de la Libye et de l'Égypte. Durant trois jours, Saint-Exupéry erre dans le désert avant d'être sauvé par un Bédouin. Ce grave accident, le quatrième de sa carrière, lui inspirera le début du *Petit Prince*, qui paraîtra en 1943, illustré par lui-même.

Antoine de Saint-Exupéry et sa femme Consuelo Suncin Sandoval, vers 1935.

Atterrissage d'urgence de Saint-Exupéry dans le désert lybique.

En 1938, alors qu'il tente un raid entre New York et la Terre-de-Feu, son avion s'écrase au Guatemala. Il reste cinq jours dans le coma et manque de rester paralysé, mais nul ne saurait l'arrêter. Tout juste occupera-t-il sa convalescence à la rédaction de *Terre des Hommes*, qui paraît en février 1939, à la veille de la Seconde Guerre mondiale.

Grand Prix du Roman de l'Académie française, chevalier de la Légion d'honneur, Saint-Exupéry aurait pu choisir de demeurer à l'écart du conflit, auprès de son épouse et de ses amis artistes confortablement exilés aux États-Unis. Mais c'était sans compter sur son tempérament frondeur. Profondément choqué par le nazisme découvert lors d'un voyage d'observation à Berlin, il brûle de s'engager. D'abord déclaré inapte au service actif, il est affecté comme instructeur dans une escadrille de reconnaissance aérienne. Après l'armistice, il quitte temporairement la France pour New York, où l'écriture sera plus que jamais un nécessaire exutoire. Au départ plutôt favorable à Pétain – qui lui semblait représenter la continuité de l'État – et méfiant envers le général de Gaulle, Saint-Exupéry s'imagine qu'il est possible de réconcilier les factions opposées. Un souhait anachronique, à l'aube d'un affrontement général entre les Alliés et les forces de l'Axe. Le 15 mars 1943, il reçoit enfin sa feuille d'embarquement pour l'Afrique du Nord. En mai 1943, il se rend à Alger et multiplie les contacts pour servir de nouveau dans le groupe de reconnaissance où il a déjà fait ses preuves. Malgré sa détermination, les Alliés le jugent incapable de piloter un avion de combat moderne. Mais il s'obstine et, grâce à l'appui du commandement français en Afrique du Nord, il reprend du service.

Après plusieurs crashes et divers incidents, étant donné son âge – passé trente-cinq ans, un pilote n'est plus autorisé à voler – et son mauvais état de santé général, il est mis « en réserve de commandement ». Il séjourne alors au Maroc et en Algérie, où, au printemps 1944, à force d'insistance et grâce à sa réputation, il obtient l'autorisation de rejoindre le prestigieux groupe 2/33 basé à Alghero, en Sardaigne, puis à Borgo en Corse. Lors de sa sixième mission, le 29 juin 1944, jour de son 44e anniversaire, il est menacé de suspension pour s'être égaré au-dessus des Alpes et avoir oublié de déclencher son signal d'identification radio. À son actif, il compte pas moins de huit missions émaillées de pannes et d'incidents en vol, à bord d'un P-38 Lightning (avion à double fuselage, très perfectionné et pouvant voler jusqu'à 700 km/h, mis au point aux États-Unis). La neuvième lui sera fatale. Le 31 juillet, à 8h45 du matin, Saint-Exupéry décolle aux commandes de son P-38 Lightning 223. Il ne rentrera jamais à la base. Dans les jours qui suivent sa disparition, la radio allemande ne fait aucune annonce pouvant laisser entendre que son Lightning a été abattu par un chasseur de la Luftwaffe. À Alger, une rumeur insinue que Saint-Exupéry a atterri à Vichy. Sa disparition serait en fait une trahison camouflée... Des proches avancent, quant à eux, qu'il a été victime d'un acte de sabotage. Le pilote est aussi soupçonné de s'être suicidé. Acte désespérément romantique, que les quelques lignes écrites, la veille de son dernier vol, permettent d'interpréter dans ce sens : « Si je suis descendu, je ne regretterai absolument rien. La termitière future m'épouvante. Et je hais leurs vertus de robots. Moi, j'étais fait pour être jardinier ».

Les années passent jusqu'à ce que son éditeur et ami, Gaston Gallimard, reçoive une lettre, en mars 1948, émanant d'un ancien officier de renseignement de la Luftwaffe, devenu pasteur. Le 31 juillet 1944, Hermann Korth se souvient avoir reçu un message signalant qu'un P-38 Lightning avait été abattu en Méditerranée par un Focke-Wulf 190. Après avoir mené une enquête minutieuse sur les dernières heures de Saint-Exupéry, le docteur Georges

Pélissier a cependant démontré que le Lightning en question était celui d'un pilote américain, et non celui de Saint-Exupéry. En 1972, dans une revue allemande, est publiée la lettre qu'un jeune aspirant de la Luftwaffe, Robert Heichele, avait écrite à un ami, affirmant avoir fait feu, le 31 juillet 1944, sur un Lightning depuis son appareil, un Focke-Wulf 190. Heichele ayant à son tour été abattu en août 1944 et la lettre ayant disparu, ce « témoignage » posthume paraît d'autant plus suspect, qu'en juillet 1944, aucun Focke-Wulf 190 ne se trouvait sur le front méditerranéen. Dans les années 1990, une habitante de Carqueiranne se souvient avoir vu, le jour fatidique, le Lightning se faire abattre. Le corps d'un soldat rejeté par la mer aurait été enterré anonymement dans le cimetière de la commune. Des tests ADN permettraient de savoir s'il s'agit bien du corps de Saint-Exupéry, mais certains membres de la famille, comme c'est leur droit, s'opposent à cette exhumation. Le 7 septembre 1998, près de l'île de Riou, un pêcheur remonte dans son chalut une gourmette gravée au nom de Saint-Exupéry. Certes, des photos d'époque le montrent portant une gourmette, mais aucun témoignage ne permet de confirmer ou d'infirmer la présence de ce bijou au poignet du pilote le jour de sa disparition. Selon le chercheur Philippe Castellano, Saint-Exupéry se serait abîmé dans le secteur où cette gourmette a été découverte, et un morceau d'avion P-38 Lightning a été aperçu, par cent à cent quarante mètres de profondeur, dans la zone de Marseille-Bandol, pourtant explorée sans résultat par la Comex, – Compagnie maritime d'expertise – sous la direction d'Henri-Germain Delauze. Parallèlement, un autre chercheur, Patrick Ehrhardt, situe la disparition de Saint-Exupéry dans les Alpes. Une démonstration qui ne peut pas être complètement écartée, puisque la preuve de la gourmette reste en suspens, tant que l'authenticité de ce bijou n'a pas été confirmée par une analyse irréfutable.

Depuis 1945, plusieurs épaves de Lightning ont été retrouvées en Méditerranée. Chaque fois, avant identification précise, resurgit le spectre de Saint-Exupéry. En 2000, au large de Marseille, les

Antoine de Saint-Exupéry,
aviateur et écrivain français.

débris d'un Lightning sont repérés. Remontés à la surface, ces éléments sont formellement identifiés, le 7 avril 2004, grâce au numéro de série. La simulation informatique de l'accident, à partir des pièces déformées, montre que l'avion est tombé en piqué, à grande vitesse. Mais rien ne permet d'éclaircir définitivement les causes exactes de la mort de Saint-Exupéry et le champ des hypothèses reste ouvert. Selon les experts, Saint-Exupéry a pu être victime d'une panne d'inhalateur ayant entraîné un malaise, théorie fatale à trente mille pieds d'altitude, d'un nouvel accident technique dont il devenait coutumier, ou plus vraisemblablement d'un tir de DCA – Défense Contre Avion. En effet, selon le colonel Gavoille, qui s'est confié au docteur Pélissier, Saint-Exupéry, affaibli par les nombreuses fractures et blessures qui le faisaient terriblement souffrir en altitude, s'était résigné à éliminer la surveillance du ciel qui l'aurait obligé à des mouvements exténuants. Il est donc envisageable qu'il se soit laissé surprendre par un avion allemand. En mars 2008, un ancien pilote de la Luftwaffe, Horst Rippert, a affirmé dans le journal *La Provence* avoir abattu un avion de type P-38 Lightning, le 31 juillet 1944, dans la zone précise où manœuvrait Saint-Exupéry. Ce témoignage est cependant mis à mal, encore une fois, par bien des incohérences.

Tous les amis aviateurs de Saint-Exupéry s'accordèrent à penser qu'il avait trouvé ainsi, en vol, la mort dont il rêvait. Fidèle à Mermoz et Guillaumet, dont la trace s'est perdue à jamais, il a emporté avec lui son dernier mystère. Un mystère qui ne sera peut-être jamais résolu, mais qu'importe, puisque « L'essentiel est invisible pour les yeux ». Bien avant la guerre, une voyante l'avait pourtant mis en garde : « À partir de quarante ans, méfiez-vous des avions que vous piloterez ».

L'ÉTRANGE DESTIN DE
LADY HAMILTON

Étonnant destin que celui de Lady Hamilton, qui atteignit les plus hauts sommets du luxe et de la renommée, pour finalement redescendre là où tout avait commencé, dans les plus profonds abîmes de la misère. Fille d'un modeste forgeron et d'une domestique, Emma Lyon est née le 26 avril 1765 au nord du pays de Galles. Elle est placée comme gouvernante chez le beau-frère du célèbre graveur Boydell, à seulement treize ans, sa mère étant devenue veuve. Trois ans plus tard, bien qu'illettrée, mais décidée à prendre une revanche sur sa modeste condition, elle part tenter sa chance à Londres, où elle entre au service d'un mercier, avant d'être engagée comme femme de chambre chez une aristocrate qui la congédie rapidement. Qu'à cela ne tienne, Emma devient serveuse dans une taverne, lieu bigarré où se donnent rendez-vous acteurs, musiciens et peintres – plus tard, elle affirmera avoir toujours réussi à préserver sa vertu, en dépit des multiples sollicitations, plus ou moins pressantes, reçues dans ce lieu de perdition. Lorsque l'un de ses cousins, un jeune marin, se fait arrêter à la suite d'une rixe, Emma court demander sa grâce au futur amiral John Willet Payne, qui commande alors le port. Touché par l'extrême beauté d'Emma, John Willet libère le prisonnier, et fait de la jeune femme sa maîtresse. Conscient de ses dispositions intellectuelles certaines, il engage pour elle des précepteurs chargés de l'instruire. Après quelques années d'une liaison mouvementée, John Willet, dont la passion semble s'être érodée, laisse Emma s'acoquiner avec un chevalier, un certain Featherstonehaugh, qui enlève la jeune femme dans son manoir du Sussex. Mais au bout d'un mois, c'est la rupture et Emma rejoint Londres où elle doit se résoudre à vivre d'expédients et dit-on, de ses charmes. Elle est alors remarquée par un charlatan, célèbre dans toute

Portrait de Lady Hamilton au chapeau de paille.
Peinture de George Romney (1734-1802).

l'Angleterre, le docteur Graham, inventeur de la mégalanthropogénésie ! Il la fait poser sous le nom « d'Hygie, déesse de la santé », à peine revêtue d'une gaze, qui dévoile plus qu'elle ne la cache, sa plastique irréprochable. Des peintres et des sculpteurs ne tardent pas à prendre cette nouvelle divinité pour modèle.

Sir William Hamilton (1730-1803).
Peinture de D. Allan, NPG, Londres.

Mais Emma, qui n'a pas renoncé à son désir d'ascension sociale, gagne le cœur de Charles Francis Greville, le jeune frère du comte de Warwick. Cet homme d'esprit et de grande culture présente la jeune femme au peintre George Romney, dont elle devient le modèle pendant près de dix ans. Plus d'une cinquantaine de tableaux témoignent d'Emma dans des costumes divers : Cassandre, Circé... Très amoureux, Greville est désireux d'épouser Emma, mais son oncle, Sir William Hamilton, ambassadeur britannique à Naples, s'oppose à une telle mésalliance avec une « catin de la plus basse extraction ». Pressentant le danger, Sir Hamilton se rend à Londres pour l'en dissuader. À peine l'oncle a-t-il rencontré Emma, qu'il conçoit pour elle une passion encore plus vive que celle de son neveu ! De subterfuges en artifices, la belle parvient à se rendre indispensable, et à son tour, Sir Hamilton lui propose le mariage, assorti cette fois d'une clause particulière : que Greville renonce à toute prétention sur Emma, en échange de quoi, l'oncle acceptera de payer l'ensemble des dettes contractées par son neveu ! Le mariage d'intérêt plus que d'amour – où l'une trouve un statut et l'autre un faire-valoir – a lieu le 6 septembre 1791, à Saint George's Hanover Square à Londres. Emma porte désormais le nom de Lady Hamilton et ne semble pas attristée d'avoir quitté son jeune amant. D'ailleurs, ne l'a-t-il pas « vendue » sans aucun scrupule ? À Naples, elle fait de la riche demeure de Sir Hamilton un lieu de fêtes où se pressent artistes et savants, dont l'ambassadeur, en esthète averti, encourage les travaux. Les drapés mythologiques lui allant à merveille, Emma donne libre cours à sa passion du déguisement. Ainsi apparaît-elle en bayadère, en almée, figurant Hélène, Didon, Aspasie... Elle invente même une danse voluptueuse, le schall, qui sera reprise sur la scène de certains théâtres londoniens.

Lady Hamilton, ici dans quatre poses.
Gravure d'après George Romney.

Emma est une héroïne née, et son destin va s'accélérer. Présentée à la cour du roi Ferdinand Ier des Deux-Siciles, elle noue un lien particulier avec la reine Marie-Caroline, dont elle devient la confidente. Emma n'hésite pas à influencer parfois les décisions que prend la souveraine, véritable dirigeante du royaume, le roi préférant la chasse et la pêche aux affaires de l'État. Cette confiance va néanmoins avoir des conséquences dramatiques. Dans un contexte particulièrement tendu, qui voit l'Angleterre menacer le commerce espagnol, Charles IV d'Espagne écrit à son frère Ferdinand Ier, une lettre pour se plaindre des procédés déloyaux dont la Grande-Bretagne use à son égard. Aussitôt, la reine Marie-Caroline s'empresse de montrer cette lettre à Emma, laquelle en rapporte le contenu au gouvernement anglais. La réplique ne se fait pas attendre. Sans aucune déclaration de guerre, l'Angleterre envoie aussitôt une offensive, contre les navires franco-espagnols.

Portrait de l'amiral Horatio Nelson (1758-1805).
Musée national maritime, Greenwich.

En 1798, Sir Horatio Nelson, commandant du vaisseau « L'Agamemnon », est chargé d'observer et de combattre la flotte française qui s'apprête à quitter Toulon pour l'Égypte. Venu solliciter auprès de l'ambassadeur un renfort militaire, il se voit contraint de faire escale à Naples, où il rencontre la délicieuse Lady Hamilton dont il tombe aussitôt sous le charme. Un coup de foudre réciproque autant que fulgurant, pourrait-on dire, dont Sir Hamilton, qui voue une grande admiration à Nelson, feint de ne pas s'apercevoir. Désormais retenu à Naples par cette nouvelle sirène, l'amiral Nelson laisse malencontreusement Bonaparte, qui cingle vers l'Égypte, s'emparer de Malte. Honteux de l'avoir laissé filer ainsi, Nelson se lance bientôt à la recherche de la flotte française, qu'il finit par rejoindre dans la rade d'Aboukir, le 1er août 1798, avant de la détruire à la suite d'une manœuvre d'une audace inouïe.

Après des années de lutte sans merci - cela fait cinq ans qu'il est sur les mers - Nelson rentre retrouver sa maîtresse à Naples, où il est accueilli en triomphateur par la foule venue l'acclamer sur le port. Cependant, ses exploits ont prématurément vieilli l'amiral, qui est désormais aveugle d'un œil, manchot et opiomane, pour faire passer la douleur qu'il ressent dans son moignon. Emma s'évanouit d'effroi lorsqu'elle retrouve son héros. Puis, se reprenant, elle l'héberge dans le palais de son mari. Pour célébrer son anniversaire, elle organise une fête où se pressent plus de mille huit cents invités. Au cours de ces réjouissances, le vieux Sir William Hamilton laisse libre champ à sa jeune épouse, qu'il semble même encourager dans cet adultère. Des agapes lourdes de conséquences, puisque les Français en profitent pour se rapprocher dangereusement de Naples. La joie fait place à la consternation et la famille royale doit fuir pour la Sicile. Le peuple s'opposant à ce départ, c'est le 22 décembre 1798 que le roi et sa suite sont évacués par Nelson vers Palerme. Sir Hamilton et son épouse sont de la traversée.

Quand les Français battent en retraite, la cour de Ferdinand Ier revient à Naples avec la flotte anglaise. Une terrible répression s'abat alors sur tous ceux qui avaient pris le parti des Français. Lady Hamilton, à cette occasion, n'use pas de son influence pour tempérer les représailles contre les patriotes napolitains. Au contraire, elle profite de cette épuration pour se débarrasser de certains de ses ennemis. Une fois la rébellion écrasée, les fêtes reprennent de plus belle. Quand elle ne festoie pas, Lady Hamilton s'occupe des affaires diplomatiques normalement dévolues à son mari, celui-ci préférant s'adonner au trafic d'objets d'art, antiquités étrusques, grecques et romaines qu'il recèle dans son palais.

Le gouvernement anglais finit par rappeler à Londres son ambassadeur, ainsi que l'amiral Nelson. Lady Hamilton est du voyage. Une fois en Angleterre, elle déchante vite car Nelson est marié et son épouse se montre bien moins tolérante que le vieil Hamilton. Emma doit désormais mener deux vies : l'une officielle, en tant qu'épouse et l'autre dans l'ombre, en tant que maîtresse. Le 3 janvier 1801, elle donne pourtant naissance à une fille, Horatia Nelson. À cette époque, elle occupe une petite maison située à Merton. Des lettres retrouvées d'Emma, datant de cette période allant de 1801 à 1809, donnent une vision fidèle de l'amour ardent qu'elle voue à Nelson. Ainsi, quand elle songe aux dangers qu'il affronte, écrit-elle : « Notre anxiété au sujet de la flotte nous tue, faites mon Dieu que nous ayons des nouvelles de lui, pour moi, je suis morte d'inquiétude ». Son attitude à l'égard de la carrière navale de Nelson oscille

entre son désir de le voir tout abandonner : « Je veux que mon Nelson quitte ce sale travail », et une profonde fierté : « Son âme grande et glorieuse ne supporte pas de perdre un instant de vue ces diables de Français et j'espère, pour la tranquillité de son esprit, qu'il leur mettra une raclée, alors il sera heureux ». Elle déplore aussi que le gouvernement n'honore pas ses exploits : « C'est provoquant et décourageant de voir des hommes de rien recevoir des honneurs, alors que pour Nelson, il n'y a pas de justice, qu'ils aillent au diable, ça me rend malade ».
Certaines lettres témoignent du fait que Nelson et les Hamilton formaient un ménage à trois étonnamment paisible : « Madame Nelson est partie à l'église, Lord Nelson et votre humble servante écrivent et Sir William est à la pêche, ainsi chacun fait ce qu'il lui plaît. » (septembre 1801). Mais Emma laisse éclater sa jalousie envers Lady Nelson, « cette méchante mésange bleue, (sa) plus grande ennemie (...) fausse, sournoise ». Alors qu'elle nourrit une admiration sans bornes pour celui qu'elle appelle « son héros », Nelson la lui rend bien : « Il m'écrit des choses plus tendres, plus gentilles que jamais, il me dit qu'il m'apporte un cœur tout à moi et moi j'ai plus que jamais le plaisir exquis d'être aimée par un tel ange ». Lady Hamilton entretient cette passion en n'hésitant pas à échauffer la jalousie de Nelson. Quand, après la mort de son mari, en 1803 , elle reçoit trois offres de mariage venues d'un ami, d'un comte et du second fils d'un vicomte, elle fait suivre les lettres et les propositions à son Horatio.
Nelson reprend pourtant la mer. Le plus farouche des artisans de la chute de Napoléon va alors infliger une défaite écrasante aux escadres françaises et espagnoles, à Trafalgar, le 21 octobre 1805. Mais au cours de la bataille, vers 13h15, il est grièvement blessé. Perché en haut d'un mât du « Redoutable », un fusilier français a facilement repéré, malgré la fumée qui enveloppe le pont du « Victory », une frêle silhouette dont la manche droite de la vareuse constellée de décorations est rattachée au gilet. La balle frappe Nelson à l'épaule gauche, lui traverse le poumon et lui rompt la colonne vertébrale.

Il est transporté dans de grandes souffrances sur l'entrepont où le chirurgien Beatly tente l'impossible. Alors qu'il agonise, le capitaine du vaisseau, Hardy, vient le voir à deux reprises pour l'informer du déroulement de la bataille. Nelson sent qu'il va mourir. Ses dernières paroles vont à Emma et à leur fille : « N'oubliez pas, je lègue Lady Hamilton à mon pays. Et ma petite Horatia. J'ai soif. À boire. Grâce à Dieu, j'ai fait mon devoir ». Il meurt vers 16h30, sûr que les Britanniques ont remporté la victoire. Amère victoire ! Certes, les Français et les Espagnols sont vaincus, mais la mort de Nelson est une immense perte pour son pays. Après des funérailles d'une ampleur exceptionnelle, il est enterré à Westminster.

À la mort de Nelson, son frère William hérite de ses titres et le gouvernement lui accorde une fortune appréciable. Lady Hamilton, quant à elle, bien que recommandée aux bons soins de la nation par son héros, ne reçoit rien. Un sort d'autant plus injuste que, du vivant de l'amiral, Lady Hamilton avait entretenu, à ses frais, la fille de William Nelson, et l'avait même chaperonnée dans la haute société, payant aussi l'éducation, à Eton College, du fils de William, Horatio. Abandonnée de tous, Emma se trouve réduite à vivre chichement, gardant l'espoir que l'État lui accordera un jour sa légitime demande d'assistance. Hélas, cette aide ne viendra jamais. En 1815, Lady Hamilton, profondément endettée, et devant fuir ses créanciers britanniques, se réfugie à Calais où elle meurt, quelques mois plus tard, dans des conditions misérables, indignes de son fabuleux destin. La mémoire de cette héroïne romanesque passera cependant à la postérité en 1941, sous les traits de la jeune et resplendissante Vivien Leigh, dans un film à la portée romantique, *Lady Hamilton,* d'Alexander Korda et dont le parallèle fort à propos entre Hitler et Napoléon ravivera la flamme patriotique des Britanniques : « On ne traite pas avec les dictateurs, on les balaie ». On comprend mieux pourquoi il deviendra le film culte de Winston Churchill !

MADAME STEINHEIL

COURTISANE OU MEURTRIÈRE ?

Le 17 février 1899, le président de la Chambre des députés, Paul Deschanel, annonce aux représentants de la nation la mort subite du président de la République, Félix Faure, décédé la veille d'une « congestion cérébrale foudroyante ». Au sein de l'hémicycle, chacun affiche une dignité contenue à l'annonce de la tragique nouvelle. Mais dans les couloirs du palais Bourbon, on a plutôt tendance à se pousser du coude en étouffant des rires grivois : il semblerait que le Président ait connu une fin qui, dit-on, siérait particulièrement bien à son prénom, Félix (« le bienheureux » en latin). Dans la salle des pas perdus, on échange des anecdotes croustillantes sur les derniers instants du Président. Véritable lapsus ou bon mot de chansonnier, une anecdote rapporte que l'abbé appelé sur les lieux pour administrer l'extrême-onction au Président Faure aurait demandé à un huissier qui se trouvait sur place : « Le Président a-t-il encore sa connaissance ? ». « Non, elle est partie par l'escalier ! » aurait naïvement répondu l'homme. De cette femme au charme vénéneux, il reste une statue dans un salon du Sénat – Jean Hugues, *La Muse de la Source*, statue en marbre et bronze, 1911 – qui est supposée porter chance à ceux qui lui caressent le sein gauche, ce qui ne fut pas le cas de tous ceux qui approchèrent la dame de son vivant...

Félix Faure, au pouvoir depuis quatre ans, est réputé pour être un libertin forcené. On raconte même que les adjuvants qu'il utilise pour améliorer ses prouesses auprès des dames ont sans doute précipité sa fin. « Félix Faure est retourné au néant, il a dû se sentir chez lui », commente avec sa férocité légendaire Georges Clemenceau, grand adversaire politique du Président, à qui il reproche notamment son hostilité à une

Portrait de Marguerite Steinheil (1869-1954).

révision du procès Dreyfus. Dès le lendemain, la presse s'empare de cette peu glorieuse affaire de mœurs, révélant dans *Le Journal du peuple* que le Président « est mort d'avoir trop sacrifié à Vénus ». Les chansonniers rapportent ce bon mot, qu'on attribue parfois à Clemenceau, encore lui : « Il s'est voulu César, il est mort Pompée ». La disparition de Félix Faure, coïncidant avec l'influence grandissante des organes de presse, inaugure une nouvelle ère médiatique, qui voit – ne leur en déplaise – les affaires privées des dirigeants bien plus largement exposées qu'auparavant.

Personne ne connaît l'identité de cette femme que Félix Faure a appelée, ce 16 février 1899, lui demandant de le rejoindre en fin d'après-midi dans le salon bleu de l'Élysée, où il avait l'habitude de recevoir ses conquêtes féminines. Quelques heures plus tard, Blondel, le secrétaire du Président, entendant un râle inquiétant, se précipite dans le salon, accompagné d'un huissier. Le Président dévêtu se trouve allongé sur le sol, et une jeune femme visiblement choquée remet ses vêtements à la hâte. Cette femme, c'est Marguerite Steinheil, une jeune mondaine de trente ans. Avant de devenir la « connaissance » du Président, deux ans auparavant, la jeune femme – mariée depuis neuf ans au peintre Alphonse Steinheil, qui a dix-neuf ans de plus qu'elle – a déjà une place éminente dans la société intellectuelle de son temps. Son salon, au 6 bis, de l'impasse Ronsin, dans le XVe arrondissement de Paris, est fréquenté par le Tout-Paris : Gounod, Zola, Massenet, Coppée, Loti s'y pressent afin de profiter de la compagnie de cette jeune femme vive et spirituelle qui, malgré son mariage malheureux, trouve bien des consolations dans cette vie mondaine agitée. Grâce à son entregent et à son charme, elle réussit à attirer l'attention du Président Félix Faure, qui se prend soudain de passion pour les œuvres de son mari. Il fait ainsi une importante commande, pour le compte de l'Élysée, dont le titre résume à merveille le style éminemment pompier de l'artiste : *La remise des décorations par le président de la République aux survivants de la Redoute brûlée...*

La presse, qui connaît désormais l'identité de la jeune femme, choisit pourtant de ne pas la divulguer. L'affaire reste du domaine de la grivoiserie ; il n'y a guère que la *Libre Parole*, journal antisémite d'Édouard Drumont, pour prétendre que le Président a succombé à un empoisonnement perpétré par une gourgandine à la solde des dreyfusards. Un brûlot toujours actif, puisque deux jours seulement après la mort de Félix Faure, l'élection de son successeur, Émile Loubet, par la Chambre réunie en congrès à Versailles, reçoit un accueil houleux. Le nouveau président, connu pour ses sympathies dreyfusardes, est conspué par des agitateurs qui hurlent : « Loubet, élu des Juifs ! »

Mort du Président Félix Faure.
Illustration du « Petit Journal »
du 26 février 1899.

Toujours est-il que malgré la mort tragique du Président, Marguerite Steinheil – « Meg », comme l'appellent ses nombreuses connaissances – ne s'astreint pas pour autant à une vie retirée. Elle poursuit ses relations avec de nombreuses personnalités, d'Aristide Briand à Édouard VII, et aussi avec un mystérieux Allemand, qui aurait entrepris de lui racheter perle par perle un collier offert par Félix Faure. En février 1908, elle devient la maîtresse d'un puissant industriel des Ardennes, Borderel. Son mari, au fait des infidélités de sa femme, ne paraît pas en prendre ombrage : après tout, les riches fréquentations de sa femme lui offrent un train de vie confortable. Maître Lombard, avocat de renom et grand amateur d'art, résumera parfaitement cet arrangement tacite entre les époux : « Elle monnaie des charmes évidents pour placer une production plus discutable ». Marguerite Steinheil semble bel et bien destinée à mener une vie de courtisane, dans la discrétion des coulisses du pouvoir.

Maison des Steinheil au 6 bis, impasse Ronsin, Paris XVe. Photographie de René Dazy.

Mais le 1er juin 1908, un incroyable fait divers s'étale à la une de tous les journaux. Le 31 mai, au petit matin, Rémi Couillard, le domestique de la famille Steinheil, descend de sa chambre située dans les combles et découvre, à l'étage de ses maîtres, toutes les portes entrebâillées. Dans la chambre de Marthe, la fille Steinheil absente ce soir-là, il trouve Madame Marguerite, bâillonnée et ligotée nue aux barreaux du lit, « miraculeusement épargnée par les assassins ». Dans la chambre voisine, deux cadavres gisent : celui d'Alphonse Steinheil, mort étranglé, et celui de sa belle-mère, Madame Émilie Japy, venue passer quelques jours chez sa fille, et qui semble avoir succombé à une crise cardiaque. Détail horrible, on retrouvera son propre dentier enfoncé dans sa gorge... Qu'a-t-il bien pu se passer, au cours de cette nuit tragique, dans cette maison bourgeoise de l'impasse Ronsin ? Lorsqu'elles découvrent les corps, les nombreuses forces de police dépêchées sur place constatent que sept mille francs ainsi que des bijoux ont été dérobés. Mais les bagues de Madame Japy, pourtant placées en évidence sur la table de chevet, sont encore là. Première invraisemblance qui met la puce à l'oreille du chef de la Sûreté, venu en personne enquêter sur cette délicate affaire. S'agit-il d'un simple vol de bijoux, ou a-t-on cherché à dérober, dans la maison des Steinheil, d'autres choses plus précieuses ? Il est vrai que les fréquentations de Marguerite lui ont donné accès à des dossiers de la plus haute importance. Aurait-elle conservé des copies de ces documents confidentiels, afin d'accroître son emprise sur ses illustres amants ? Interrogée, la rescapée livre une version des faits qui paraît pour le moins rocambolesque. Elle raconte avoir été réveillée par quatre personnes, dont trois hommes barbus, vêtus de blouses noires, « des Lévites », dira-t-elle, et

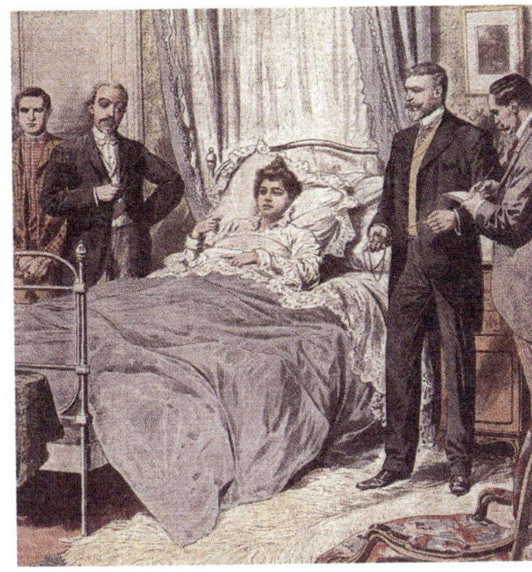

Marguerite Steinheil interrogée par les enquêteurs.

une femme aux cheveux roux. L'ayant éblouie d'une lanterne, ils lui auraient caché le visage d'un voile, et la menaçant d'un revolver sur la tempe, l'auraient obligée à révéler où se trouvaient argent et bijoux. Avant de s'évanouir, elle n'aurait qu'eu le temps d'entendre les cris d'agonie de sa mère… Les enquêteurs ont pourtant du mal à la croire. En effet, la soirée du 30 mai a été particulièrement pluvieuse. Or on n'a relevé aucune trace de boue à l'intérieur de la villa, ce qui rend l'effraction difficile à prouver. Très vite, les détails incohérents s'accumulent. Et on découvre que le récit de Marguerite Steinheil recoupe étrangement une affaire similaire qui s'est déroulée le 27 avril 1885 à Montbéliard, où une terrible agression a eu lieu à l'hôtel du Lion rouge. Un hôtel justement tenu par le grand-père de Marguerite, alors âgée de seize ans, mais qui ne semble pas, vingt ans après les faits, en avoir oublié les détails, jusqu'aux étranges tenues portées par les agresseurs !

La presse, qui s'empare de l'affaire, dévoile alors que c'était elle qui tenait compagnie à Félix Faure, neuf ans plus tôt, à l'heure de son décès. Annonce qui lui vaut le peu gracieux surnom de « la Pompe funèbre » ! Dans les rédactions parisiennes, comme dans l'opinion publique française, la culpabilité de Marguerite Steinheil, que la Sûreté protège pour éviter des révélations embarrassantes, semble avérée. Il est vrai que l'enquête piétine et ne permet pas de retrouver les mystérieux voleurs décrits par Marguerite. Pourtant, aussi incroyable que cela puisse paraître, c'est la veuve elle-même qui va relancer la machine judiciaire. Elle va en effet tenter de faire accuser son valet, Rémi Couillard, en glissant dans sa poche l'une des perles du célèbre collier présidentiel disparu la nuit du crime… Le brave domestique est cependant innocenté par un bijoutier qui confirme avoir vu Madame Steinheil porter ces perles après l'agression. Cette dernière désigne ensuite le fils de sa cuisinière alsacienne, Alexandre Wolff, comme étant coupable. Mais rebondissement de dernière minute : les enquêteurs découvrent que les bijoux censés avoir été volés ce soir-là ont été placés au mont-de-piété ! La police dispose enfin de pièces suffisantes pour incarcérer la veuve, qui, lors de son arrestation, le 4 novembre 1908, prend bien soin de défaillir au moment opportun, faisant preuve d'un sens certain du spectacle. Un talent qui se confirmera nettement lors de son procès, qui s'ouvre un an plus tard, le 3 novembre 1909, devant les Assises de la Seine. C'est peu de dire que Marguerite Steinheil fait une forte impression aux badauds qui se pressent, nombreux, dans la salle du palais de justice. À quarante ans, c'est encore une très belle femme, comme en atteste le portrait qu'en fait le jeune inspecteur de police Gustave Laurent : « Magnifiquement conservée, elle paraissait dix ans de moins, bien proportionnée, visage légèrement ovalisé, lèvres charnues, très belle denture, poitrine avantageuse, cheveux châtain foncé à reflets cuivrés, teint mat, grands yeux indescriptibles d'une mobilité étonnante, donnant au visage, pour les besoins de la cause, une expression angoissante, suppliante, effarouchée, étonnée ou énergique ».

Et il est vrai que Meg n'hésite pas à jouer de ses attraits pour convaincre de sa bonne foi les jurés et les journalistes présents au procès. Ces derniers sont subjugués : le grand Henri Rochefort la nomme « la Sarah Bernhardt des Assises ». Pour d'autres, elle est « la Bovary de Montparnasse », « la du Barry du XVe ». Bref, elle semble avoir trouvé là le plus beau rôle de sa vie, dont elle écrit elle-même les dialogues : « On n'accuse pas une femme d'avoir tué sa mère et son mari quand on n'en est pas sûr ! » ; ou encore, dans un élan touchant de mauvaise foi : « Je dis la vérité cette fois, je vous le jure… Mes variations, c'est la preuve de mon innocence ». Sa mythomanie n'a d'égal que son charme. Bref, elle parvient manifestement à toucher le coeur du jury masculin, arguant du fait qu'elle n'aurait certainement eu aucun intérêt à tuer sa propre mère. Et contre toute attente, l'argument fait mouche auprès de l'avocat général, Trouard-Riolle – dont la réputation de dandy mondain fait dire à certains qu'il a lui-même fait partie des « connaissances » de la belle Meg. Aussi, après un plaidoyer de six heures qui ne parvient pas à convaincre

Marguerite Steinheil est acquittée par le jury.

les jurés, abandonne-t-il l'accusation de parricide au profit de celle de complicité : « Complice de qui ? Je vous défie bien de le nommer ! ». Cette phrase prononcée par Marguerite Steinheil durant son procès permet de mesurer la duplicité de l'accusée. Le jour du verdict est à la hauteur du procès, un final éblouissant de théâtralité dont le souvenir marquera longtemps les esprits au Palais. À la question rituelle « Accusée, avez-vous quelque chose à dire pour votre défense ? », elle répond par un évanouissement de tragédienne. Deux heures plus tard, elle est acquittée, et quitte la salle sous les applaudissements de la foule, avant de s'évanouir une dernière fois, pour faire bonne figure, dans les bras des gardes.

Bien qu'elle ait affirmé, dès le lendemain, connaître l'identité des coupables aux journaux du matin, Marguerite Steinheil ne s'est jamais expliquée sur cette ténébreuse affaire, ni dans la presse, ni dans les *Mémoires* qu'elle a rédigés par la suite. Certains historiens avancent l'hypothèse d'un grand-duc de Russie : la seule certitude est qu'elle n'a pas pu agir seule ! La suite de sa vie défraiera moins la chronique : exilée à Londres, Marguerite épouse un baron anglais du nom d'Abinger – sans doute un peu téméraire – qui l'avait admirée lors de son procès. Elle mènera par la suite une existence si paisible que ce n'est que par quelques lignes que le décès de Lady Abinger, survenu le 18 juillet 1954, sera signalé dans la presse qui, en ingrate, a déjà oublié toute l'encre que la belle Meg lui avait permis de faire couler en son temps...

LES ROIS MAUDITS

MYTHE OU RÉALITÉ ?

Popularisée au XXe siècle par le célèbre romancier Maurice Druon, la saga des Rois maudits n'a jamais cessé de fasciner la mémoire populaire. Le roi Philippe IV le Bel, à l'origine de cette sombre dynastie, semble en effet avoir été bien mal inspiré en songeant à renflouer les caisses de l'État grâce au trésor des Templiers. La chasse aux sorcières qui s'en suivit et les supplices et mises à mort de tous les membres de l'Ordre provoquèrent la colère du grand maître, Jacques de Molay, qui prononça une malédiction funeste à l'encontre de ses accusateurs, au moment de brûler vif en place publique. Comment ne pas rapprocher cet événement terrible du décès prématuré et consécutif des personnes visées par cet anathème ? Le pape Clément V disparut en avril de l'année suivante, le roi Philippe le Bel, dans les six mois qui suivirent… Comment expliquer le sort dramatique connu par tous les héritiers du roi Philippe le Bel ? Se pourrait-il que la légende ait été supplantée par la réalité ?

Au début du XIIIe siècle, chassés de Palestine, les Templiers, d'abord réfugiés à Chypre, puis en France, se sont reconvertis en banquiers. Leur immense richesse et leur indubitable puissance vont pourtant contribuer à leur inévitable perte. En France, le roi Philippe le Bel est débiteur de l'Ordre, à qui il doit des sommes considérables. Pour capter cet argent, le roi,

Portrait de Philippe IV le Bel (1268-1314), roi de France.
Peinture de Jean-Louis Bezard, châteaux de Versailles et de Trianon.

Le pape Clément V et Philippe IV le Bel décident d'éliminer les Templiers, en 1307.
Gravure du XIXe siècle.

aidé de ses fidèles conseillers dont Guillaume de Nogaret, cherche à discréditer les Templiers et fait courir sur eux de folles rumeurs teintées de luxure, d'avarice et d'homosexualité. Le pape Clément V, à qui Jacques de Molay, grand maître de l'Ordre, demande de mettre fin à ces calomnies délétères, ne fera absolument rien pour les démentir. Et, à l'aube du vendredi 13 octobre 1307, Guillaume de Nogaret pénètre avec ses troupes dans la tour du Temple à Paris afin de mettre aux arrêts les cent trente-huit frères qui se laissent appréhender sans résistance. Dès le 14 septembre, le roi de France avait déjà fait arrêter les autres membres de l'Ordre disséminés dans tout le royaume, soit plus de trois mille personnes. La spectaculaire rafle est cependant menée dans le plus grand secret. Le roi, qui manque de preuves, charge ses hommes de main d'obtenir des aveux par tous les moyens. Guillaume de Paris, confesseur du roi, mais aussi Grand Inquisiteur, torture lui-même trente-sept chevaliers, s'acharnant particulièrement sur les plus récalcitrants. Aucun supplice ne leur est épargné. À Paris, le 12 mai 1310, cinquante-quatre Templiers sont condamnés à être brûlés vifs, ayant refusé d'abjurer et d'admettre s'adonner à la sodomie ou encore avoir commis des crimes hérétiques. C'en est fini de l'Ordre, lorsque Clément V ratifie sa suppression lors du concile de Vienne, en mars 1312, ainsi que la confiscation de tous ses biens au bénéfice de l'État !

Le 18 mars 1314, Jacques de Molay et Geoffroy de Charnay, maître de l'Ordre en Normandie, ainsi que deux autres chevaliers de l'Ordre, qui croupissaient eux aussi en prison depuis sept ans, sont amenés au portail de Notre-Dame pour connaître leur sentence : la détention à perpétuité. Mais comme le rapporte l'abbé de Verlot, au moment où la foule assemblée et les juges s'attendent à ce que Jacques de Molay confirme ses aveux, le grand maître recouvre son courage et s'écrie : « J'ai même passé la déclaration que l'on attendait de moi que pour suspendre les douleurs excessives de la torture et pour fléchir ceux qui me les faisaient souffrir (...) Je renonce de bon cœur à la vie qui ne m'est déjà que trop odieuse. Et que me servirait de prolonger de tristes jours que je ne devrais qu'à la calomnie ? » Bref, Jacques de Molay revient sur des aveux arrachés sous la torture. Geoffroy de Charnay confirme cette déclaration, tandis que les deux autres chevaliers, pour sauver leurs vies, maintiennent au contraire leurs « aveux ». Alerté, le roi convoque sur le

Exécution de Jacques de Molay, grand maître de l'ordre des Templiers et de plusieurs de ses compagnons à Paris. Chromolithographie, fin du XIXe siècle.

champ son conseil, et sans qu'un tribunal ecclésiastique ait été appelé à siéger, il fait aussitôt condamner à mort les deux récalcitrants.

Le soir même, un bûcher est dressé sur l'île aux Juifs, juste en face de la loggia royale de la tour de Nesles, bâtie à la pointe du jardin du palais du Louvre (aujourd'hui, l'endroit correspond au square du Vert-Galant, juste à l'Ouest de l'île de la Cité, à laquelle l'île aux Juifs fut rattachée sous Henri IV). Bientôt, une barge venue de la rive droite s'approche. En débarquent des hommes d'armes qui encadrent les deux condamnés, coiffés, en signe d'infamie, de la mitre en papier des hérétiques. À ce moment, « le roi de fer » et son conseil prennent place dans la loggia de la tour. Le bourreau et ses aides encapuchonnés de rouge font monter les suppliciés au sommet du bûcher pour les lier à leur poteau. Les deux chevaliers entonnent en chœur un cantique. Au signal donné par le Grand Inquisiteur, le bourreau enfonce dans un fagot le brandon d'étoupe enflammée. Les bûches s'embrasent et, rapidement, Geoffroy de Charnay, hurlant de douleur, est la proie des flammes. Le grand maître semble un moment épargné par le feu rabattu grâce au vent. Et soudain, dans les crépitements de l'atroce brasier, la voix de Jacques de Molay s'élève. Dans cette ultime malédiction, le grand maître de l'Ordre vise ses accusateurs : « Pape Clément, roi Philippe, chevalier Guillaume, juges iniques et cruels bourreaux, avant qu'il soit un an, je vous cite à comparaître au tribunal de Dieu ! ». Et, dans un dernier souffle, il jette cet anathème : « Maudits ! Maudits ! Soyez maudits jusqu'à la treizième génération de vos races ! »

Faisant fi de l'interdit, des dévots auraient recueilli des cendres de ce bûcher, pieusement conservées en souvenir de ces martyrs de l'ordre du Temple. Si l'on en croit le chroniqueur Ferrero de Ferretis, les paroles tragiques de Jacques de Molay auraient été en fait forgées sur les derniers mots – d'une authenticité moins incertaine – adressés au pape par un Templier anonyme, au cours d'un jugement antérieur : « J'en appelle de ton injuste jugement au Dieu vrai et vivant ; dans un an et un jour, avec Philippe responsable aussi de cela, tu comparaîtras pour répondre à mes objections et donner ta défense ». Quand le chroniqueur rapporte ces propos, plus de quinze ans après les faits, le souvenir de Jacques de Molay s'est estompé. C'est plus de deux siècles plus tard que le grand maître de l'Ordre deviendra une figure mythique. Dans le *De Rebus Gestis Francorum* publié en 1548, du moins dans la première version écrite de cette chronique, sa légende prend consistance. L'appel au châtiment divin, pour que soient châtiés les juges indignes, se mue en une malédiction lancée par Jacques de Molay. Des historiens, comme François Mézeray, reprendront ensuite cette version, dont l'authenticité leur paraît évidente.

Que ces propos aient été tenus ou non ne minimise en rien l'horreur des circonstances dans lesquelles moururent les Templiers. La justice des hommes ayant failli, on peut se demander si le sort de tous ceux qui « trempèrent » dans ce crime, ne fut pas scellé lorsque Jacques de Molay appela sur eux la vengeance divine. Un détail mérite cependant une précision. Le dernier à être cité du haut du bûcher de l'île aux Juifs fut Guillaume de Nogaret. Juriste influent, il devint à partir de 1306 le véritable maître d'œuvre de la politique royale. En septembre 1307, quelques jours après l'émission par la chancellerie royale de l'ordre d'arrestation des Templiers rédigé par ses soins, Nogaret est nommé garde des Sceaux. Une belle récompense pour les services rendus dans cette dramatique affaire où le roi avait tout à gagner… Si pendant longtemps, et jusqu'à la publication des *Rois maudits* de Maurice Druon, le nom de Guillaume de Nogaret a été associé à la malédiction lancée sur le bûcher par le maître de l'ordre des Templiers, force est d'admettre aujourd'hui que cet amalgame est anachronique. Des documents attestent en effet que Guillaume de Nogaret serait mort empoisonné en 1313, soit un an avant que Jacques de Molay ne périsse dans les flammes. Au point d'accomplissement où en était l'affaire, Philippe le Bel n'avait guère plus intérêt à s'embarrasser d'un conseiller qui savait tout de ses turpitudes ! Certes, cela n'enlève rien au rôle de tout premier ordre joué par Nogaret dans la persécution des Templiers. Mais à moins que les imprécations du supplicié aient été rétrospectives, il est peu probable que le grand maître ait voulu désigner ce Guillaume-là ! En effet, il s'agit d'un autre Guillaume, Guillaume Humbert, également appelé Guillaume de Paris, moine dominicain, Grand Inquisiteur de France, et confesseur du roi de 1305 à 1314, qui instruisit avec Guillaume de Nogaret le procès des Templiers, de 1307 à 1314. Il était présent lorsque le bourreau enflamma le bûcher. Sa trace se perd en 1314, et l'on peut se demander si ce n'est pas lui, qui, le premier, fut frappé par la malédiction…

L'Affaire de la Tour de Nesles.
Les princesses Marguerite et Blanche de Bourgogne faisant la fête avec leurs amants.
Gravure d'Henry de Kock.

Toujours est-il que les événements qui suivirent de près la mort de Molay s'enchaînèrent de façon suffisamment étrange pour que cela laisse libre cours aux spéculations les plus fantasques. En ce même mois d'avril 1314, un scandale éclate dans la famille royale. Ce scandale qui vient compromettre le prestige de la dynastie est passé à la postérité sous le nom d' « Affaire de la Tour de Nesles ». Un matin, Philippe le Bel ordonne que l'on procède à l'arrestation de ses trois brus, toutes les trois accusées d'adultère. L'aînée des « Sœurs de Bourgogne », Jeanne, mariée au second fils de Philippe le Bel, le comte de Poitiers, Philippe, futur Philippe V, est âgée d'à peine vingt et un ans. Sa sœur, Blanche, épouse de Charles de France, le cadet des princes royaux, le futur Charles IV le Bel, a dix-huit ans. La troisième bru, Marguerite de Bourgogne, qui n'est pas la sœur de Jeanne et de Blanche, mais leur cousine, est quant à elle mariée à l'héritier du trône, Louis, surnommé « le Hutin », eu égard à son tempérament querelleur. Ces jeunes femmes font régner à la cour une atmosphère de gaieté qui contraste avec la sombre humeur du roi, que son entourage n'ose pas contrarier. À l'opposé de cette joie de vivre, la fille de Philippe le Bel, leur belle-sœur Isabelle promène une morosité chronique qui prête à commérage. Son mariage avec le roi d'Angleterre, Édouard II, qu'elle a rejoint sur ses terres, est un fiasco. À la compagnie de sa femme, Édouard préfère en effet celle de jeunes pages efféminés dont un certain Hugues le Despenser. À Londres, on se gausse de cette liaison du roi avec celui qui est surnommé son « pique bouquet ». Lorsqu'Isabelle s'ouvre à son père pour se plaindre du peu d'ardeur de son mari, Philippe le Bel la rappelle à ses devoirs, soulignant qu'il l'avait mariée à un roi, et non à un homme ! Autant Isabelle se morfond à Westminster, délaissée par son époux, sans pouvoir prendre d'amant, car étant trop exposée en tant que reine au regard de la cour, autant ses belles-sœurs s'en donnent à cœur joie – certes dans le plus grand secret – malgré leur statut princier. Blanche et Marguerite ont chacune un amant. Philippe d'Aulnay, écuyer de Monseigneur de Valois, est l'amant de Marguerite. Gauthier d'Aulnay, son frère cadet, est écuyer du comte de Poitiers et amant de Blanche. Certes, Jeanne ne participe pas à ce quadrille adultérin, et il est vrai qu'elle n'a pas d'amant. Cependant, tant par jeu que par affection pour Blanche et Marguerite, elle favorise leurs intrigues et facilite les rencontres clandestines des amants qui ont lieu dans la tour de Nesles.

Le malheur et la jalousie rongent l'âme et rendent méchant ! Isabelle, au cours d'un voyage en France, fait part à son père des soupçons qu'elle nourrit à propos de ses belles-sœurs. Soupçons attisés par Robert d'Artois, qui n'a pu s'empêcher d'informer Isabelle que deux chevaliers de son entourage, les frères d'Aulnay, arboraient chacun une aumônière dont elle avait fait cadeau à ses belles-sœurs. La démarche de Robert d'Artois n'a rien de noble. Exclu de la succession d'Artois (un des plus grands drames d'héritage de l'Histoire de France) au profit de sa tante Mahaut, il cherche à se venger de celle-ci à travers ses filles, qui ne sont autres que Jeanne et Blanche... Aux aguets, le roi fait suivre et espionner les allées et venues nocturnes de ses brus. Arrêtés et soumis à la torture, les deux fougueux écuyers ne tardent pas à faire des aveux complets et circonstanciés. Ils reconnaissent chacun entretenir depuis quatre ans une relation adultère avec les princesses.

La Tour de Nesles à Paris. Gravure.

La Tour de Nesles, située en plein Paris, abritait leurs amours clandestines… Faut-il voir dans cette localisation, un fait du hasard ou un écho à la malédiction lancée par Jacques de Molay ? La tour de Nesles, s'élève en effet juste en face de l'île aux Juifs où le grand maître de l'Ordre a péri brûlé vif ! Le scandale blesse considérablement la piété du roi, qui est quant à lui resté chaste depuis la mort de sa femme. Mais outre l'atteinte à la bonne moralité de la famille royale, c'est la dynastie qui risque de se trouver en péril. Qu'un soupçon de bâtardise vienne à peser sur un héritier de sang royal, et c'est la succession au trône qui pourrait être remise en question ! Charles de France et Louis de Navarre, deux fils de France, ont donc été bernés, pour leur plus grande honte, par deux simples écuyers ! Louis de Navarre pense même que la fille qu'il est supposé avoir eue avec Marguerite est une bâtarde. Les cocus crient vengeance ! Philippe, le mari de Jeanne, s'oppose violemment à son frère Charles, qui voudrait que sa femme, pourtant étrangère à l'affaire, soit elle aussi punie de mort.

Mort de Marguerite de Bourgogne à Château Gaillard. Lithographie, 1820.

Les trois jeunes femmes seront châtiées de façon exemplaire. Marguerite de Bourgogne, femme adultère du Dauphin Louis, est tondue et se retrouve emprisonnée à Château Gaillard, austère forteresse médiévale. Enfermée dans une cellule située tout en haut du donjon, elle décédera peu après, en 1315, probablement étranglée sur ordre du roi. Recluse dans les caves du même château, Blanche, qui n'a pas la liberté de revoir sa sœur, est éloignée et envoyée au couvent de Maubuisson, où elle finira ses jours en 1326, à tout juste trente ans. Seulement accusée de complicité, Jeanne est enfermée au château de Dourdan, mais elle retrouvera sa place de reine jusqu'à la mort de son mari Philippe, en 1322. Quant aux deux frères d'Aulnay, leur sort est digne des pires heures de la barbarie médiévale : après leurs aveux, ils sont emmenés à Pontoise où, sur la place du Martroy, après avoir été roués de coups, ils sont écorchés vifs, puis châtrés avant d'être décapités. Leurs sexes seront jetés aux chiens et ce qui reste des deux corps sera suspendu à un gibet. À l'époque, personne ne mit en relation l'ampleur tragique de ce scandale avec la fin des Templiers.

Cette affaire conclue, Philippe le Bel ne peut éluder la grave question de sa succession. Ses trois fils n'ont point d'héritiers. Pour en avoir, il faudrait qu'ils reprennent femmes, ce qui ne pourrait se faire que si les mariages de Louis et de Charles étaient déclarés nuls. Or, comme Enguerrand de Marigny, fidèle conseiller du roi, le fait remarquer, l'adultère n'est point motif d'annulation... Une seule solution : avoir recours au pape Clément V, dont on peut considérer qu'il est une créature « faite » par Philippe le Bel, qui a installé la papauté en Avignon. Or, le 20 avril 1314, un mois après la mort de Jacques de Molay, alors qu'il est en route pour le fief de sa famille, près de Langon, le pape Clément V rend l'âme. Probablement atteint d'un cancer des intestins, rongé par la maladie, il meurt après avoir ingurgité des émeraudes pilées, remède prescrit par les « physiciens » du Saint Père pour atténuer son mal ! Sa dépouille est ramenée à Carpentras pour des hommages solennels. Pur hasard ou accomplissement de la malédiction du grand maître de l'Ordre : durant la veillée funèbre, un cierge renversé mit le feu au catafalque. Le défunt pontife se retrouva avec un mollet carbonisé.

Le roi ne vivra pas assez longtemps pour que s'estompent ses inquiétudes sur sa succession. Au cours d'une chasse, dans la forêt de Pont-Sainte-Maxence, il est victime d'une grave chute de cheval. Trois semaines plus tard, le 29 novembre 1314, sans doute atteint par une hémorragie cérébrale, il meurt en pleine force de l'âge. Il était la deuxième personne que Jacques de Molay avait maudite sur le bûcher, mais il ne sera pas le dernier... De 1314 à 1328, les fils du roi se relaient sur le trône. Tous mourront précocement et sans héritier, ce qui mettra fin à la dynastie des Capétiens. À la mort de Philippe le Bel, c'est Louis X le Hutin qui lui succède. Ce roi ne règnera que deux ans. Influencé par son oncle, Charles de Valois, il doit faire face à une fronde menée par les nobles que soutient le peuple écrasé de taxes. Louis fait mentir son surnom et renonce lâchement à défendre d'anciens proches de son père, comme Enguerrand de Marigny, fidèle conseiller financier de Philippe le Bel, dont le cadavre reste pendu au gibet de Paris pendant deux ans ! En 1316, à Vincennes, après une partie de jeu de paume, Louis qui a bu du vin glacé à la suite d'efforts violents, est pris de malaise. Certains chroniqueurs parlèrent de poison... La nouvelle épouse du défunt roi, Clémence de Hongrie, donne naissance à Jean Ier. Mais le règne de ce fils posthume est aussi court que sa vie, qui ne dure que quatre jours.

À la mort de Louis X, c'est Philippe V le Long, son frère cadet, qui monte sur le trône. Louis X, qui n'avait pas de garçon, avait eu une fille, Jeanne, héritière du roi de Navarre. L'oncle de Jeanne, le duc de Bourgogne, se référant à des dynasties qui n'excluent pas les femmes du trône, prétendit que sa nièce devait hériter également du royaume de France. Philippe V interdira cependant à Jeanne de Navarre de prétendre à la Couronne. S'appuyant sur les légistes royaux, il rappelle alors une règle de l'ancien droit privé franc, dite « loi salique », qui donne la préférence aux hommes, les femmes étant écartées de la succession. La loi empêche ainsi le morcellement du domaine entre les enfants du monarque. Philippe V fut certes un roi maudit lui aussi, mais au moins aura-t-il évité au royaume une malédiction : celle de la division. Après six ans de règne, Philippe V meurt à son tour sans héritier mâle. La couronne est transmise au troisième fils de Philippe le Bel, Charles IV le Bel. Influençable, celui-ci subit l'ascendant de son autre oncle, Charles de Valois. Ce dernier fait le siège de la Guyenne pour en chasser les Anglais. Charles IV, qui s'est remarié après la disgrâce de Blanche, avec Marie de Luxembourg, puis Jeanne d'Évreux, meurt lui aussi sans héritier mâle, en février 1328 ! Ultime espoir : son épouse est enceinte, mais à la déception de tous, elle met au monde une fille.

En l'espace de quatorze ans, les trois fils de Philippe le Bel se sont succédé sur le trône sans laisser d'héritiers. La malédiction des Templiers qui vouait aux gémonies les souverains français, est-elle en train de porter ses sombres fruits ? Pour la première fois depuis Hugues Capet se pose un grave problème de succession, problème dont des historiens s'accordent à dire qu'il est à l'origine de la guerre de Cent Ans, qui affectera le royaume dans son unité. Mais le roi est mort, vive le roi ! La Couronne va passer à une branche collatérale, en la personne de Philippe de Valois, premier prince de sang. On pourrait penser que la légende des Rois maudits s'est arrêtée à la mort de Charles IV. Mais certains zélateurs du grand maître de l'ordre des Templiers attribuent à sa malédiction la mort sur l'échafaud du roi de France, Louis XVI, mort très exactement treize générations après celle de Philippe le Bel... D'ailleurs, lors de l'exécution de Louis XVI, n'a-t-on pas entendu dans la foule un homme s'écrier : « Jacques de Molay, tu es vengé ! »

MANUEL GODOY

ÉTAIT-IL L'AMANT DE LA REINE D'ESPAGNE, MARIE-LOUISE ?

1788, le tout jeune officier de la garde, Manuel Godoy, escorte les princes des Asturies sur la route de Saint Ildefonse aux alentours de Ségovie, lorsque son cheval se cabre. Désarçonné, le cavalier roule à terre mais remonte prestement en selle, attirant par son panache l'attention du prince et surtout celle de son épouse. Peu de temps après, Manuel est officiellement présenté au couple princier, héritier de la couronne d'Espagne. Très rapidement, il sait s'attirer les bonnes grâces et la confiance du prince Charles. De son côté, Marie-Louise, alors âgée de trente-sept ans, ne reste pas insensible au charme du jeune homme, de seize ans son cadet. Il est vrai que son mariage n'est pas une grande source de joie, entre les nombreuses grossesses et les fausses couches. Elle n'avait que treize ans quand elle épousa son cousin, Charles, qui en avait dix-sept. Par sa mère, Élisabeth de France, Marie-Louise est la petite-fille de Louis XV ; par son père Philippe Ier de Parme, elle descend de Philippe V d'Espagne. Gracieuse et très féminine, d'un tempérament romanesque, l'infante n'a guère d'atomes crochus avec son mari, garçon indolent et un peu simpliste. Le roi Charles III a beau mettre en garde son fils contre cette bru arrogante, celui-ci ne cherche pas à plaire à sa femme. Une fois couronné, le 14 décembre 1788, sous le nom de Charles IV, le nouveau souverain ne manifestant pas davantage de caractère, c'est son épouse Marie-Louise qui prend les rennes du pouvoir, et fait distribuer à Manuel Godoy moult promotions : colonel de cavalerie, commandeur dans l'ordre de Santiago, aide de camp, gentilhomme de la cour, lieutenant général et chevalier Grand-croix de l'ordre de Charles III, duc d'Alcudia avec « la grandesse d'Espagne », puis décoration de la Toison d'Or. Suivront les titres

Portrait de Manuel Godoy (1767-1851).
Peinture d'Antonio Carnicero, musée municipal de Madrid.

de duc de Sueca, marquis d'Âlvarez, et sieur de Soto de Roma. Une ascension sociale et politique vertigineuse, en à peine cinq ans ! Qui aurait pu croire qu'un simple fils de colonel de l'armée espagnole gouvernerait l'Espagne de longues années durant, évinçant littéralement l'héritier du trône ? Par quel concours de circonstances un pur inconnu a-t-il pu décider du sort du Portugal lors d'un entretien avec Napoléon ? Manuel de Godoy y Âlvarez de Faria sera celui-là ! Grâce à son charme, il deviendra le favori du roi et l'amant de sa femme !

Manuel Godoy naît dans une famille de la petite noblesse, à Badajoz, le 12 mai 1767. À vingt ans, c'est un jeune homme élégant, cultivé, volubile, et de surcroît très beau garçon. Paré de tous les artifices de la séduction mondaine, il part chercher fortune à Madrid, où en 1787, il entre au service de la Compagnie royale des gardes du corps, comme son frère aîné avant lui. On ne sait pas exactement dans quelles conditions la reine est devenue sa maîtresse, toujours est-il que le 15 novembre 1792, Manuel est nommé Premier ministre à tout juste vingt-cinq ans. Mais, contre toute attente, lors des conseils du gouvernement, il fait tout de suite preuve de beaucoup d'habileté, et d'une maturité bien supérieure à celle des jeunes gens de son âge. Par la suite, même dans des circonstances de plus en plus difficiles, il montrera une véritable clairvoyance et un courage peu commun. Peut-être un peu utopiste parfois... Bouleversé par la Révolution française qui met à mal le propre cousin de la reine Marie-Louise, Manuel s'imagine pouvoir sauver Louis XVI. Un échec cuisant qui refroidira ses ardeurs et qui se soldera, le 7 mars 1793, par un conflit entre la France et l'Espagne. Malgré quelques succès initiaux des armées espagnoles, la France est finalement victorieuse. La paix est signée à Bâle, le 22 juillet 1795 : les terres espagnoles sont restituées en échange de l'Île de Saint-Domingue. Un traité qui vaut à Godoy le plus glorieux de ses titres : « Prince de la Paix ». Lui est aussi allouée une dotation de 50 000 piastres. Ne tenant pas compte des attaques de l'opposition, qui lui reproche ses privilèges, il signe encore un traité d'alliance avec la Première République française, le traité de San Ildefonso. Son but ? Libérer l'Espagne de la trop lourde tutelle de l'Angleterre.

La reine Marie-Louise (1751-1819).
Peinture de Francisco de Goya, musée de Saragosse.

Après une courte guerre engagée en vain, Godoy s'emploie à panser les blessures de l'Espagne, et à la relever de la ruine économique. Il s'efforce aussi, ce qui ne manque pas d'audace, de limiter l'influence de l'Inquisition et de rabaisser les prétentions du clergé, selon lui trop lié à la papauté. Dans cette tâche considérable, Godoy se heurte rapidement à de vives oppositions, car il va à l'encontre de puissants intérêts. Pour le déstabiliser, tous les coups sont permis ! Alors que le peuple souffre, on lui reproche son train de vie fastueux. Son action est d'autant plus critiquée que sa vie privée prête le flanc aux reproches des bien-pensants qui s'offusquent de sa liaison avec la reine. Une relation intime et cependant notoire, au point que certains, à la cour, attribuent à Godoy la paternité des infants François de Paule et Marie-Isabelle, future reine de Naples. Lady Holland, ayant rencontré Godoy au baptême de François de Paule, dira plus tard que l'enfant présentait une « ressemblance indécente » avec son véritable père, Manuel Godoy.

Mais plus encore que sa liaison avec la reine, c'est le double mariage de Godoy qui fait scandale. Un jour de l'hiver 1796, il reçoit la visite de la veuve d'un artilleur, qui lui demande d'intervenir pour que lui soit effectué le versement de sa pension. Elle est venue avec sa fille de seize ans, Josefa Petra Francisca de Paula de Tudó y Catalán, Alemany y Luesia, plus communément appelée « Pepita ». Quelques jours plus tard, Pepita devient la maîtresse de Godoy et s'installe bientôt dans sa maison, avec sa mère, et ses deux sœurs. Le 22 juin 1797, il l'épouse

« La maja vestida » (La mignonne vêtue). Peinture de Francisco de Goya, musée du Prado, Madrid.

en secret, au Prado. À la demande de Godoy, Francisco Goya a peint deux tableaux qui témoignent de la beauté de Pepita : *La Maja desnuda* et son pendant chaste, *La Maja vestida.* Un critique d'art, Joaquín Ezquerra del Bayo, en se fondant sur la similitude de la posture, a suggéré qu'elles étaient « disposées de telle sorte que par un ingénieux mécanisme, la vêtue couvrît la déshabillée pour la cacher aux regards inquisiteurs ». Une sorte de jouet érotique du cabinet le plus secret de Godoy.

Lorsqu'elle apprend la liaison de Manuel avec Pepita, la reine, toujours aussi éprise de son jeune amant, laisse éclater sa jalousie. Dans l'espoir d'éloigner Pepita, elle contraint même Manuel à épouser María Teresa de Borbón y Vallabriga, une cousine de Charles IV. Sans avoir rencontré Godoy, María Teresa accepte ce mariage qui assure la restauration de la fortune à sa famille. Le mariage est célébré à Madrid, dans l'Escorial, le 21 octobre 1797. De cette union naîtra Luisa Carlota Manuela de Godoy. Mais ce mariage ne met en aucun cas un terme à ses relations avec Pepita, qu'il continue à faire vivre sous le même toit que son épouse. En 1805, la jeune femme donne naissance, elle aussi, à un enfant prénommé Manuel. En 1807, elle mettra au monde un second fils, Luis. Symbole de son profond attachement, Godoy obtient cette même année, de Charles IV, les titres de comtesse de Castillofiel et de vicomtesse de Rocafuerte pour sa douce Pepita.

« La maja desnuda » (La mignonne nue). Peinture de Francisco de Goya, musée du Prado, Madrid.

Pourtant quelques années auparavant, en 1798, après la défaite navale du Cap Saint Vincent, le Directoire avait imposé à Charles IV la destitution de son Premier ministre Manuel Godoy. Mais Bonaparte, nommé Premier consul, a œuvré pour faire revenir Godoy au pouvoir. Désormais plus puissant que jamais, celui-ci parvient à maintenir, contre vents et marées, une certaine neutralité de l'Espagne, mais s'allie de nouveau avec la France et prend cette fois le commandement en chef de l'armée espagnole dans l'expédition menée en 1801 contre le Portugal, allié de l'Angleterre. En 1803, poursuivant ses réformes, Godoy signe avec la France un traité stipulant la neutralité de l'Espagne dans l'éventualité d'une guerre contre l'Angleterre. Mais le 1er octobre 1804, l'attaque brutale de quatre frégates espagnoles par les Anglais dans le port de Cadix amène Godoy à déclarer, contre toute attente, la guerre à l'Angleterre et à conclure un traité d'alliance avec la France. Un péché d'orgueil qui se soldera un an plus tard, hélas, par la défaite écrasante de Trafalgar.

Le traité de Fontainebleau est signé en 1807. Il prévoit le démembrement du Portugal, au profit de l'Espagne, de la France et de Godoy en personne ! En effet, une fois le Portugal annexé par le traité franco-espagnol, le pays sera divisé en trois zones distinctes, dont la bande sud du Portugal (l'Algarve) reviendra à Godoy, sous la forme d'un « principat de los

Algarves ». Mais il doit d'abord faire face aux intrigues de Ferdinand VII, plus que jamais en lutte ouverte contre son père Charles IV, qu'il veut supplanter sur le trône. La conquête du Portugal prenant une tournure de plus en plus inquiétante, Godoy conseille au roi de fuir pour Cadix afin d'y attendre la suite des événements. Ferdinand profite de la situation pour crier à la trahison et susciter des émeutes populaires dans Madrid. Assailli jusqu'au palais par une foule furieuse, dans la nuit du 17 mars 1808, Godoy échappe de justesse à la mort, grâce à l'abnégation de son vieux souverain, qui consent à abdiquer en faveur de son fils. Jeté en prison, Godoy est libéré par Joachim Murat, beau-frère de Napoléon, que ce dernier dépêche aussitôt à Madrid. Exilé en France, Godoy participe activement à l'entrevue de Bayonne, où sont convoqués tous les protagonistes de ce désastreux conflit. Charles IV accepte d'échanger son trône contre des terres en France et quelques substantiels dividendes. Son fils, Ferdinand VII, renonce également à ses prétentions à la couronne d'Espagne en échange du royaume de Ligurie. Napoléon sort grand vainqueur de ce partage, désignant son frère, Joseph Bonaparte, comme roi d'Espagne, sous le nom de José Ier. Mais le 2 mai 1808, les troupes napoléoniennes sont prises à partie par les Madrilènes. Malgré une répression féroce, le soulèvement populaire gagne bientôt toute l'Espagne, scellant la fin de l'alliance franco-espagnole par la guerre d'Indépendance. Une guérilla populaire qui sera vite relayée par l'alliance anglo-portugaise, à laquelle les Français ne résisteront pas.

En 1814, lorsque Napoléon abdique, Ferdinand VII est rétabli sur le trône d'Espagne, tandis que ses parents Charles IV et Marie-Louise demeurent exilés en France. Poursuivi par la haine de Ferdinand, qui lui interdit de remettre les pieds en Espagne, Godoy rejoint le couple royal en exil, accompagné de sa fille Luisa, de Pepita et de leurs fils. Pendant de longs mois, ce curieux groupe va cohabiter, au gré de séjours à Compiègne,

Fontainebleau et Marseille où ils resteront plusieurs années. Si surprenant que cela puisse paraître, le roi déchu accepte la présence de l'amant de la reine, lui témoignant une sincère amitié. De son côté, la reine tolère tout juste la présence de Pepita. En juillet 1812, ils descendent au Palazzo Barberini à Rome. Manuel Godoy obtient du pape la nullité de son mariage avec María Teresa de Bourbon en septembre 1815, et ce grâce à l'appui de Charles IV et de la reine Marie-Louise qui avait pourtant orchestré cette union. Il est autorisé à vivre à Rome, mais afin de préserver les apparences, Pepita et leurs enfants doivent déménager à Gênes. Mais Ferdinand est rancunier ! Il s'acharne et soudoie la police italienne pour que celle-ci expulse Pepita de Gênes, puis de Livourne. En 1818, réfugiée à Pise, elle doit aussi souffrir la disparition de Luis, son fils cadet. En octobre, Godoy, très affecté par ce décès, et lui-même malade du paludisme, reçoit l'extrême-onction. Il guérit miraculeusement, mais reste banni d'Espagne. Et, pour l'acculer plus encore à la misère, Ferdinand veille à ce qu'aucune pension ne lui soit versée par l'État.

À la fin de l'année 1818, Marie-Louise contracte une pneumonie. Godoy reste au chevet de celle qui demeurera à jamais son seul grand amour, jusqu'à la veille de sa mort, le 2 janvier 1819. Deux semaines plus tard, Charles IV meurt à son tour. Triste période pour la monarchie exilée ! Le décès de María Teresa de Bourbon, l'épouse de Godoy, en 1828, sera l'occasion d'officialiser définitivement son union avec Pepita. Le couple s'installe à Paris en 1832, subsistant chichement grâce à une pension de cinq mille francs octroyée par le roi Louis-Philippe Ier. Une vie modeste que la parution des rocambolesques *Mémoires* de Godoy, éditées à Madrid en 1836, ne suffira pas à redorer. Curieux destin que celui de cet homme de rien, devenu Prince de la Paix et célèbre homme d'État, qui côtoya les plus grands, mais passa plus de la moitié de son existence en exil, sans le sou, et tiraillé entre les deux femmes de sa vie.

TOUTANKHAMON

PHARAON MAUDIT ?

Automne 1922. Dans la lumière de cette fin de saison, le parc du château de Highclere, dans le sud de l'Angleterre, est particulièrement agréable. Pourtant, les deux hommes qui s'y promènent ont le visage fermé. Le maître des lieux, Lord Carnarvon, doit annoncer à son ami Howard Carter, dont il finance les opérations, qu'il a perdu la foi et qu'il est temps d'arrêter. Les deux hommes travaillent ensemble depuis une quinzaine d'années pour accomplir le rêve obsessionnel de Carter : la découverte d'un nouveau tombeau royal à Louxor, dans la Vallée des Rois. Cette immense plaine de sable abrite les dépouilles des pharaons d'Égypte du Nouvel Empire, qui ont régné pendant cinq cents ans, de 1 500 à 1 000 avant Jésus-Christ, sur l'une des civilisations les plus brillantes de l'Histoire de l'humanité. Financièrement, ce projet est un gouffre. Carter refuse cette décision qui résonne comme un couperet. Cela fait trente ans qu'il consacre son existence à cette quête acharnée, persuadé qu'il trouvera un jour un trésor oublié sous le sable depuis des milliers d'années. Pourtant, grand nombre de gens pensent que la Vallée des Rois est un filon épuisé, qu'il n'y a plus rien à y découvrir. C'est entre autres l'avis de Theodore Monroe Davis, un des premiers mécènes de Carter, avec lequel il s'est brouillé. Contre toute logique, Carter est certain que la nécropole n'a pas livré tous ses secrets. Il manque toujours à la série des tombes celle de Toutankhamon, un roi peu connu de la fin de la XVIIIe dynastie. Son enthousiasme fait sourire Carnarvon qui se laisse attendrir. Une année de plus : c'est tout ce qu'il lui accorde. Si dans un an, Carter n'a pas fait de découverte significative,

Le sarcophage du pharaon Toutankhamon
né vers 1357 av. JC, mort vers 1338 av. JC, règne de 1347 av. JC à 1338 av. JC.

il faudra abandonner la concession. Rien ne prédestinait ce fils de peintre à devenir l'un des plus grands égyptologues, et certainement le plus célèbre archéologue du XXe siècle.

Tout commence à la fin du XIXe siècle, à Didlington Hall, dans la demeure d'un riche aristocrate féru d'Histoire ancienne, Lord Amherst, qui commande régulièrement des travaux à John Carter, le père d'Howard. Lord Amherst ne tarde pas à remarquer l'insatiable curiosité intellectuelle du jeune garçon, ainsi que son talent pour le dessin, qu'il a hérité de son père. Lorsque son ami Percy Newberry lui confie qu'il cherche un dessinateur pour l'accompagner dans une expédition en Égypte, Lord Amherst pense tout naturellement au jeune Carter. Nous sommes en 1891, Howard a dix-sept ans, et il est sur le point d'entamer la plus grande aventure de sa vie. Dans les pas de Percy Newberry, Howard Carter arrive à Beni Hassan, une nécropole sur les bords du Nil qui rassemble les tombes des souverains du Moyen Empire. Ils rejoignent l'un des plus grands égyptologues de son époque : Flinders Petrie, engagé par Newberry pour superviser les fouilles. Auprès de cet homme au caractère explosif, le jeune Howard va apprendre à recenser avec la plus grande minutie toutes les découvertes faites par l'équipe des fouilles. Et malgré le rythme infernal que lui impose Petrie, qui ne tient pas sa jeune recrue en haute estime, Carter acquiert la rigueur nécessaire au travail d'égyptologue. L'équipe investit l'année suivante le site d'Amarna où se trouve la cité mythique d'Akhétaton, éphémère capitale de l'Empire, consacrée à Aton, le dieu-soleil. C'est là que Carter se familiarise avec la XVIIIe dynastie, celle de la splendeur de l'Égypte antique. Il n'ignore plus rien du règne d'Akhénaton, le pharaon hérétique, époux de la belle Néfertiti, qui a imposé à ses sujets le culte exclusif d'Aton, le dieu-soleil, « inventant » le monothéisme mille trois cents ans avant Jésus-Christ. Howard Carter ne le sait pas encore, mais son destin va être profondément lié à cette puissante dynastie. Après la mission de Flinders Petrie, Carter rejoint un autre égyptologue, Édouard Naville, sur le site de Deir el-Bahari.

Là-bas, il travaille sur l'excavation d'un temple récemment mis à jour, vraisemblablement dédié à Hatchepsout, reine-pharaon, qui fut sans doute l'une des souveraines les plus remarquables de la XVIIIe dynastie. Devant la magnificence du temple de la reine, Carter se prend à rêver : et si, lui aussi, découvrait un jour un témoignage intact de cette civilisation vieille de deux mille cinq cents ans ? Howard Carter a tout juste vingt ans, mais une certitude : sa vie est ici ! Il ne retournera pas en Angleterre ; l'Égypte est désormais sa patrie d'adoption.

L'archéologue anglais Howard Carter (1873-1939), en Égypte.

Son acharnement, son talent et sa méticulosité lui valent une réputation admirable, et un début de carrière météoritique : à vingt-cinq ans, il est nommé Inspecteur en chef du service des Antiquités égyptiennes et supervise tous les travaux de fouilles qui ont lieu aux alentours de Louxor, l'ancienne Thèbes, capitale des pharaons. Howard Carter poursuit son rêve avec ardeur, travaille du matin au soir, mais ne montre guère de talents de diplomate. En 1905, un incident éclate devant un tombeau de la Vallée des Rois, opposant un groupe de touristes français éméchés aux gardes égyptiens chargés de protéger le site. Les Égyptiens ont fait leur devoir : la préservation des lieux découverts est essentielle au travail des archéologues. Fort logiquement, Carter prend leur défense. Mais à l'heure de l'Exposition universelle de Paris – qui fait la part belle aux « curiosités coloniales » – la parole d'un Arabe doit céder devant celle d'un Français : Carter se voit contraint de démissionner de son poste. Humilié, sans le sou, il n'envisage pourtant pas une seconde de retourner en Angleterre.

Découverte du tombeau de Toutankhamon.

Mais pour continuer ses fouilles, il doit trouver un mécène. À cette époque, les sites archéologiques sont découpés en concessions, qui sont accordées pour un certain temps à qui peut en payer le loyer, afin de mettre en place l'exploitation archéologique des lieux. Depuis l'équipée napoléonienne et les débuts des premières fouilles scientifiques dans les sites anciens, la curiosité pour les antiquités égyptiennes s'est répandue dans l'Ancien et le Nouveau Monde, et l'égyptologie est devenue un hobby de choix pour les riches érudits en quête de gloire. En costume clair et panama, les gentlemen arpentent le désert, sous un soleil de plomb, à la recherche de vestiges passés. Carter travaille d'abord quelque temps avec Theodore Monroe Davis, un riche financier américain. Mais bien vite, son caractère ombrageux se révèle incompatible avec celui du magnat yankee. Il doit donc se trouver un autre protecteur. C'est le conservateur en chef du musée du Caire, le grand égyptologue français Gaston Maspero, qui va lui présenter son mécène. Quand Lord Carnarvon rencontre Howard Carter, il est immédiatement conquis. Le jeune homme, qui est son cadet de huit ans, est plein d'une énergie volubile et promet à l'aristocrate anglais des découvertes fabuleuses et une postérité inaltérable. Héritier d'une importante fortune, Lord Carnarvon se laisse convaincre par le bouillant archéologue. C'est le début d'une collaboration qui va durer près de vingt ans. Le tandem n'obtient d'abord qu'une concession un peu reculée de la nécropole thébaine. Carter sait qu'ils ont peu de chance d'y trouver autre chose que des tombes de riches commerçants. Qu'importe : s'il n'y découvre pas de fabuleux trésors, il y déterre un certain nombre d'objets d'un véritable intérêt historique. Pourtant, il ne peut s'empêcher de garder un œil sur les travaux de Davis et de son nouveau chef de chantier, Edward Ayrton. En 1907, ces derniers connaissent une avancée très importante : ils mettent au jour le sarcophage de la reine Tiyi, et découvrent dans les galeries qui mènent à la chambre funéraire plusieurs vases qui portent le sceau de Toutankhamon. Carter ronge son frein... Cela fait des années qu'il s'interroge sur l'existence de ce roi, qui n'est évoqué pratiquement nulle part. Paradoxalement, celui qui est sans doute devenu le pharaon le plus célèbre de toute l'Histoire de l'Égypte a probablement été, selon les propres termes de l'égyptologue Christine Desroches-Noblecourt, un « petit roi », dont les quelques années au pouvoir n'ont pas eu une grande influence sur le destin de l'Égypte. Toutankhamon est pourtant le fils d'un des plus grands pharaons du Nouvel Empire : Akhénaton, le plus atypique des pharaons égyptiens. Il n'est pas cependant le fils de la reine Néfertiti. Sur ce point, les sources sont obscures. Certains pensent qu'il est le fils de Kiya, la mystérieuse seconde épouse d'Akhénaton. Enfin, de récentes analyses ADN ont révélé qu'il serait le fils de la momie identifiée sous le nom de « Young Lady », la propre sœur d'Akhénaton ! Il était en effet coutume dans l'Égypte antique de marier le pharaon avec sa sœur, et l'on sait désormais que Néfertiti n'avait donné que des filles à son époux, dont il fallait assurer la succession. Toutankhamon serait alors doublement le petit-fils d'Amenhotep III, dont les trente-huit années de règne ont vu s'épanouir la plus belle période de prospérité de l'Empire.

Lord George Carnarvon (1816-1923).

Toutankhamon.
Illustration par W. Brunton.

Il arrive au pouvoir juste après l'un des plus grands bouleversements qu'ait connus l'Égypte antique : la réforme religieuse ordonnée par Akhénaton. En imposant un nouveau culte, son père a en effet profondément réformé les structures administratives du pays, et provoqué bien des grincements de dents. Le bref règne de Toutankhamon – il ne restera au pouvoir qu'une dizaine d'années – sera le temps du retour à la normale. Accédant au trône à l'âge de neuf ans, Toutankhamon commence par changer de nom pour devenir roi en renonçant à son nom de naissance, Toutankaton, le « reflet d'Aton ». Puis il se laisse guider par Ay, ancien conseiller de son père, qui organise la réconciliation avec le clergé d'Amon. Il passe ainsi son règne à restaurer les images des dieux détruites par son père. Pourtant, son avènement marque la fin d'une époque, et constitue un moment charnière de l'Histoire de l'Égypte antique.

La patience de Carter et son obstination sont finalement récompensées lorsque Davis et Ayrton décident d'abandonner la concession de la Vallée des Rois en 1915. Ils sont en effet persuadés que tous les tombeaux ont été mis à jour et que la 43e tombe dont parle Carter, celle du mystérieux Toutankhamon, n'existe pas. Carter s'empresse alors de demander à Lord Carnarvon d'acquérir la concession au plus vite. Il va enfin pouvoir débusquer la tombe du fils d'Akhénaton. Mais autour d'eux, le monde gronde. Bientôt, toute l'Europe est plongée dans une guerre d'une barbarie inouïe. En 1917, le devoir rappelle Howard Carter au Caire : ses services sont réclamés par l'ar-

Howard Carter et Arthur Mace découvrent l'entrée du tombeau de Toutankhamon.

mée britannique. Ce n'est qu'à la fin de la Première Guerre mondiale qu'il peut enfin reprendre ses recherches, toujours aussi désespérément infructueuses. Quatre années s'écoulent encore avant l'ultimatum de Lord Carnarvon. Carter est en passe de voir le rêve de sa vie lui échapper inexorablement. Quoi de plus cruel que d'imaginer que tout ce qu'il recherche depuis toujours est peut-être là, sous ses pieds, à quelques mètres, et qu'il ne le verra jamais ? Il faut absolument changer de stratégie. C'est le demi-frère de Lord Carnarvon, Aubrey Herbert, un orientaliste réputé, qui lui suggère une nouvelle piste : la proximité du tombeau de Ramsès VI n'a guère été fouillée. Et si c'était là que se trouvait la clé du mystère ? Désormais, c'est là que l'archéologue concentrera ses recherches. Le 4 novembre 1922, trois jours après le début de la nouvelle – et dernière – saison de fouilles, le contremaître court chercher Howard Carter. Il pense avoir trouvé un objet de vaste taille, qu'il n'a pas réussi à excaver complètement. La légende veut que ce soit un jeune garçon, porteur d'eau, qui l'ait découvert en jouant distraitement avec le sable. Carter accourt sur le site. Il apparaît bien vite que cette large pierre plane est en fait une marche. Carter n'ose encore l'espérer, c'est peut-être un tombeau demeuré inviolé à travers les millénaires. Les hommes travaillent d'arrache-pied pour dégager ce qui semble manifestement être une vaste cage d'escalier, menant à une structure souterraine. Le lendemain, ils ont déblayé onze marches. Devant eux, la vision que Carter espère depuis trente ans… une porte aux scellés intacts !

Lord Carnarvon, Lady Evelyn Herbert et Howard Carter, à l'entrée de la tombe de Toutankhamon, 1922.

Il sait exactement ce qu'il doit faire : combler à nouveau la cage d'escalier, et envoyer un télégramme codé à son mécène, en Angleterre.

Impossible en effet d'envisager d'aller plus avant sans Lord Carnarvon. L'ouverture sera une consécration pour les deux hommes. Il ne reste plus à Carter qu'à attendre l'arrivée de son partenaire. Trois semaines d'attente insupportables. Et si ce bâtiment n'était qu'un lieu de stockage où l'on ne retrouverait que des artefacts sans importance ? Et si des pilleurs plus habiles que les autres étaient déjà passés par là ? À n'en pas douter, Carter a dû vivre des heures éprouvantes, tandis que Lord Carnarvon prenait ses dispositions pour arriver en Égypte. Mais le 24 novembre, il arrive enfin avec sa fille Evelyn. En compagnie de Carter, ils se rendent sur l'emplacement, qui a été comblé et farouchement gardé, afin d'examiner la fameuse porte qui se trouve au bas de l'escalier. La déception est atroce. Ils ne sont apparemment pas les premiers à être passés par là. Les sceaux de plâtre ont manifestement été contrefaits ; l'œuvre sans doute de pillards qui les avaient précédés de plus de deux millénaires... Un espoir subsiste cependant : la porte est marquée du sceau de Toutankhamon. Même si les lieux ont déjà été visités, Carter a certainement fait une découverte majeure. Une fois descellée, la porte révèle un long couloir rempli de gravats et de débris, que l'équipe met une journée à déblayer, pour aboutir finalement sur une nouvelle porte. Intacte, cette fois. Le 26 novembre, Carter s'attaque lui-même à cette dernière porte, en présence d'une vingtaine d'invités triés sur le volet. Il ne veut laisser à personne le privilège d'y pénétrer avant lui. À coups de pioche, Carter parvient à réaliser une ouverture dans la paroi. Tremblant, il approche une bougie allumée, qui vacille sous le souffle de l'air contenu depuis des siècles. « Au début, je ne voyais rien du tout », écrivit-il plus tard. « Mais petit à petit, mes yeux s'habituant à la flamme, quelques détails de la pièce émergèrent doucement du brouillard. D'étranges animaux, des statues et de l'or. Partout, l'éclat de l'or. Pendant cet instant, qui dut sembler une éternité pour ceux qui attendaient derrière moi, je restai muet de stupéfaction ». À Lord Carnarvon qui le presse de questions, Carter, choqué, ne peut que répondre ceci : « Des merveilles... Je vois des merveilles... » Carter n'a pas seulement retrouvé la tombe du pharaon Toutankhamon, il a aussi découvert l'un des plus fabuleux trésors de l'Antiquité, demeuré inviolé depuis plus de trois millénaires ! Partout, l'éclat de l'or, des coffres richement décorés, des vases d'albâtre, des meubles, des statues, des poteries, et aussi des victuailles, des jarres de vin... la pièce est remplie de tout ce que Pharaon pourrait désirer une fois parvenu dans l'au-delà. Au milieu de la pièce, deux sentinelles armées d'une masse et d'un bâton, arborant le cobra sacré protecteur sur le front. Au fond de la pièce, un trône de bois doré, sur lequel figurent le pharaon et sa jeune épouse le massant avec des onguents. D'une touchante simplicité, le lieu est encore imprégné du réalisme caractéristique de l'art amarnien. Une autre porte mène à la chambre funéraire. Carter sait qu'il devrait attendre l'arrivée du représentant du bureau des antiquités égyptiennes... Il a patienté depuis si longtemps. Oubliant volontairement les

Howard Carter devant le sarcophage en or massif de Toutankhamon, en 1922.

règlements, il s'introduit avec Lady Evelyn dans la dernière pièce, où il contemple le sarcophage inviolé du roi qu'il a passé tant d'années de sa vie à chercher. Carter sait, à cet instant précis, qu'il vit le plus beau jour de son existence.

Il faut pourtant attendre le 16 février 1923 pour que soit « officiellement » ouverte la chambre funéraire. Entre-temps, la folie Toutankhamon s'est emparée du monde : depuis que le *Times* a fait paraître un article sur le sujet, chacun veut sa part de cette immense découverte. Bien vite, le Metropolitan Museum of Art de New York propose à Carter son aide dans l'exploitation de sa découverte, mais le bureau des antiquités égyptiennes va réussir à s'accaparer du trésor funéraire et à l'écarter de sa gestion. Il faut dire qu'au début de l'aventure, Carter est bien seul, face aux bureaucrates. Épuisé par ce nouveau voyage, Lord Carnarvon a succombé le 23 février à une septicémie foudroyante, causée, dit-on, par une piqûre de moustique. C'est ensuite le tour d'Aubrey Herbert, son demi-frère, qui disparaît sept mois plus tard. Puis c'est Jay Gould, un milliardaire américain venu visiter la tombe, qui trouve la mort. Enfin, l'assistant de Carter, Arthur Mace, vient lui aussi à succomber. En tout vingt-sept personnes décèdent dans des circonstances mystérieuses durant les douze années suivant la découverte du tombeau. Bientôt, il se murmure que la tombe KV62 est maudite. Qu'une malédiction s'abat sur ceux qui ont osé la violer. Le pharaon avait pourtant prévenu les imprudents de ne pas venir troubler son repos éternel : le jour de la découverte du tombeau, n'était-il pas étrange qu'un cobra vint dévorer le canari de Carter ? Un fort mauvais présage... D'ailleurs, n'était-il pas écrit, à l'entrée de la tombe « La mort touchera de ses ailes celui qui touchera Pharaon » ? Ce dernier détail amuse beaucoup Carter. Et pour cause, il en est l'auteur ! Et ce, pour décourager les curieux. Contrairement à ce qu'on pourrait croire, les morts qui se succèdent ne sont pas dues à un mystérieux virus, ni à une antique bactérie qui auraient sommeillé pendant des millénaires en attendant de rencontrer des organismes à infester. Ces hommes, tout simplement, n'étaient plus de première jeunesse, et avaient investi dans leurs recherches un travail et une énergie sans limites, parfois au péril de leur santé. Rappelons que la majorité des visiteurs du sarcophage n'a pas connu ce sort funeste. Carter, son principal découvreur, n'est décédé qu'en 1939, d'une cirrhose du foie des plus banales... Il semble en fait que la malédiction des pharaons soit une véritable légende urbaine, née sous la plume inspirée de Sir Arthur Conan Doyle, qui cautionna la rumeur. Tous les ingrédients du succès étaient réunis : mystère, aventure, malédiction... D'autres auteurs à l'instar d'Agatha Christie, les médias et le cinéma ne contribueront qu'à entretenir et amplifier ce phénomène. Ou comment redorer efficacement la réputation d'un petit roi oublié, dont la mémoire a été méthodiquement effacée par ses successeurs... Et c'est bien là le plus grand mystère.

Ankhesenamon, femme du pharaon Toutankhamon, reine d'Égypte.
Illustration par W. Brunton.

La véritable malédiction des pharaons réside peut-être bien dans le court règne de Toutankhamon, passé à renier le règne de son propre père... C'est en effet plutôt son troublant destin qui intriguait Carter. Car s'il regorge de richesses, son tombeau n'est pourtant pas celui d'un roi. De toute évidence, il a fallu lui trouver une sépulture en toute hâte. Et la raison ne peut en être qu'une mort accidentelle. Ou du moins, que l'on a voulu faire passer pour telle. C'est en raison des fractures constatées sur sa dépouille que l'on a émis l'hypothèse d'une mort violente : chute de char, piétinement par un cheval, assassinat, empoisonnement, septicémie... Autant d'hypothèses que certains ont étayées par l'ordre de succession qui a suivi sa mort. Marié à sa demi-sœur Ankhesenamon, Toutankhamon ne laisse pas de descendant mâle. Pourtant leur union fut vraisemblablement heureuse, si l'on en juge par le trône exposé aujourd'hui au musée du Caire, célébrant tout l'amour de ce couple même au-delà de la mort... Sa veuve était très jeune, elle se sentait seule et menacée, ce qui expliquerait qu'elle soit l'auteur de la fameuse lettre adressée au roi hittite, et découverte au XIXe siècle, dans laquelle une reine d'Égypte propose sa main – et son Empire – à un prince de cette nation traditionnellement ennemie. Certains historiens le pensent. Voilà une bien étrange proposition, qui aspirait peut-être à écarter du pouvoir Ay, le vizir du roi, sans doute responsable de sa mort prématurée. C'est pourtant lui qui finira par succéder à Toutankhamon, pour quatre années, durant lesquelles Horemheb, son futur successeur, attend son heure (faisant échouer le plan de la reine, qui disparaît mystérieusement, et massacrer le prince hittite Zannanza, venu accepter sa main). Bien que n'étant d'aucune extraction noble, Horemheb met fin à la XVIIIe dynastie, celle des Thoutmosides. Grand bâtisseur, restaurateur de l'ordre perturbé par le règne d'Akhénaton, il prépare ainsi le terrain à une nouvelle et brillante dynastie, celle de Ramsès, qui mettra tout en œuvre pour effacer des mémoires l'hérésie d'Akhénaton, en détruisant les traces visibles de son existence, et de sa descendance. Peut-être Horemheb a-t-il jugé nécessaire en ces temps perturbés, d'écarter du pouvoir un pharaon qu'il jugeait trop jeune pour la tâche qui l'attendait, et qui risquait d'honorer la mémoire de son père ? Pour le docteur Hawass, chef du Conseil suprême des Antiquités égyptiennes (dont les propos n'engagent que lui), la mort de Toutankhamon ne serait due qu'à un banal accident de char... Les récentes analyses ADN effectuées sur la momie de Toutankhamon ont révélé des tares congénitales liées à sa consanguinité et à un paludisme fort avancé qui rongeait ses os. Un piètre état de santé confirmé par la présence d'une canne dans sa tombe.

Né dans une époque charnière, troublée et passionnante, Toutankhamon n'était ni un conquérant, ni un grand monarque. Il ne doit sa célébrité qu'à la découverte de sa tombe inviolée jusqu'alors et renfermant deux mille quatre-vingt-dix-neuf fabuleux trésors trouvés à l'intérieur, dont son masque mortuaire constitue le symbole le plus majestueux. Les circonstances exactes de sa disparition demeurent toujours un mystère. Et il est trop tard aujourd'hui pour rendre justice à l'enfant-pharaon mort avant ses vingt ans. Pourtant, trois mille ans plus tard, l'acharnement, la ténacité et le talent d'Howard Carter lui auront finalement au moins rendu sa place dans l'Histoire !

MARIE-CAROLINE, DUCHESSE DE BERRY

LA REBELLE DES BOURBONS !

La duchesse de Berry est une des figures les plus romanesques du XIXe siècle. De la cour des Deux-Siciles aux Tuileries, de la Vendée à l'Autriche, du château de Rosny aux fêtes vénitiennes, elle se retrouva confrontée à des révolutions, des complots, des assassinats, elle connut la prison et l'exil. En 1832, elle fomenta une conspiration afin de rallier les Ultras à sa cause. Son but ? Renverser Louis-Philippe l'usurpateur et hisser sur le trône son fils Henri, né juste après l'assassinat du duc de Berry, survenu à Paris en 1820. Soutenue par de nombreux légitimistes – dont Chateaubriand – elle entame alors une véritable campagne de propagande afin de ranimer la flamme royaliste, de Provence en Vendée... Usant de ses appuis, se cachant, se travestissant pour parvenir à ses fins, elle échoue lamentablement et se fait arrêter à Nantes. L'accouchement d'une petite fille en captivité, alors qu'elle est veuve du duc de Berry, la décrédibilise aux yeux de ses soutiens légitimistes – aussi finit-elle par admettre qu'elle s'est mariée secrètement au comte Lucchesi-Palli, même si elle ne l'a pas vu depuis deux années... Qu'à cela ne tienne, Marie-Caroline reste la mère du dernier des Bourbons, Henri V, et à ce titre, elle entend bien poursuivre sa folle destinée... Qui était vraiment la duchesse de Berry ? Une ultraconservatrice héroïque, une ambitieuse aventurière ou une imprudente fauteuse de troubles ?

Marie-Caroline Ferdinande Louise de Bourbon-Sicile est née en Italie le 5 novembre 1798. Elle est la fille de François Ier, roi

Portrait de Marie-Caroline, princesse de Bourbon-Sicile et duchesse de Berry (1798-1870).
Peinture de P. Guerin, musée du château de Versailles.

des Deux-Siciles et de Marie-Clémentine d'Autriche, fille de l'empereur Léopold II. La reine Marie-Antoinette, sœur de son grand-père maternel, était donc sa grand-tante. Imaginative et fantasque, l'adolescente se montre rétive à l'autorité de ses précepteurs. En 1816, la voici à Paris pour épouser Charles-Ferdinand de Bourbon, duc de Berry, second fils du comte d'Artois, Charles X, le frère du roi Louis XVIII. Politiquement, le duc de Berry est proche des Ultras, les royalistes partisans d'un retour à l'Ancien Régime d'avant 1789 en rupture complète avec les réformes apportées par la Révolution qu'ils honnissent et par Napoléon qu'ils haïssent. À sa façon, Marie-Caroline va reprendre le flambeau de ces valeurs. Le duc de Berry a vingt ans de plus que sa jeune épouse, et Marie-Caroline est ravissante. Ce qui ne devait être qu'un mariage arrangé devient un mariage où ce qui lie les époux pourrait ressembler à de l'amour, si Charles-Ferdinand n'avait pas pour le beau sexe un penchant que son mariage ne parvient à modérer...

Le palais de l'Élysée devient la résidence du couple, et Marie-Caroline se plaît à y organiser des réceptions où sont conviés les plus grands artistes de l'époque. La duchesse devient une mécène avisée et contribue à la promotion de nombreux peintres. Elle est aussi l'amie de musiciens comme Rossini ou Boieldieu, qui lui dédia son opéra *La Dame Blanche*. Férue de littérature, elle reçoit des écrivains, dont Balzac et Chateaubriand. Dans son château de Rosny, elle constitue une bibliothèque exceptionnelle de plus de huit mille volumes rares et pour la plupart reliés par René Simier. Passionnée de théâtre, elle obtient du roi Louis XVIII le parrainage du théâtre du Gymnase qui, à partir de 1825, s'appellera, en son honneur, « Théâtre de Madame ». Outre sa bibliothèque, le château de Rosny se distingue par sa vaste serre chaude et son parc, qu'en passionnée de botanique et d'horticulture, la duchesse aménage dans le pur style anglais, avec une rivière et une cascade artificielles, inspirées par le jardin que sa grand-tante Marie-Antoinette avait fait aménager au Petit Trianon. Dans ce havre de paix extraordinaire, elle acclimate des biches naines venues d'Asie centrale ainsi que des kangourous !

L'assassinat du duc de Berry, le 13 février 1820, à sa sortie de l'Opéra.
Gravure de Davis.

Le duc et la duchesse de Berry ont quatre enfants. Les deux premiers n'ayant survécu que quelques jours, resteront Louise d'Artois, née en 1819, future grand-mère maternelle de l'impératrice d'Autriche, Zita ; puis, en septembre 1820, vient au monde Henri d'Artois, duc de Bordeaux, futur comte de Chambord, surnommé « l'enfant du miracle », car il naît après l'assassinat de son père ! En effet, le 13 février 1820, vers onze heures du soir, à la sortie de l'Opéra, qui se trouvait rue de Richelieu, alors qu'il raccompagne Marie-Caroline à son carrosse, Charles-Ferdinand est poignardé par Louis-Pierre Louvel, un ouvrier bonapartiste. Celui-ci, en tuant le duc de Berry, pense éteindre à jamais la race des Bourbons. Un mauvais calcul, puisque quelques mois plus tard naîtra l'héritier sur qui les légitimistes fonderont désormais tous leurs espoirs. Grièvement blessé et intransportable, le duc de Berry est mis à l'abri dans une des salles de l'Opéra. Magnanime, avant d'expirer, il accorde son pardon à Louvel et révèle l'existence des filles qu'il a eues de son union secrète avec Amy Brown. Conséquence immédiate de cet assassinat, le ministre de la Police, Élie Decazes, accusé de laxisme est démis de ses fonctions. Les Ultras, qu'il avait contribué à museler, se déchaînent maintenant contre lui. Rapidement, ils imposent leurs vues et certains sont nommés ministres. En décembre 1821, c'est le comte Joseph de Villèle, l'homme de confiance du comte d'Artois, qui devient ministre des Finances. Les

Louise-Marie-Thérèse d'Artois et son frère Henri-Charles-Ferdinand Dieudonné d'Artois.
Peinture de Dubois Drahonet.

universités sont placées sous la tutelle de l'Église et les libertés de la presse, déjà réduites, s'amenuisent encore plus.

Politiquement, la duchesse de Berry ne s'engage pas encore. Après l'assassinat de son mari, elle s'installe aux Tuileries, où elle ne se soucie guère de l'étiquette archaïque à laquelle sa belle-sœur la duchesse d'Angoulême – fille de Louis XVI – voudrait que la cour se conforme. Dans un palais suranné, la ravissante duchesse de Berry, alors dans tout l'éclat de sa jeunesse, apporte une gaîté qui contraste avec la tristesse de cette atmosphère désuète et compassée. Il est vrai que la jeune veuve n'a que vingt-trois ans ! Marie-Caroline est légère et elle aime s'amuser. C'est elle qui lance la mode des bains de mer, dans les premières stations balnéaires, comme Boulogne-sur-Mer et Dieppe. Duchesse moderne, elle parraine activement de nombreuses manufactures, des maisons de commerce et des ateliers d'artisanat, car elle souhaite sincèrement favoriser l'essor économique du pays. Du 14 au 18 juillet 1828, elle est reçue en grandes pompes à Bordeaux, première ville à s'être ralliée à Louis XVIII après la chute de Napoléon. Une visite de propagande hautement symbolique car son fils, héritier des Bourbons, porte le titre de duc de Bordeaux. À la suite des Trois Glorieuses, son beau-père, le roi Charles X doit abdiquer le 2 août 1830 en faveur de son petit-fils Henri. La duchesse de Berry estime alors que la régence lui revient de droit pendant la minorité de son fils, seul prince héritier reconnu par les légitimistes. Mais c'est Louis-Philippe, un Orléans, qui devient roi des Français, car il assume le double héritage de la monarchie et de la Révolution. La duchesse suit à contrecœur la cour de Charles X exilée en Écosse, pays très en vogue à l'époque grâce aux romans de Walter Scott. Pourtant, conseillée par son ami le maréchal de Bourmont, elle ne s'avoue pas vaincue pour autant !

Au début du printemps 1831, elle quitte le Royaume-Uni et se réfugie d'abord en Allemagne, puis en Italie – suivie à la trace par les agents secrets de Louis-Philippe – où elle va chercher appui auprès du duc de Modène, François IV d'Este (seul monarque européen qui refuse de reconnaître la monarchie de Juillet). Puis, dans la nuit du 28 au 29 avril 1832, venue du port de Viareggio, sur un petit bateau battant pavillon sarde, le *Carlo Alberto*, elle débarque dans une calanque marseillaise. Ses tentatives pour rallier la population provençale à sa cause tournent au fiasco. Sans se décourager, elle se lance alors dans une folle aventure : raviver les guerres de Vendée dans l'espoir de soulever ensuite le pays tout entier en faveur de son fils. Toujours filée par les espions de Louis-Philippe, et malgré des défections et le manque d'armes (les Français sont lassés des conflits), elle provoque, au nom de la branche aînée des Bourbons, un appel à la révolte contre les Orléans. Bien que soutenue par quelque cinq cents hommes armés, conduits par Charrette et La Roberie, les escarmouches ne durent que quelques jours. Le roi Louis-Philippe, qui avait été prévenu de ce qui se tramait, avait pris des dispositions pour décourager les conjurés et l'insurrection est rapidement matée. Mais la duchesse de Berry reste introuvable. En fait, le 9 juin, déguisée en jeune paysanne, elle a gagné Nantes où elle se cache dans une maison alliée à sa cause. De là, elle parvient même, contre toute attente, à entretenir une correspondance avec les cours européennes.

Adolphe Thiers, nouveau ministre de l'Intérieur, qui souhaite une issue rapide à cette affaire pour assurer sa popularité, introduit une « taupe » dans l'entourage de la duchesse. Envoyé à Nantes, Simon Deutz entre en contact avec la

La duchesse de Berry déguisée en paysanne.

jeune femme la plus recherchée du royaume. Contre la coquette somme de cinq cent mille francs, il livre l'adresse de l'insurgée au préfet. Le 8 novembre, la maison est investie par la police. Après seize heures de fouille, la duchesse se voit contrainte de quitter sa cachette – un réduit dissimulé par une cheminée dont l'âtre était resté allumé – et apparaît le visage et les habits noircis par la suie. Elle est alors enfermée dans la citadelle de Blaye, sous la garde du général Bugeaud. Officiellement, le roi et le gouvernement ont de quoi pavoiser, mais ils se retrouvent désormais avec une prisonnière bien encombrante ! La condamner au bannissement serait une solution, mais étant accusée de complot et de rébellion armée, la duchesse ne peut échapper à un procès. Que faire ? L'acquittement ferait de Louis-Philippe un usurpateur, la condamnation en ferait un bourreau. Quant à la grâce, elle serait prise pour une lâcheté.

En 1833, le bruit court que la duchesse de Berry est enceinte. Le 10 mai, elle accouche en prison et met au monde une petite fille prénommée Rosalie. Ajoutant l'humiliation à la détresse, Louis-Philippe donne des instructions pour que la duchesse accouche devant témoins. Le père étant inconnu, la princesse, selon le mot du comte Apponyi, passe pour une « aventurière de bonne maison ». C'est aussi l'occasion de jeter le doute sur la légitimité de l'héritier des Bourbons, le duc de Bordeaux. La princesse déclare peu après que le père de sa fille est Hector Lucchesi-Palli, duc della Grazia, second fils du prince de Campo-Franco, vice-roi de Sicile, qu'elle avait épousé secrètement à Rome en 1831 et que les satiristes de l'époque surnommèrent alors « Saint Joseph » car ce dernier n'avait pas vu sa femme depuis près de deux ans !

Au bout de quelques mois de captivité, la duchesse de Berry est libérée puis expulsée vers Palerme, la ville de son enfance. C'est encore le servile Bugeaud qui supervise ce transfert à bord de la frégate *L'Agathe* qui appareille de Bordeaux. La ville qui avait vu son triomphe quelques années plus tôt, la voit cette fois partir pour un long exil.

La petite Rosalie survivra à peine six mois. Puis la duchesse aura avec ce nouveau mari trois filles et un garçon. Mais la mort de sa première fille reste un drame difficilement surmontable. Aussi, pour fuir sa douleur profonde, s'étourdit-elle dans les fêtes et les réceptions. La famille royale lui fait comprendre qu'elle est désormais *persona non grata*. Charles X refuse de la recevoir et il lui interdit même de s'occuper de l'éducation d'Henri, le comte de Chambord pour qui elle a pris tant de risques ! Elle passe ainsi les dernières années de sa vie, entre le palais Vendramin de Venise et le château de Brunsee, en Autriche, où elle s'éteint en 1870, entourée par sa nombreuse progéniture italienne... Durant son exil, Marie-Caroline n'aura jamais fait mentir son surnom de « bonne duchesse », venant en aide à de nombreux serviteurs de la cause monarchiste tombés dans la misère. Cette femme généreuse, mécène, bâtisseuse, amie des arts était avant tout une femme libre, naturelle et sans préjugés dans une époque corsetée. Un tempérament passionné et subversif qui, toute sa vie, n'a cessé de provoquer le destin, braver les interdits et bousculer les convenances.

« Triste époque que la nôtre, dans laquelle, lorsque l'on veut chercher ces grands événements qui s'élèvent, comme autant de bornes militaires, dans la vie des princes, on rencontre une prison, un exil, un tombeau ! »

Mémoires historiques de S.A.R. Madame, duchesse de Berry, depuis sa naissance jusqu'à ce jour, 1837.

QU'EST DEVENU
SÉBASTIEN Ier DU PORTUGAL ?

« Encoberto, quand reviendras-tu ?
Semble soupirer l'âme Portugaise,
L'espoir messianique de la venue
du Roi Caché. »

Ainsi s'ouvre « Le Roi Caché », troisième partie du recueil *Messages*, l'un des chef-d'œuvres du poète Fernando Pessoa. Il y célèbre l'âme lusophone, tout imprégnée de ce sentiment particulier, emprunt de nostalgie, d'avoir été spolié de sa puissance passée. José Manuel Barroso, président de la Commission européenne, assurait lui aussi dans une interview donnée en 2003 qu'« au fond de l'âme portugaise, l'idée existe que nous serions comme un pont jeté entre l'Atlantique et la Méditerranée ». Chaque Portugais sait d'instinct et de cœur que son pays, aussi petit soit-il, a un rôle à jouer dans le monde, dont il a plus qu'aucun autre contribué à explorer les limites. La seule évocation de Dom Sebastião Ier du Portugal, le roi disparu dont certains espèrent toujours le retour mythique, n'est pas sans rappeler les musulmans chiites attendant celui du Mahdi ou les Juifs, celui du Messie. Elle évoque à elle seule les incroyables découvertes des célèbres navigateurs portugais aux XVe et XVIe siècles, au moment où le Portugal rêvait encore de construire le plus grand empire du monde. Mais quel a été le destin de ce roi mystérieusement disparu dans la bataille d'Alcàcer Quibir, et dont on n'a jamais retrouvé le corps ? Pourquoi son histoire a-t-elle si profondément marqué la conscience du peuple portugais ?

Portrait de Sébastien Ier, roi du Portugal (1554-1578).
Tableau de Cristóvão de Morais de 1571. Musée national d'Art antique, Lisbonne.

Lorsque Sébastien naît le 20 janvier 1554, deux semaines seulement après le décès de son père, le Portugal sur lequel règne encore son grand-père Jean III traverse une période d'expansion économique et territoriale sans précédent. Dès le début du XVe siècle, le roi Jean Ier s'est lancé dans une ambitieuse politique d'exploration et de conquête du continent africain : la ville de Ceuta, dans l'actuel Maroc, devient ainsi une possession portugaise en 1415. Il s'agit pour le roi de poursuivre en Afrique du Nord la *Reconquista* des terres occupées par le calife de Cordoue, qui s'est achevée en 1267. La prise de Ceuta, ville maritime idéalement située sur le détroit de Gibraltar, offre un important avantage stratégique aux Portugais, qui coloniseront, tout au long du XVe siècle, Madère, les Canaries, puis les Açores... Parallèlement, le Portugal cherche à conquérir l'Afrique du Nord de l'intérieur des terres. Mais les plans d'Édouard Ier pour vaincre Tanger en 1437 échouent, et son propre frère est fait prisonnier à Fez. Les Portugais vont alors choisir d'explorer l'Afrique par voie maritime, en suivant la côte atlantique. En 1441, ils découvrent le Cap-Vert et le Cap-Blanc, pour atteindre très vite le Sénégal et la Guinée, puis la Sierra Leone, en 1460. Continuant à explorer la côte, les explorateurs débarquent ensuite en Angola, avant que Bartolomeu Dias ne franchisse, en 1487, le Cap de Bonne-Espérance. Cette expansion territoriale se double d'un développement économique considérable dû au « Prince Parfait », celui qu'Isabelle de Castille surnomme «l'Homme », Jean II. Et contre toute attente, à la fin du XVe siècle, le Portugal est considéré comme le pays le plus riche d'Europe. La raison en est évidemment le commerce des denrées et minerais découverts dans les nouvelles colonies, mais aussi les considérables revenus engendrés par le trafic d'esclaves, que le pape Nicolas V a autorisé par une bulle de 1454. Ces richesses permettent aussi de financer les coûteuses expéditions transatlantiques, par lesquelles le Portugal défriche les premières terres du Nouveau Monde. Au début du XVIe siècle, la petite nation maritime est prête à conquérir le monde ! Pourtant, les premiers germes du désordre apparaissent dans la société portugaise, avec l'arrivée sur le trône de Manuel Ier, qui succède à son cousin Jean II, mort sans héritier. Mais celui qu'on appelle « le Fortuné » privilégie le faste, néglige d'entretenir les colonies et gaspille à tout va pour éblouir les autres cours européennes. Sans compter que la présence d'esclaves, corvéables à merci, dévalorise le travail. Et surtout, le petit pays commence à avoir du mal à administrer l'immense empire qu'il s'est dessiné. Il peine à faire face à la concurrence de nouvelles puissances coloniales qui commencent à émerger, comme les Pays-Bas et la France, qui lui disputent ses zones d'influence en Amérique du Sud. L'expulsion des Juifs portugais, condition posée par l'Espagne à une alliance luso-espagnole, accélère la désorganisation sociale du pays.

C'est donc dans un contexte de relatif déclin que Sébastien Ier accède au pouvoir, en 1568, après une régence assurée par sa grand-mère Catherine de Castille. Conscient de la perte d'influence de la nation portugaise, le jeune roi décide d'imiter l'exemple de ses glorieux prédécesseurs en relançant la conquête du continent africain, afin de renforcer le prestige du royaume. Il doit aussi canaliser l'énergie d'une noblesse désœuvrée, qui n'a pas manqué de tester les faiblesses du pouvoir lors de la régence. Dès son accession au pouvoir, à l'âge de quatorze ans, Sébastien Ier fait donc étudier à ses conseillers les modalités d'une nouvelle croisade, qui commencerait par le Maroc. Pour le jeune homme, le projet ne relève pas seulement d'une stratégie géopolitique : ayant reçu une éducation profondément religieuse auprès des Jésuites, il croit sincèrement être porteur d'une mission évangélique pour le continent africain. Lorsqu'il apprend que les forces de la Sainte Ligue, qui rassemble les États catholiques, ont défait l'armée ottomane à la bataille de Lépante, le 7 octobre 1571, Sébastien Ier pense son heure enfin arrivée ! Aussi décide-t-il de monter une expédition pour conquérir le Maroc, rendre son trône au sultan allié et fermer du même coup le détroit de Gibraltar. Pour ce faire, il cherche à ranimer l'alliance avec l'Espagne et sollicite le soutien de Philippe II qui, non seulement refuse catégoriquement de participer à cette opération, qu'il juge

La bataille de Lépante, le 7 octobre 1571. Gravure de Gustave Doré tirée de *L'Histoire des Croisades* de Michaud, 1888.

totalement insensée, mais remet en question la perspective d'une union entre le jeune roi portugais et une princesse espagnole...

Sébastien est jeune, nerveux et malingre, mais il a la foi ! Et il n'entend pas se laisser ébranlé pour autant. N'est-il pas convaincu de la sainteté de sa mission ? N'a-t-il pas été manifestement choisi pour redonner au Portugal sa splendeur passée, lorsqu'il a réussi à soulever, à quatorze ans à peine, l'énorme épée d'Alphonse Ier, premier roi du Portugal ? Malgré les mises en garde de ses conseillers militaires, les réticences de ses alliés et la pénurie des moyens, Sébastien parvient à lever une armée de seize mille hommes – qui comprend des gentilshommes, mais aussi des paysans et de nombreux mercenaires – pour se lancer dans ce qu'il considère comme la nouvelle croisade. Et le 24 juin 1578, il s'embarque pour Tanger, persuadé d'être destiné à devenir le premier roi chrétien du Maroc ! Il prend aussitôt appui sur les forces de son allié, le sultan Moulay Mohammed, déposé depuis 1576 par son propre oncle, le sultan Abu Marwan Abd al-Malik, lui-même soutenu par le puissant Empire ottoman. Arrivé à Tanger, il n'hésite pas, sans doute par excès de confiance et en raison de son évidente inexpérience, à mener son armée à l'intérieur des terres, afin d'aller au devant de son ennemi, s'éloignant ainsi dangereusement du soutien de sa flotte. Le 4 août 1578, ce sont des troupes portugaises épuisées par une longue marche qui affrontent les forces d'Abd al-Malik, largement supérieures en nombre, puisqu'elles comptent pas moins de quarante mille hommes. Mais, en dépit de l'avis de son

La bataille des Trois Rois, le 4 août 1578.

état-major, le jeune roi portugais s'entête à mener son armée sur le champ de bataille, et charge même furieusement en tête de la cavalerie ! Il disparaît très vite dans la foule et c'est une masse totalement désorganisée qui s'engage alors dans la bataille. L'issue du combat est désastreuse. Des dizaines de milliers d'hommes sont massacrés. Privés de leur commandement, les hommes de Sébastien sont mis en déroute. L'armée de Moulay Mohammed est anéantie. Ce dernier s'est d'ailleurs noyé dans l'oued Mekhazen en tentant de s'enfuir. Abd al-Malik, déjà souffrant à son arrivée sur le champ de bataille, succombe à la maladie au début du combat. Quant à Sébastien Ier, on ne retrouvera jamais son corps... Les trois chefs militaires ont donc perdu la vie, ce qui vaudra à ce dramatique épisode de passer à la postérité sous le nom de « bataille des Trois Rois ».

Mais la défaite militaire, écrasante, se double d'une défaite économique et morale dévastatrice pour un Portugal exsangue. La patrie n'a plus de roi, plus de noblesse, plus de jeunesse ! Les rançons exigées pour les prisonniers retenus en otage au Maroc mobilisent des sommes considérables. Quant à la domination sur l'Afrique, elle est définitivement déstabilisée. La première folie de Sébastien n'est-elle pas d'être parti en guerre sans s'être assuré au préalable de sa propre succession ? C'est donc le vieux cardinal Henri Ier qui monte alors sur le trône. Âgé de soixante-six ans, il a principalement pour mission de se trouver un successeur légitime... Mais en l'absence d'héritier proche, la couronne portugaise semble plus en danger que jamais.

Portrait de Philippe II, roi d'Espagne (1527-1598). Peinture de l'École espagnole, musée du Prado, Madrid.

Philippe II d'Espagne ne laisse pas passer sa chance : il se saisit immédiatement de cette vacance du pouvoir pour annexer le Portugal. Aux yeux des quelques *Cortes* restants – les représentants de la noblesse portugaise – il apparaît même comme le seul recours capable de sauver le pays du chaos et de maintenir les possessions coloniales. Mais le peuple, qui tient farouchement à conserver son indépendance, lui préfère Antoine, dit « le Prieur de Crato », le fils naturel de l'infant Louis. Henri Ier meurt en 1580 sans avoir tranché ! Philippe II s'empare alors facilement de la couronne portugaise après la bataille d'Alcantara, au cours de laquelle il écrase Antoine. Le Portugal restera désormais sous domination espagnole durant soixante ans. Loin de redonner au Portugal le premier rang au sein des nations européennes, les ambitieuses entreprises de Sébastien Ier ont, au contraire, valu au petit pays de retomber sous le joug auquel il avait échappé plus de quatre siècles auparavant.

Pourtant, en l'absence de corps, impossible de prouver la mort du roi. Très vite, les plus folles rumeurs courent sur son compte. Le roi Sébastien Ier serait bel et bien vivant, et il serait même sur le point de venir délivrer les Portugais de la domination espagnole. Jusqu'à la restauration de l'indépendance portugaise par la dynastie des Bragance en 1640, des fidèles attendent le retour « magique » de leur monarque, *O Desejado* (« le Désiré », en portugais). Pas moins de quatre imposteurs se présenteront comme le roi disparu au début de la domination espagnole, et tous seront exécutés ! Paradoxalement, le roi vaincu – qui n'était pas tant aimé que cela avant sa disparition – incarne désormais l'essence même de l'identité nationale portugaise. Et dans cette culture tout imprégnée de catholicisme, la figure de Sébastien Ier, disparu à vingt-quatre ans en se sacrifiant pour la croisade, prend très vite des allures messianiques. Aussi un certain mysticisme, le « sébastianisme », se développe à partir des prophéties d'un poète de la Renaissance, Gonçalo Yannes Bandarra. Il prédit l'émergence d'un « Cinquième Empire », dont le « Roi Caché » prendrait la tête. Cette espérance sera popularisée au XVIIe siècle par le père António Vieira, prédicateur jésuite et écrivain inspiré, qui appelle de ses vœux la création d'un « Quint Empire », dominé par le Portugal sous l'inspiration du Saint-Esprit. Profondément ancré dans l'inconscient collectif portugais, le sébastianisme s'exportera jusque dans ses colonies, puisqu'on en retrouve la trace au Brésil, dans des communautés qui attendent elles aussi le retour du roi jusqu'au milieu du XIXe siècle.

La mémoire de cette bataille suscite une pluralité de récits historiques, hagiographiques et folkloriques en terre marocaine… Mais curieusement, elle ne fait l'objet d'aucune célébration. Seules les communautés juives sépharades, réfugiées au nord du Maroc après leur expulsion de la péninsule ibérique, continuent de fêter le 4 août (date de la victoire) le *« Pûrim de los cristianos »*, qui remercie Dieu d'avoir détourné un péril mortel. Une légende dit que le corps du roi aurait été identifié et finalement rendu aux Portugais, en échange d'une rançon, puis enterré. Mais de Belém à Ceuta, nul ne saurait dire où se situe sa tombe… Une autre histoire fait état d'un soldat rentré incognito au Portugal, trop honteux d'affronter son peuple après une telle débâcle… Quoi qu'il en soit, la postérité de ce roi exalté, fantasque et fanatique, qui a fini par incarner l'idée même d'une puissance pourtant détruite par sa faute, ne manque pas de nous interroger.

LES BORGIA

ONT-ILS ÉTÉ LA FAMILLE LA PLUS DÉCADENTE DE L'HISTOIRE ?

20 avril 1455. Alfonso Borgia arpente d'un pas rapide le chemin qui conduit du palais du Vatican à l'atrium de la basilique Saint-Pierre. Depuis le 8 avril, il est le maître de ce camp retranché à l'intérieur de Rome, entouré de remparts et protégé par la forteresse du château Saint-Ange. Il est aussi le défenseur de la chrétienté occidentale, menacée par l'avancée de l'Empire ottoman depuis la chute de Constantinople deux années auparavant. Alfonso Borgia se prépare à être intronisé nouveau pape sous le nom de Calixte III. Lorsqu'il entre dans la vénérable église, un chanoine – selon le rituel établi – enflamme devant lui un paquet d'étoupe, symbole de la grandeur éphémère de la papauté : « Sic transit gloria mundi ! » (Ainsi passe la gloire du monde !). Cette grandeur, pour être transitoire, n'en est pas moins réelle : Calixte III, dont l'élection au siège de Saint-Pierre constitue le couronnement d'une carrière menée de main de maître, entend bien en profiter ! Il est désormais prêt à installer son nom dans le paysage politique romain. Il réussira même au-delà de toutes ses espérances... Car si le nom de Calixte III se perd aujourd'hui dans la longue liste des papes qui se sont succédé au Vatican, celui des Borgia va entrer dans la légende de Rome et de l'Italie. Une légende noire. Meurtres, incestes, viols, actes de torture, il n'est pas de crimes dont les Borgia n'aient été accusés. Nourrie hier par Alexandre Dumas et Victor Hugo, et aujourd'hui par les séries télévisées, toute la culture populaire assimile les Borgia à la débauche la plus perverse et aux égarements les plus sordides. Mais qu'en est-il réellement ?

Portrait de Lucrèce Borgia (1480-1519).
Tableau de Bartolomeo da Venezia.

Représentation du pape Calixte III (1378-1458).

Les Borgia ont-ils fait preuve d'un véritable génie du mal, ou plutôt d'un appétit de pouvoir sans limites, qui leur a valu l'inimitié de toutes les grandes familles concurrentes ?

Issu de l'alliance de deux nobles familles aragonaises, Alfonso Borgia a fait de brillantes études de droit à l'université de Lérida. Ses talents attirent l'attention du roi d'Aragon, Alphonse V, qui en fait son secrétaire particulier. C'est également lui qu'Alphonse d'Aragon envoie au concile de Bâle-Ferrare-Florence-Rome, où son habileté diplomatique fait merveille pour résoudre le grand schisme d'Occident, qui divise la chrétienté entre les papes de Rome et les papes d'Avignon depuis 1378. Aussi le négociateur reçoit-il du pape Martin V une récompense à la hauteur de ses accomplissements : le 20 août 1429, il devient évêque de Valence, charge qui lui assure de confortables revenus. Mais Alfonso est promis à un plus grand destin. Il va accompagner son souverain, Alphonse d'Aragon, dans l'aventure de la conquête du royaume de Naples. Le pape Eugène IV élève alors Alfonso Borgia au cardinalat en 1444. Il devient de facto le représentant de l'Aragon et du royaume de Naples à Rome, transformé en un puissant centre de pouvoir sous l'autorité du pape. L'empereur germanique Frédéric III reconnaît formellement la primauté du pouvoir spirituel (celui du pape) sur le pouvoir temporel (le sien), et donc celui des autres souverains européens. Mais la chute de Constantinople, en mai 1453, fragilise à nouveau la chrétienté : c'est dans ces circonstances que se déroule le conclave qui va aboutir à l'élection d'Alfonso Borgia au pontificat. Les deux familles les plus influentes de Rome, les Orsini et les

Colonna, ont chacun leur candidat. Alfonso joue habilement de cet antagonisme pour se faire élire au siège de Saint-Pierre ; il est bien le seul à n'être pas surpris par le résultat de l'élection !

En pleine Renaissance, l'Italie du XVe siècle est loin d'être une nation unie. Bien au contraire, elle abrite une multitude de cités-états, toutes souveraines. Chacune des villes possède sa propre noblesse, rattachée en général à une famille très influente : Florence est le siège des Médicis, Milan celui des Sforza... Ces différentes cités font l'objet de toutes les convoitises : celles du roi de France, mais aussi celles de l'empereur du Saint Empire romain germanique, qui se disputent les zones d'influence. L'Italie du Nord est donc constamment en proie aux renversements stratégiques d'alliances entre les cités, pour assurer leur protection mutuelle. Le pape a également son mot à dire : il est le détenteur du pouvoir politique dans les États pontificaux du centre de l'Italie. Au titre de souverain pontife, il peut exiger un tribut de la part des autres cités. Après la période de grande déstabilisation qu'a traversée la papauté lors du grand schisme d'Occident, les États pontificaux sont plutôt affaiblis. Devenu Calixte III, Alfonso Borgia compte bien rétablir son influence. Pour ce faire, il nomme aux postes clés d'autres ressortissants du royaume d'Aragon : c'est l'arrivée des « Catalans », comme on les appelle.

Dans les années 1450, Rome est victime d'une terrible épidémie de peste, et se voit désertée par ses élites. Aussi Calixte III en profite-t-il pour nommer de nouveaux cardinaux qui lui sont entièrement dévoués. Parmi eux, son neveu Rodrigo, né en 1431, qui devient cardinal à seulement vingt-cinq ans, puis vice-chancelier. Son clan en place, Calixte III va tenter de convaincre les princes européens de se lancer dans une nouvelle croisade, sans grand succès ; il dépense pourtant sans compter pour la financer. Lorsque l'on découvre près de l'église Sainte-Pétronille deux tombes antiques, qui sont peut-être celles de l'empereur Constantin et de son fils, il décide tout simplement de les détruire pour en récupérer l'or et l'argent. Il est vrai que la papauté a beaucoup à se faire pardonner... Les débauches de Rodrigo commencent également à faire grand bruit. Il est soupçonné d'avoir participé à un sombre trafic de fausses bulles papales, dont l'une aurait autorisé Jean d'Armagnac à s'unir charnellement à sa propre sœur. Son habileté politique lui permet de conserver toute la faveur du successeur de son oncle, Pie II. Quand ce dernier meurt à son tour, Rodrigo a l'intelligence de soutenir le cardinal della Rovere, qui, une fois élu sous le nom de Sixte IV, lui offre le rang de cardinal-évêque. Pour accéder à ce titre, le jeune cardinal Borgia doit cependant être ordonné prêtre : il se résout du bout des lèvres à prononcer ses vœux de chasteté, ce qui ne l'empêche pas de se mettre en ménage avec la jeune et belle Vannozza Cattanei, issue d'une riche famille romaine. Afin de conforter l'unité religieuse, Sixte IV envoie Rodrigo en Espagne résoudre la succession d'Henri IV. Le roi n'a qu'une seule fille dont la légitimité est contestée par sa sœur Isabelle et son cousin de mari Ferdinand d'Aragon qui cherchent à l'évincer. Rodrigo s'assure de la reconnaissance d'Isabelle, future reine de Castille, en validant leur mariage et en leur offrant la couronne d'Espagne. Fort de ses succès, Rodrigo jouit avec bonheur des douceurs de la vie conjugale : sa maîtresse n'est-elle pas l'une des plus belles femmes de Rome ? Vannozza lui donnera quatre enfants : Jean, né en 1474, César, né l'année suivante, puis une fille, Lucrèce, en 1480 ; en 1482, c'est Gioffre, le dernier fils, qui fait la joie du cardinal.

À la mort de Sixte IV, Rodrigo voit son heure venue. Il a l'argent que lui procurent ses charges et les appuis nécessaires pour se vêtir de la charge papale. Malheureusement, un autre membre du clan della Rovere le prend de court et accède au trône sous le nom d'Innocent VIII. Ce n'est pas sa scandaleuse vie matrimoniale qui lui vaut cette éviction, puisque son concurrent a également des enfants illégitimes, mais la promesse

Lucrèce Borgia (1480-1519) et son frère le cardinal César Borgia (1475-1507).

d'Innocent VIII qui s'engage à éradiquer le népotisme auquel Sixte IV s'était livré sans retenue. Des voix s'élevaient en effet pour protester contre les excès et les débauches dans lesquelles se vautraient les dignitaires du Vatican : à Rome, un étrange prédicateur du nom de Jérôme Savonarole éructe sur les places publiques contre la simonie et incite les riches romaines à se débarrasser de leurs fards et de leurs bijoux dans de grands bûchers, que l'on nomme « bûcher des vanités ». Ce sera chose faite, le 7 février 1497.

Tandis que la santé d'Innocent VIII montre des signes de faiblesse, la guerre de succession pour le trône de Saint-Pierre recommence. Les villes de Naples et de Milan s'y affrontent par l'intermédiaire du camp della Rovere (qui représente les intérêts de Naples) et du camp Sforza (qui défend ceux de Milan). Au sein du clan milanais, cette fois-ci Rodrigo est le mieux placé. Il suffit d'un pot-de-vin versé au vieux Maffeo Gherardo, le patriarche de Venise qui n'est pas en pleine possession de tous ses moyens, pour garantir le résultat de l'élection. Ainsi dans la nuit du 10 au 11 août 1492, Rodrigo Borgia, neveu du cardinal de Valence, accède-t-il à la plus haute fonction spirituelle possible, en devenant le vicaire du Christ. Il ouvre alors l'ère du règne historique des Borgia sur Rome. Le nouveau pape a pris le nom d'Alexandre VI. Alexandre, comme son prédécesseur Alexandre III qui, au XIIe

Rodrigo Borgia, pape Alexandre VI de 1492 à 1503. Collection musée de Dijon.

siècle avait tenu tête à l'empereur Barberousse, mais aussi comme Alexandre le Grand, l'illustre conquérant du monde...

Une fois au pouvoir, Alexandre VI se montre reconnaissant et distribue équitablement les fonctions entre les différents clans, sans pour autant négliger son fils César, qui reçoit l'archevêché de Valence. L'élection du nouveau pape semble avoir pacifié les villes d'Italie : Mantoue, Florence, Lucques, Sienne, Venise rivalisent d'attention pour le Saint-Siège. C'est le moment pour Alexandre VI de consolider ses alliances par de judicieuses unions. Sa fille Lucrèce a justement douze ans, et l'on commence à vanter sa beauté. Son père choisit de l'unir au puissant clan Sforza, dont le chef, Ludovic Le More, règne sur Milan. Le mariage avec le jeune Giovanni Sforza est donc conclu, le 2 février 1493. La fête des noces est somptueuse. C'est Ludovic Le More lui-même qui apporte les anneaux. Les princes de Sanseverino jouent ensuite une pièce de Plaute. Le dîner est délicat, et fort arrosé. Certaines mauvaises langues rapportent que d'éminents prélats se sont délectés de plaisirs peu décents... Ne faut-il pas honorer comme il se doit l'alliance de deux des familles les plus puissantes d'Italie ?

Pour son fils Jean, le pape prône une alliance avec l'Espagne. Il s'agit de renforcer les liens avec Isabelle et Ferdinand d'Aragon, à qui la récente découverte du Nouveau Monde par Christophe

Le pape Alexandre VI célèbre le mariage de sa fille Lucrèce entouré de cinquante courtisanes, au Vatican.

Colomb offre la perspective de fabuleuses richesses. Jean Borgia épouse donc la duchesse Maria Enriquez et devient duc de Gandie, non sans que son père se soit assuré auparavant que Rome pourra continuer à accueillir les Juifs expulsés du royaume d'Espagne. Les débuts du mariage sont un peu houleux : à la compagnie de sa femme, Jean préfère celle des demoiselles de petite vertu. Le pape sermonne son fils, et lui demande de se comporter dignement : c'est l'alliance entre la papauté et le royaume d'Aragon qui est en jeu. Cette union sera consolidée avec le mariage de Gioffre, le benjamin des Borgia, à Sancia d'Aragon, la fille illégitime d'Alphonse de Naples. L'alliance aragonaise est donc faite, à la fois avec la branche napolitaine et la branche espagnole. Mais le rapprochement avec Naples conduit à un renversement d'alliances : il faut alors abandonner Milan, et Ludovic Le More. Voilà qui pèse lourdement sur l'union entre Lucrèce et Giovanni Sforza, qui, d'ailleurs, ne s'entendent guère.

César fait étrangler son frère Jean.
Illustration de Louis Bombled.

D'autres problèmes plus pressants préoccupent le pape. Le roi de France, Charles VIII, lance une offensive contre Rome et Naples. Il entame ainsi un long cycle d'invasions françaises, qui perdure tout au long du XVIe siècle. Grâce à son habileté diplomatique héritée de son oncle, Alexandre VI trouve un accord qui sauve l'essentiel : Naples demeure en Aragon ! Malgré ce succès, les critiques pleuvent sur la maison Borgia, dont les débauches deviennent trop voyantes. Le goût prononcé d'Alexandre pour les femmes fait décidément désordre : ne vient-il pas de conquérir une nouvelle maîtresse issue de la richissime famille Farnèse ? Quant à Jean et César, on chuchote qu'ils se partagent non seulement les faveurs de leur belle-sœur Sancia – qui n'en est guère avare – mais aussi, de façon nettement plus scandaleuse, de leur propre sœur, Lucrèce ! On prétend d'ailleurs que César, dont la condition ecclésiastique lui interdit le mariage, nourrit à l'égard de sa sœur un attachement passionnel et une jalousie maladive. Giovanni Sforza, dont la position n'est plus protégée par l'alliance devenue caduque avec Milan, craint pour sa vie et prend la fuite. Lucrèce se réfugie alors au couvent. Fou de douleur, César rend son frère Jean responsable de ce départ. Il a toujours été jaloux de ce cadet adoré par son père, qui veut en faire le prochain roi de Naples. Après un banquet donné par Vannozza Cattanei pour fêter le prochain couronnement de son fils, Jean est retrouvé noyé dans le Tibre. Le pape Alexandre VI est effondré. Les hypothèses fusent quant à l'identité du commanditaire de cet homicide. Serait-ce le clan Orsini ? Sanseverino ? Pourquoi pas Giovanni Sforza lui-même ? Personne n'ose prononcer devant Alexandre VI le nom qui surgit dans tous les esprits, celui de César !

César Borgia (1475-1507).
Peinture de Melone Artobello,
Bergame Academia Carrara.

La mort de Jean redonne pourtant un semblant de dignité à la cour du Vatican. Même le prédicateur Jérôme Savonarole, ennemi du pape, songe à envoyer ses condoléances. Bien vite, les débauches reprennent leur cours. Les maîtresses des prélats s'affichent publiquement, le secrétaire d'Alexandre se livre au trafic de fausses bulles pontificales, ce qui lui vaudra de mourir dans un cachot du château Saint-Ange, et la luxure ne connaît plus de limites. Stigmate évident de ces dérèglements : la syphilis, ce « mal français » apporté par les soudards de Charles VIII, se répand à une vitesse inquiétante et atteint toutes les couches de la société. Dans ce contexte, la faute de Lucrèce – dont l'Histoire fera une nouvelle Messaline – paraît bien innocente. C'est en la faisant venir pour acter la dissolution de son mariage avec Giovanni Sforza que son frère César constate qu'elle est enceinte. Situation qui ne manque pas d'ironie, puisque le prétexte trouvé à l'annulation est la non-consommation du mariage ! Lucrèce est en effet tombée amoureuse du messager qui lui apportait au couvent les missives de son père... La découverte de cette liaison provoque chez César un accès de rage : le malheureux amant est poignardé. Il reste cependant à donner une ascendance présentable à l'enfant à naître afin de lui assurer un certain patrimoine. On prévoit donc deux bulles pontificales, l'une, officielle, qui en fait l'enfant illégitime de César et d'une femme inconnue, et l'autre, secrète et plus lucrative, qui en fait celui d'Alexandre VI. De là est née la légende qui a fait de Lucrèce la maîtresse de son propre père et de son frère !

Or, si la passion exclusive que César entretient à l'égard de sa sœur est effectivement suspecte, rien n'indique cependant qu'Alexandre, son père, se soit rendu coupable d'inceste avec sa fille. Il s'emploie d'ailleurs rapidement à lui trouver un nouveau mari, une fois l'annulation du mariage avec Giovanni Sforza prononcée. Son choix se porte sur Alphonse d'Aragon, le fils naturel du roi de Naples. Plus que jamais, les liens avec le royaume de Naples s'en trouvent renforcés. Alexandre a déjà une autre idée en tête. Cette nouvelle union doit aussi préparer le mariage de César, qui vient d'être rendu à la condition laïque lors du consistoire du 17 août 1498. Le but de la manœuvre est de lui permettre d'épouser Carlotta, la fille, légitime cette fois-ci, du roi de Naples. L'objectif ? Installer César sur le trône. Pourtant, il se pourrait bien qu'Alexandre ait vu trop grand cette fois, car Carlotta répugne réellement à épouser le bâtard d'un pape. Le refus de ce mariage va alors conduire à un spectaculaire renversement d'alliances. Le roi de France Louis XII a en effet une faveur à demander au pape... Il souhaite annuler son mariage avec Jeanne de France afin d'épouser Anne de Bretagne, veuve de Charles VIII. Louis XII propose en échange un bon parti pour César : Charlotte d'Albret, fille d'honneur d'Anne de Bretagne et enfant du duc de Guyenne. À cette noble alliance, il ajoute le comté de Valence, qu'il érige en duché. Une proposition que le pape s'empresse d'accepter. Le mariage est célébré le 12 mai 1499, et, comme le rapporte César dans une lettre à son père, consommé pas moins de huit fois durant la nuit de noces !

Nicolas Machiavel (1469-1527). Peinture de Santi di Tito, Palazzo Vecchio, Florence.

Voilà donc César Borgia seigneur français et Alexandre VI allié du roi Louis XII. Un revirement qui ne manque pas d'effrayer le mari de Lucrèce, Alphonse d'Aragon, car les prétentions du roi de France sur le royaume de Naples sont connues. Lucrèce vient de donner naissance à un petit garçon, qui assure les liens sacrés de son mariage. C'est le caractère de plus en plus violent de César qui inquiète davantage sa sœur. À vingt-cinq ans, le fils aîné d'Alexandre VI a décidé de se débarrasser, par le fer et par le feu, des tyrans qui règnent sur les villes des états pontificaux, sans respecter l'autorité de Rome. Ne vient-il pas de mettre à sac la ville d'Imola ? Le récit du viol de Caterina Sforza, duchesse d'Imola, restée auprès des habitants de la forteresse, scandalise l'opinion publique romaine. César continue pourtant à mener ses entreprises sanglantes. Il soumet les villes Pesaro et Forli, et se fait proclamer gonfalonier de l'armée papale en 1500. Rome n'a jamais autant rayonné qu'en cette année de Jubilé. César entreprend de liquider une fois pour toutes son encombrant beau-frère Alphonse. Il veut ainsi s'assurer du pouvoir de Louis XII dans la conquête du royaume de Naples. Le 15 juillet, trois heures après le coucher du soleil, Alphonse d'Aragon est poignardé sur les marches de la place Saint-Pierre. Il est transporté d'urgence chez lui, où les soins de sa femme Lucrèce et de Sancia, sa demi-sœur, n'éviteront pas le pire. Le mardi 18 août, comme l'écrit sobrement un chroniqueur de l'époque : « étant donné que don Alphonse refusait de mourir de ses blessures, il fut étranglé dans son lit ». Plus rien ne s'oppose alors à l'épopée conquérante de César !

Faenza, Urbino, Camerino, plus rien ne résiste à sa puissance. Prudente, en 1502, la ville de Florence choisit de lui envoyer un émissaire négocier les conditions d'une alliance pacifique. Il s'agit du tout jeune Machiavel, alors âgé de trente-trois ans, qui est ébloui par l'intelligence politique et militaire de César, dont il fera le modèle de son *Prince*.

Et déjà le troisième mariage de Lucrèce avec le prince Alphonse d'Este, héritier du duché de Ferrare, signe le triomphe des Borgia comme nouveaux maîtres de l'Italie. De fastueuses festivités sont organisées pour célébrer les noces de la future duchesse de Ferrare. Bals se terminant en orgies, spectacle de saillies d'étalons offert par le pape à sa fille, la crapulerie et la débauche ne semblent plus avoir aucunes limites au Vatican, où l'on rêve secrètement de sacrer César empereur d'Italie. Son seul nom ne suffit-il pas à évoquer la perspective d'un puissant empire ? Soutenu par les nouveaux cardinaux nommés par son père, César poursuit son impitoyable conquête. Après avoir éliminé sans merci ses condottieri, ses chefs de guerre : le duc de Gravina Francesco Orsini, Oliverotto da Fermo et Vitellozzo Vitelli – qui complotaient contre lui – en les attirant dans un véritable guet-apens à Senigallia, le 31 décembre 1502, sa cruauté répressive est sans fin. Massacre de Capoue, séquestration de Dorotea Caracciolo, élimination du camp Orsini, ses actes horrifient l'Italie.

Le 5 août 1503, à la veille de son départ pour Naples où il doit rejoindre l'armée française, César se rend avec son père dans les vignes du cardinal Adriano de Corneto, qui donne un somptueux souper. La chaleur est étouffante et les convives se remettent de leur cavalcade en buvant forces coupes de vin glacé. Tout ce beau monde tombe étrangement malade. Alexandre est pris de fortes fièvres, et souffre davantage que les autres de l'estomac. Son état empire rapidement, et il rend son dernier soupir le 18 août. Le père et le fils auraient-ils été victimes d'un empoisonnement perpétré par les cardinaux exaspérés par leur insatiable appétit de pouvoir ? Affaibli par la maladie, privé de son protecteur paternel, César est plus que jamais vulnérable… Toujours est-il qu'après le très bref pontificat de Pie III, c'est un membre du clan ennemi qui devient le nouveau pape, sous le nom de Jules II. César est fait prisonnier et livré au roi d'Espagne. Comble d'ironie, c'est aux alentours de Valence, d'où son illustre aïeul était parti plus d'un demi-siècle auparavant, qu'il est enfermé. Mais César ne s'avoue pas vaincu pour autant. Il parvient à s'évader et trouve refuge auprès du roi Jean III de Navarre, le frère de son épouse Charlotte d'Albret, dont il intègre l'armée. Une nouvelle occasion de se couvrir de gloire et d'être fidèle à sa devise : « Aut Caesar, aut nihil » (César ou rien !)

Le pape Alexandre VI et son fils César sont empoisonnés. Illustration de J. Nagrez.

Las, le règne des Borgia semble bel et bien révolu ! À trente et un ans, César Borgia trouve finalement la mort en Navarre, lors du siège de Viana, le 12 mars 1507. De la trajectoire météoritique de celui qui se voyait comme le prochain empereur d'Italie, il ne reste aujourd'hui qu'un parfum de sang et de soufre. Mais la légende rend-elle vraiment justice à cette famille assoiffée de pouvoir, dont les turpitudes ont traversé les années ? Emblématiques d'une Renaissance italienne foisonnante, riche, aventureuse et lascive, les Borgia resteront pour l'éternité l'incarnation du génie de l'excès.

PIERRE BONAPARTE

LE MOUTON NOIR QUI A PRÉCIPITÉ LA CHUTE DE L'EMPIRE

C'est l'une des tombes les plus visitées du Père Lachaise. Aux abords d'une large allée, à l'ombre d'un arbre centenaire, se trouve le gisant d'un tout jeune homme, en redingote et gilet, œuvre du grand sculpteur français Amédée-Jules Dalou. L'artiste a poussé le réalisme jusqu'à donner à sa sculpture un renflement à l'entrejambe, représentant toute la vigueur du défunt. Le bronze de cette partie de la sculpture y est davantage poli qu'ailleurs, témoignant des mains superstitieuses de visiteurs espérant, dit-on, augmenter leur fertilité en caressant cet endroit précis. Mais sait-on qui était cet homme dont les traits fins sont gravés pour l'éternité sur sa tombe ? Sous cette lourde dalle de bronze gît un tout jeune journaliste, né à peine quelques mois après les premières journées révolutionnaires de 1848, et dont la mort annoncera la fin définitive du règne des Bonaparte ! Victime malheureuse d'une balle tirée par Pierre Bonaparte, cousin de l'Empereur et aventurier incontrôlable, Victor Noir devient, au moment même où il expire, le symbole de l'opposition à Napoléon III. Son décès sera en effet le premier signal de la fragilité d'un empire chancelant... sans pour autant être l'unique coup d'éclat d'un Bonaparte méconnu, Pierre l'emporté, fantasque et violent compagnon de jeunesse de son cousin l'empereur, à la chute duquel il participera bien malgré lui.

Né en 1815, Pierre Napoléon Bonaparte est le sixième des neuf enfants qu'aura son père Lucien avec sa seconde épouse, Alexandrine de Bleschamp. Le second mariage de Lucien ayant provoqué l'ire de son frère Napoléon Bonaparte, la famille a

Pierre-Napoléon Bonaparte (1815-1881).

Louis-Napoléon, futur Napoléon III (1808-1873).

préféré s'établir en Italie. Pierre vient au monde à l'automne, quelques mois seulement après la bataille de Waterloo, qui semble avoir mis définitivement fin à l'aventure napoléonienne. Les bons rapports établis par Lucien avec la papauté, à l'occasion du Concordat, lui ont permis d'obtenir la principauté de Canino. Le jeune Pierre a manifestement hérité du caractère remuant et précoce de son père et de son oncle Napoléon. Il n'a nullement l'intention de vivre une jeunesse rangée de jeune noble. Et la conjoncture italienne va lui offrir une occasion de le démontrer. En effet, elle est traversée de troubles nationalistes et ce jusqu'à son unification définitive, en 1866. Pierre, en véritable tête brûlée et bien qu'il n'ait que seize ans, n'hésite pas à prendre part à l'insurrection des Romagnes, en 1831, aux côtés de ses cousins Napoléon-Louis et Louis-Napoléon (le futur Napoléon III). Les deux frères sont à l'époque très proches des Carbonari ; ce mouvement insurrectionnel, qui a tôt fait de séduire le fougueux Pierre, rapidement fait prisonnier par les États pontificaux, qui dépendent directement de l'autorité du pape. Il réussit cependant à s'évader et à s'enfuir aux États-Unis, dans le New Jersey, d'où il rejoint le mouvement indépendantiste colombien dirigé par Simon Bolivar et le général Santander. Là il tombe malade et cherche à regagner l'Italie pour retrouver les siens. Mal lui en prend : il est immédiatement arrêté par les États pontificaux et fait prisonnier au château Saint-Ange, au Vatican. Sitôt libéré, sa nature impulsive reprend le dessus. Soupçonné d'être un Carbonaro, il est écroué par une unité de carabiniers, dont il tue le chef. Ce premier crime, perpétré à seulement vingt et un ans, le condamne à mort. Son père Lucien, qui dispose d'un certain crédit auprès du Vatican, parvient à convaincre le pape Grégoire XVI de le bannir. Ainsi son fils échappe à la mort. C'est à nouveau aux États-Unis que Pierre trouve asile. Il y rejoint son cousin Louis-Napoléon, de sept ans son aîné, qui est également en exil en raison de ses activités politiques. Ensemble, ils partagent les mêmes convictions libérales et nationalistes. Mais Pierre est décidemment trop belliqueux, voire incontrôlable : à New York, il tue un passant lors d'une altercation. C'en est trop pour Louis-Napoléon. Son violent cousin est bien trop encombrant pour celui qui nourrit déjà des ambitions politiques. Pierre est donc promptement renvoyé en Europe, où il s'installe en Belgique (après s'être encore illustré à Corfou dans une fusillade avec des Albanais !) et apprend à se faire oublier pendant les dix années qui suivent. Mais les journées révolutionnaires de Février 1848 vont sonner l'heure du réveil. Pierre pense y avoir là l'occasion de retourner sur le devant de la scène. Ses convictions d'extrême-gauche toujours chevillées au corps, il veut apporter sa contribution à la Deuxième République naissante ! Aussi revient-il en France pour se faire élire député de Corse à l'Assemblée constituante, dans les rangs de la gauche. Fidèle à sa famille, il se porte plusieurs fois garant des sentiments républicains de son cousin, repoussant à la tribune les soupçons nourris par Lamartine à l'égard des intentions de Louis-Napoléon. Hélas, son caractère impétueux va à nouveau lui barrer la route. Car le voilà bientôt impliqué dans une altercation à l'Assemblée nationale avec un autre député. Ce jour-là, un représentant lit à la tribune l'extrait d'un journal où le rôle historique des Napoléon est sévèrement jugé. Pierre Bonaparte entend des paroles d'assentiment fuser d'un banc au-dessus de lui. Elles viennent du député Gastier, un honorable représentant déjà âgé. « Vieil imbécile ! » s'écrie Pierre Bonaparte, qui soufflette violemment le vieux monsieur. Malheureusement pour ce dernier, le député de Corse est coutumier de ce type de confrontations – il a déjà provoqué plusieurs de ses collègues en duel. Cette fois-ci, la violence de son caractère lui vaudra un procès, qui est d'ailleurs l'occasion d'un nouveau scandale. Alors que l'avocat de Gastier fait le portrait de l'accusé, en soulignant ses fréquents accès d'agressivité, Pierre se lève furieux et s'écrie : « Cessez ce système de dénigrement, ou il vous arrivera ce qui est arrivé à votre client ». Pierre Bonaparte est incontrôlable, et sa « piété familiale » est bien gênante. Le nouveau président Napoléon III ne semble pas déborder, en retour, de la moindre reconnaissance à son égard, et il s'en méfie. Aussi n'hésite-t-il pas à signer le décret qui révoque Pierre Bonaparte de l'armée, celui-ci ayant abandonné son poste de la Légion étrangère basée en Algérie, sans aucune explication, après le massacre de la bataille de Zaatcha.

Pierre Bonaparte est donc soigneusement tenu à l'écart des préparatifs du coup d'État du 2 décembre 1851. Légitimé par le référendum des 20 et 21 décembre – qui font de Louis-Napoléon un « prince-président », dans des dispositions constitutionnelles proches du consulat – le coup d'État prépare la voie au rétablissement de l'empire. Ce qui sera chose faite un an plus tard, le 2 décembre 1852, lorsque Louis-Napoléon Bonaparte devient l'empereur Napoléon III. Bien qu'ayant reçu de son cousin le titre de prince, Pierre Bonaparte est mis en réserve des affaires de l'État. Il finit par se retirer en Corse, après le décès en 1852 de Rose Hesnard, sa première compagne, dont il se console assez vite avec la fille d'un ouvrier fondeur parisien, Éléonore-Justine Ruffin. Une fille d'ouvrier dans une famille impériale, voilà un affront de plus pour le nouvel empereur – à l'instar de la brouille de son oncle Napoléon Ier avec son frère Lucien, le père de Pierre, dont l'union avec Alexandrine de Bleschamp avait déjà provoqué la fureur de l'ancien Empereur ! Pierre Bonaparte se fait donc oublier un temps, au fin fond de sa Corse natale, ne contactant l'empereur que pour lui soutirer davantage d'argent à défaut d'obtenir un emploi dans l'armée ou l'administration. Désœuvré, Pierre n'a pas abandonné ses ambitions politiques. Il se présente aux élections législatives de 1863, où il est élu à une très forte majorité. Son cousin, qui veut à tout prix le tenir éloigné des cercles du pouvoir, va invalider sa candidature. C'est le candidat officiel, soutenu par le ministère de l'Intérieur, qui est élu à sa place. Très amer, Pierre envoie une longue missive à son cousin, où il se plaint de sa condition au sein de la famille Bonaparte, dont il se considère comme le mouton noir : « Je constate ma position hybride, qui fait de moi une espèce de paria, un Masque de fer du XIXe siècle. Je ne suis ni prince, ni citoyen, ni électeur, ni éligible, ni apte à exercer des fonctions publiques quelconques ou une industrie qui assure mon avenir ».

Henri de Rochefort (1831-1913).

Les années 1860 sont difficiles pour Napoléon III... Pour faire face aux contestations libérales, il doit désormais assouplir le régime. Contesté à gauche comme à droite, le régime impérial est donc nettement fragilisé. Les réformes des années 1860 portent notamment sur la libéralisation de la presse, et la suppression d'un certain nombre de contraintes réglementaires qui portaient sur la publication des journaux. Sans plus tarder, apparaît alors une foule de nouveaux titres et publications... anti-bonapartistes ! C'est l'époque de la publication de titres comme *Le Réveil* de Charles Delescluze ou *La Lanterne* d'Henri Rochefort. Ce dernier s'avère l'un des plus farouches opposants au régime, et son insolence lui vaut rapidement l'interdiction de publication. Son auteur doit même trouver refuge chez Victor Hugo, à Bruxelles. Mais le démon de la polémique continue à le démanger : le 19 décembre 1869, quelques semaines après avoir été élu au Parlement, au siège de Léon Gambetta, Henri Rochefort lance un nouveau titre, *La Marseillaise*. C'est dans cette publication qu'il fait paraître un article traitant les Bonaparte de « bêtes enragées », provocation qui va titiller à nouveau la loyauté familiale de Pierre Bonaparte fraîchement rentré à Paris, et provoquer la fin tragique de Victor Noir. Ce dernier est alors un tout jeune rédacteur à

La Marseillaise qui se présente en compagnie d'Ulrich de Fonvielle, le 10 janvier 1870 au domicile parisien de Pierre Bonaparte, au 59 de la rue d'Auteuil. Le prince est persuadé que ce sont les émissaires d'Henri Rochefort, qu'il a provoqué en duel pour avoir récemment insulté sa famille. Or les deux jeunes journalistes viennent en fait demander réparation par l'organisation d'un autre duel, au nom de Pascal Grousset, auteur d'un article paru originellement dans le journal de Bastia, *La Revanche*, que Pierre Bonaparte a copieusement abreuvé d'injures dans le journal *L'Avenir de la Corse*. Un quiproquo, des esprits échauffés, toutes les conditions sont réunies pour qu'arrive un geste malheureux. Pierre Bonaparte – qui dira plus tard s'être cru menacé – se saisit de son pistolet et atteint mortellement Victor Noir d'une balle dans la poitrine. Celui-ci a tout juste le temps de se traîner dans la rue où il décède quelques minutes plus tard, tandis qu'Ulrich de Fonvielle, visé lui aussi par le prince en furie, crie à l'assassin. Le tragique fait divers est repris, dès le lendemain, par tous les journaux d'opposition : Henri Rochefort commence son article par cette phrase sans appel : « J'ai eu la faiblesse de croire qu'un Bonaparte pouvait être autre chose qu'un assassin ! (...) Voilà dix-huit ans que la France est entre les mains ensanglantées de ces coupe-jarrets, qui, non content de mitrailler les Républicains dans les rues, les attirent dans des pièges immondes pour les égorger à domicile. Peuple français, est-ce que décidément tu ne trouves pas qu'en voilà assez ? ». Jeune, républicain, lâchement assassiné, Victor Noir (de son vrai nom Yvan Salmon) devient aussitôt le symbole de ralliement pour toute l'opposition libérale à l'empire. Le 12 janvier, ses funérailles,

Victor Noir et Ulrich de Fonvielle.

La tombe de Victor Noir au cimetière du Père Lachaise à Paris.

bien que très encadrées par les autorités, rassemblent près de cent mille personnes, dont certaines armées. Il s'en faut de peu pour que le rassemblement ne vire à l'insurrection générale.

En tant que membre de la famille impériale, Pierre Bonaparte est jugé par la Haute Cour de justice de Tours, le 21 mars 1870. Le procès est le théâtre de violentes altercations entre l'accusation et la défense, qui s'en tire à bon compte par un verdict qui scandalise l'opinion : l'acquittement pour Pierre Bonaparte, mais la prison pour Ulrich de Fonvielle, accusé d'avoir indûment traité Pierre Bonaparte d'assassin. L'injustice de cette sentence soude davantage les rangs des belligérants. Quelques mois plus tard, c'est Bismarck qui portera le dernier coup à un empire chancelant, le forçant à entamer une guerre qui signera sa perte. Toutefois le régime n'était-il pas déjà profondément vicié ? Impétueux, maladroit mais sincère, Pierre Bonaparte, surnommé le « prince noir », n'était qu'un aventurier violent et immature, en « désamour » avec son époque et qui, croyant défendre sa famille, a sans doute précipité sa chute, en fournissant à l'opposition un symbole vibrant de l'arbitraire impérial.

MARIE-THÉRÈSE D'AUTRICHE

POURQUOI FUT-ELLE AUTANT CONTESTÉE ?

Fille de l'empereur du Saint Empire romain germanique, Charles VI de Habsbourg, archiduc d'Autriche, roi de Hongrie et de Bohême, prince et duc d'innombrables contrées, Marie-Thérèse de Habsbourg d'Autriche a lutté pendant huit ans pour s'imposer comme l'unique héritière de son père. Elle a aussi dû se battre pour faire élire son époux, François III de Lorraine, empereur du Saint Empire – charge élective assurée depuis le XVe siècle par l'archiduc d'Autriche, et formellement interdite aux femmes. Dès le début de son règne, la reine manœuvre habilement pour consolider le rôle fédérateur des Habsbourg. Son courage, son charme et sa droiture l'aident dans la réussite de son entreprise, mais c'est surtout la mesure de ses responsabilités qui, tout au long de sa vie, guidera ses actes et ses décisions. Marie-Thérèse ne privilégie jamais ses intérêts personnels au détriment de la couronne. Et elle entend faire appliquer cette conduite sans concessions à ses propres enfants. Matriarche attentionnée et aimante, elle manipule ouvertement sa progéniture à des fins politiques et diplomatiques, pour servir l'État autrichien. Ainsi marie-t-elle ses filles avec les plus prestigieux héritiers des couronnes européennes, devenant, bien avant Victoria, la grand-mère de l'Europe ! L'union de sa dernière fille, Marie-Antoinette avec le Dauphin de France, le futur Louis XVI,

Marie-Thérèse de Habsbourg (1717-1780),
impératrice consort du Saint Empire romain germanique.
Peinture d'après Meytens, musée du château de Miramar, Trieste.

ne constitue-t-elle pas le plus beau fleuron de sa conception très personnelle du mariage ? Ses triomphes ne sauraient faire oublier les difficultés qu'elle a dû affronter dès son intronisation ! Ses adversaires étaient puissants, leurs desseins machiavéliques et la victoire incertaine. Comment Marie-Thérèse de Habsbourg est-elle parvenue, à vingt-trois ans, et malgré l'opposition de la quasi-totalité de l'Europe, non seulement à monter sur le trône de ses ancêtres, mais à s'y maintenir et à devenir l'un des monarques les plus remarquables d'Autriche et d'Europe ?

Marie-Thérèse est née le 13 mai 1717 à la Hofburg, le palais impérial à Vienne. Son destin dynastique précède sa naissance de quatre ans, quand son père Charles proclame la Pragmatique Sanction. Charles VI succède à son frère Joseph Ier, mort sans héritier mâle. Il promulgue cette nouvelle loi organique afin d'assurer à ses propres héritiers, filles ou garçons, l'héritage des biens et droits habsbourgeois, au détriment des filles de Joseph. Charles, initialement destiné au trône hispanique après le décès du dernier des Habsbourg d'Espagne, Charles II, préserve ainsi sa future descendance des tourments liés à la cruelle incertitude de son propre destin. En 1725, son unique fils étant décédé, il soumet, dans l'intérêt de ses deux filles, la Pragmatique Sanction à l'approbation des assemblées locales et des cours européennes, afin d'assurer le respect de sa décision et exige un consentement public et solennel de ses deux nièces spoliées. Rassuré par cette approbation nationale et internationale, il cherche un époux à sa fille aînée Marie-Thérèse. Éduquée sérieusement par des Jésuites, celle-ci a toutefois quelques lacunes, notamment en économie et en finances ; aussi son père juge-t-il prudent de la marier rapidement. Le choix se porte sur François, duc de Lorraine, qui a l'avantage d'avoir été élevé à la cour de Vienne et d'être un candidat acceptable pour la couronne impériale. Cependant, celui-ci doit renoncer à son héritage lorrain ; c'est le prix à payer pour que la France accepte de ratifier la Pragmatique Sanction. En contrepartie, il reçoit en héritage du dernier des Médicis la couronne ducale de Toscane. Équilibre géopolitique subtil puisqu'ainsi les Habsbourg renforcent leur position italienne et se rapprochent de la France, l'ennemi ancestral ! Le mariage est célébré le 12 février 1736 dans un faste inouï et, chose plus rare pour l'époque, des sentiments amoureux s'épanouiront au sein du couple durant leurs trente ans de vie commune. La naissance de seize enfants atteste de cette ardeur sentimentale et les témoignages de l'entourage impérial, du plaisir qu'ils avaient à être réunis.

Charles, qui espère un petit-fils à qui laisser le trône, en oublie de préparer Marie-Thérèse au rôle de souveraine. Malheureusement, lorsqu'il décède, son vœu n'est pas exaucé. Ainsi, c'est une jeune femme totalement inexpérimentée qui lui succède, le 20 octobre 1740 et qui doit combattre presque seule les puissances européennes. En dépit des promesses faites à Charles VI, et des traités arrachés au prix de substantielles concessions, ces puissances vont « contre-attaquer ». La nouvelle reine, qui adulait son père, a désormais de quoi nourrir des ressentiments envers lui. Elle conviendra dans son testament politique avoir été bien mal préparée, mais passera sous silence l'état catastrophique du royaume, notamment financier et militaire. L'armée autrichienne a certes remporté de beaux succès depuis presque un siècle, grâce notamment à l'un de ses commandants, le prince Eugène de Savoie-Carignan.

Charles VI du Saint Empire romain germanique (1685-1740).
Musée du château de Miramar, Trieste.

Elle a réussi à stopper l'invasion ottomane, ainsi que la tentative d'hégémonie française pendant la guerre de succession d'Espagne. Mais Charles VI a oublié qu'une bonne diplomatie s'accompagne toujours d'une politique de défense à la hauteur de ses ambitions. Malgré les alertes du prince Eugène, il a oublié d'armer le bras qui brandissait sa Pragmatique Sanction. À cet héritage calamiteux s'ajoute la nature complexe de la monarchie habsbourgeoise : l'archiduché d'Autriche est ainsi totalement intégré au Saint Empire romain germanique, alors que la plupart de ses possessions se trouvent en dehors. De plus, celles-ci, loin d'être inféodées au pouvoir habsbourgeois, défendent avec vigueur leurs particularités, qui s'apparentent à une large autonomie. Si cette originalité est une chance pour l'empire, qui profite ainsi du génie de chaque peuple, elle peut se révéler un piège fatal pour Marie-Thérèse si elle n'arrive pas à fédérer l'ensemble des territoires autour de ses prétentions dynastiques. La difficulté est donc double : chercher l'adhésion de ses peuples et vaincre ses ennemis extérieurs qui, pour les meilleurs d'entre eux, espèrent un affaiblissement durable des Habsbourg, quand les pires pensent à leur chute et au démantèlement de leur empire...

L'Europe, à peine remise de la ruineuse guerre de Trente Ans, replonge dans l'horreur avec la guerre de succession d'Espagne qui s'étend sur huit ans. Si le prétexte du conflit est bien, à l'origine, le respect de la Pragmatique Sanction, la motivation principale des puissances européennes est de tirer profit de la faiblesse ponctuelle de l'Empire habsbourgeois. La Prusse veut acquérir le titre de grande puissance en étendant son territoire ; la Bavière rêve de grignoter les Marches autrichiennes, le titre impérial et la couronne de Bohême ; la France d'affaiblir l'Autriche, d'aider les Bourbons d'Espagne à récupérer leurs territoires italiens, et surtout, dans un dessein à plus long terme, de créer en Europe une coalition continentale capable de lutter contre la puissance hégémonique de la marine anglaise, commerciale et militaire.

Frédéric II le Grand (1712-1786).
Peinture d'A. Pesne.

Voilà le théâtre complexe dans lequel notre toute jeune archiduchesse doit se débattre. Le premier à entrer en scène est Frédéric II, le roi de Prusse, désirant profiter de l'apparente faiblesse de l'État autrichien puisque dirigé par une femme ! Dès décembre 1740, sans déclaration de guerre, alors qu'il est encore officiellement son allié, Frédéric II conquiert la Silésie – riche province autrichienne à la frontière nord de la Bohême – et l'annexe. Charles-Albert de Bavière refuse de reconnaître la légitimité de Marie-Thérèse et réussit, avec l'aide de la Prusse, à engager Louis XV dans cette guerre. Marie-Thérèse est isolée et le soutien anglais tarde à venir. Pourtant, tous les récits de ses proches témoignent de sa foi en la victoire : elle écoute, demande conseil, ne cache pas à ses fidèles la fragilité de sa position, mais elle résiste, décide, ordonne, agit en vraie souveraine. Nul doute que son caractère valeureux œuvre en faveur de son triomphe. Elle a l'intelligence de ne pas imposer à ses généraux une quelconque stratégie militaire, tout en prenant en main la destinée politique de ses états, ne ménageant aucun effort. Elle suscite ainsi l'admiration et remporte son premier succès politique, et ce malgré une campagne militaire indécise. C'est en Hongrie qu'elle trouve le meilleur appui, auprès des nobles de la Diète, qui bien sûr en profiteront pour obtenir de nouveaux privilèges financiers. Les Hongrois resteront d'infaillibles soutiens. Son couronnement, le 25 juin 1741, est l'occasion pour Marie-Thérèse d'asseoir son pouvoir face à ses peuples, mais surtout face à ses ennemis. Usant de son charme, elle séduit, et grâce à son intelligence, elle convainc ! Elle maîtrise parfaitement la symbolique hongroise et se plie de bonne grâce à toutes les traditions. Ainsi, en cavalière émérite, parvient-elle avec élégance et détermination à gravir le tas de sable traditionnellement installé sur le parvis de l'église Saint-Martin à Presbourg (l'actuelle Bratislava) brandissant son épée royale pour fièrement signifier que, d'où qu'il vienne, l'ennemi sera combattu et vaincu !

François III de Lorraine (1708-1765), époux de Marie-Thérèse d'Autriche. Musée historique, Nancy.

Ce succès d'estime ne saurait pourtant faire oublier à Marie-Thérèse la situation désastreuse sur le front extérieur. La Prusse victorieuse influence Louis XV qui, après moult hésitations, consent à prendre part au conflit. Dénonçant l'accord qui le liait à la Pragmatique Sanction, Louis XV choisit de soutenir l'Électeur de Bavière dans ses revendications. En décembre 1741, Charles-Albert est proclamé roi de Bohême, alors que les Français conquièrent Prague, et il est élu empereur du Saint Empire en janvier 1742. Cependant, les armées autrichiennes, battues par Frédéric II de Prusse, réussissent à tenir en échec la coalition franco-bavaroise et à remporter Munich. Si les victoires ne sont pas suffisamment nettes pour gagner la guerre, tout du moins permettent-elles à Marie-Thérèse de négocier un traité de paix avec la Prusse. Et contre toute attente, Frédéric II, sans prévenir ses alliés, signe un armistice avec Marie-Thérèse. La trêve sera de courte durée, mais suffisante pour fragiliser l'alliance et donner quelque répit à l'archiduchesse. Durant les trois ans qui suivent, aucun des protagonistes ne réussit à s'imposer, mais en 1745, la reconquête de Prague et l'élection de son époux comme empereur, suite au décès de Charles-Albert, permettent d'imposer à l'Europe l'image d'une reine-impératrice victorieuse et légitime. Et si la guerre continue encore trois ans et reprendra encore pour sept ans en 1756 – notamment pour trancher l'épineux litige de la Silésie – nul désormais n'ose mettre en doute la légitimité de Marie-Thérèse.

Femme pragmatique et pugnace, l'archiduchesse osa durant ses quarante années de règne combattre tous les opposants à la monarchie autrichienne (y compris son propre fils Joseph, qu'elle écarta du trône jusqu'à sa mort). Bien que férue d'art (elle recevait les artistes en vogue de l'époque dans son château de Schönbrunn), « Marie-Thérèse la Grande » ne fut pas un monarque des Lumières, contrairement à ses deux fils, Joseph et Léopold, qui s'appliqueront à défaire méthodiquement tout ce qu'elle s'était évertuée à construire. Trop dépendante d'un catholicisme conservateur, elle ne réussit jamais à se départir de ses préjugés antisémites et antiprotestants. Ses débuts difficiles sur « le théâtre du grand monde » contribuèrent à lui apprendre le « métier » et elle eut l'intelligence d'utiliser cette expérience chèrement acquise pour fonder un espace multinational qui résistera pendant encore cent trente-huit ans aux sirènes du nationalisme ethnique ou religieux. Et lorsque celui-ci tombera, ce ne sera pas le fait d'une trahison de l'un de ses peuples, mais de la défaite de 1918 et du refus catégorique de Clemenceau de traiter avec son dernier empereur, Charles Ier d'Autriche. Autres temps, autres mœurs, la reine mère n'aurait pu réussir, par son absolutisme centralisé, à fédérer tous les pays de l'Europe actuelle. Il y a fort à parier qu'elle aurait ardemment œuvré à leur unité !

CLAUDE MONET

L'IMPRESSIONNISTE QUI AIMAIT LES FEMMES

Claude Monet a seize ans et vit au Havre lorsqu'Eugène Boudin repère ses caricatures et l'initie à la peinture en plein air. Cette rencontre sera déterminante pour Monet qui dira : « Si je suis devenu peintre, c'est à Eugène Boudin que je le dois ». Aussi le jeune homme part-il tenter sa chance à Paris. Il évite tout d'abord de s'inscrire à un atelier, préférant fréquenter librement quelques artistes, comme Gustave Courbet, qu'il écoute discourir sur l'art et la politique. Son père s'inquiétant de cette vie de bohème, Claude va suivre l'enseignement de Charles Gleyre, un peintre académique au dessin irréprochable, qui a le culte de l'Antiquité. Dans l'atelier de Gleyre, Monet fait la rencontre de Renoir, avec lequel il noue une indéfectible amitié. Ensemble, ils fonderont le mouvement artistique des impressionnistes. Il se lie aussi avec Bazille et Sisley. C'est aussi là, en 1865, qu'il tombe amoureux de Camille Doncieux, un des modèles qui posent régulièrement pour les élèves...

De Monet, curieusement, ne subsiste aucun nu de cette époque. Pourtant, les modèles posaient rarement habillés... Autant Renoir, par la suite, peindra souvent le corps féminin dénudé et nimbé d'une lumière voluptueuse, autant Monet ne dévoilera pas ses modèles. Camille Doncieux ne posera jamais nue pour Monet, en dehors de l'atelier. Elle deviendra néanmoins son modèle, sa muse, notamment pour une de ses premières toiles : *La dame à la robe verte*, un portrait en pied, présenté avec succès au Salon de 1866, sous le titre *Camille*. Ce tableau, qui connaît un grand succès, vaut à Monet les compliments de Zola, qui écrit dans *L'Événement* du 11 mai : « Je venais de parcourir ces salles si froides et si vides, [...] lorsque j'ai aperçu cette femme, traînant

Claude Monet (1840-1926).

Camille ou la dame à la robe verte.
Toile de Claude Monet, 1866.

sa longue robe et s'enfonçant dans le mur, comme s'il y avait eu un trou [...]. Je ne connais pas M. Monet [...]. Voilà un tempérament, voilà un homme dans la foule de ces eunuques ». Cette toile est achetée par Arsène Houssaye, pour la somme de huit cents francs. Rassuré par ce succès, le père de Monet, qui voit d'un mauvais œil sa liaison avec Camille, surtout lorsque celle-ci se retrouve enceinte, accepte de financer les activités artistiques de Claude, qui emménage dans une maison à Ville-d'Avray. C'est encore Camille qui pose pour *Femmes au jardin*, tableau peint en plein air, vers 1866, et exposé aujourd'hui au musée d'Orsay. L'observation attentive de cette toile réserve cependant une surprise. Les visages des quatre femmes se ressemblent étrangement... Pour le critique d'art Edward Lucie-Smith, ces quatre femmes sont toutes des variations inspirées par Camille Doncieux.

Cette démultiplication de Camille se produit dans d'autres compositions du peintre, comme dans *Le déjeuner sur l'herbe,* peint la même année. Mais ce n'est pas la seule trouvaille à laquelle Monet a recours. « Oui, ce tableau, je l'ai vraiment peint sur place et d'après nature, ce qui ne se faisait pas alors. J'avais creusé un trou dans la terre, pour enfouir progressivement ma toile, lorsque je peignais le haut ». Pour la première fois, le peintre y montre une lumière naturelle et changeante. Le fond de la toile représente une partie du jardin où Monet s'adonne déjà à une autre de ses passions, la culture des roses. Sans doute cette œuvre reflète-t-elle un moment heureux de la vie de Monet, très épris de Camille. Présentée au jury du Salon, cette toile est pourtant refusée ! C'est Bazille qui, pour aider son ami, lui achète finalement ce tableau deux mille cinq cents francs, payables par mensualités de cinquante francs. Le 8 août 1867, Camille met au monde leur premier enfant, Jean. Ils s'installent alors aux Batignolles, où la famille passe l'hiver dans des conditions précaires. Comme ils n'ont pas assez d'argent pour se chauffer régulièrement, le bébé manque de mourir des suites d'un mauvais rhume. Les créanciers font saisir toutes les toiles du jeune peintre, qui sont rachetées quatre-vingts francs pièce par Gaudibert, un amateur éclairé. Maigre consolation : Monet obtient une médaille d'argent à l'Exposition maritime internationale du Havre, en octobre 1868. Le 28 juin 1870, Camille et Claude légalisent leur union.

Après la Commune, pendant l'invasion prussienne, Monet quitte la France pour l'Angleterre en compagnie de Pissaro. À Londres, il découvre avec émerveillement Turner et Constable. De retour en France, Monet et Camille s'établissent à Argenteuil, dans une petite maison située au bord de la Seine. Ce modeste endroit devient l'un des hauts lieux de l'impressionnisme naissant. En 1873, Camille pose pour le célèbre tableau *La Capeline rouge,* une toile que le peintre gardera jusqu'à sa mort. Elle posera aussi régulièrement pour Manet, notamment dans le tableau *Claude Monet peignant sur son bateau-atelier* et *La famille Monet dans son jardin à Argenteuil.* Renoir a raconté comment il était arrivé chez Monet, juste après que Manet eut commencé le tableau : « Pouvez-vous imaginer que je manque pareille occasion, avec tous les modèles qui se trouvaient là ? » Profitant de l'aubaine, il peint la toile *Madame Monet et son fils.* Camille était déjà apparue dans d'autres œuvres de Renoir, comme *Camille Monet lisant* de 1873.

En 1875, Camille apprend qu'elle est atteinte d'un cancer de l'utérus. Qu'elle soit malade ne rend que plus émouvant le tableau *La Japonaise,* pour lequel elle pose en kimono d'un rouge splendide. Outre son amour pour sa femme, cette toile reflète aussi l'intérêt passionné de Monet pour l'art des estampes japonaises, dont il devient un grand collectionneur, comme l'atteste sa collection conservée à Giverny. En 1878, à Paris, naît un second enfant, Michel. Mais cette seconde naissance fragilise la santé de Camille, alors que la situation matérielle de Monet devient catastrophique, au point de devoir quitter la maison d'Argenteuil. Comme pour ajouter à cette précarité, Monet se retrouve pour quelques mois bigame : aussi étonnant que cela puisse paraître, c'est Alice Hoschedé, la maîtresse de Monet, qui soignera Camille avec un dévouement sincère et total, et ce jusqu'à sa mort. Née le 19 février 1844, Alice Raingo est l'épouse d'Ernest Hoschedé, propriétaire d'un grand magasin parisien, devenu collectionneur et mécène, qui s'est lié d'amitié avec Monet. Sur les six enfants du couple, la rumeur dit que Jean-Pierre, le deuxième fils, serait en réalité de Monet ! Toujours est-il que la famille Monet séjournait souvent au château de Rottembourg, situé à Montgeron, où le couple Hoschedé invitait régulièrement des peintres. En 1876, Monet vient à son tour s'installer avec sa femme Camille dans une maison voisine, « La Léthumière », propriété des Hoschedé à Yerres. Ernest demande à Monet de peindre quelques panneaux dans le salon du château. C'est ainsi que naquirent les œuvres remarquables comme *L'étang à Montgeron*, *Coin de jardin à Montgeron*, *Les dindons*, *La chasse*... Sans doute est-ce à cette occasion que Claude et Alice deviennent amants. Sans souci du scandale, Claude Monet installe Alice et tous ses enfants auprès de lui, alors que sa propre femme, Camille, vit toujours, et que le mari d'Alice – certes séparé de corps avec sa femme – est lui aussi bien vivant !

En 1878, après avoir fait de mauvaises affaires, Ernest est ruiné. Il s'enfuit en Belgique et ses collections sont vendues. Y figuraient plusieurs tableaux de Monet : *Lilas, Le remblais du chemin de fer, Jeunes filles assises dans un parc, L'Impression, Dahlias au bord de l'eau,* etc. Le château est également mis en vente. Après cette débâcle, les Monet, Alice et ses enfants quittent Montgeron pour s'installer à Vétheuil, en aval de Mantes, où Monet peindra plus de cent cinquante tableaux. Lucide quant au caractère équivoque de sa situation maritale, Monet propose aux

Camille Monet sur son lit de mort.
Toile de Claude Monet, 1879.

deux familles de se séparer. Mais le décès de Camille, tout juste âgée de trente-deux ans, vient dénouer cet imbroglio sentimental. Ultime et tragique occasion pour elle de poser pour Monet, qui peint *Camille Monet sur son lit de mort.* Un tableau aussi tragique qu'énigmatique, reflétant le terrible sentiment de culpabilité éprouvé par le peintre, et son désir de capturer l'insaisissable. À son ami Clemenceau venu lui présenter ses condoléances, Claude, pris de remords, se reprochera d'ailleurs d'avoir agi en artiste égoïste, se laissant séduire par le jeu des couleurs et de la lumière, mais surtout d'avoir traité le corps de sa chère défunte comme un objet neutre. Et pourtant, comment ne pas être pris d'une indicible tristesse à la vue de cette toile empreinte d'une gravité désespérée ?

Après la mort de Camille, Monet continuera à peindre des personnages, en particulier ses enfants, que nous retrouvons dans *Le Jardin de l'artiste à Vétheuil* ou *La Barque à Giverny*, mais désormais, l'artiste se consacre aux paysages et à la représentation de la nature, essence de son art. De son côté, Alice prend en charge toute la maisonnée, qui compte maintenant huit enfants ! Heureusement, le succès arrive enfin ; une exposition des œuvres de Monet reçoit un accueil enthousiaste. Cet essor ira croissant, jusqu'à la gloire ! En 1881, tous déménagent pour Poissy, dans une maison située au bord de la Seine. Avec Alice, Claude reproduit le comportement qu'il a eu avec Camille, il s'absente régulièrement pour aller peindre en Normandie, lui laissant la garde de toute la tribu. Le 12 février 1883, le maître écrit à Alice d'Étretat : « Pensez bien que je vous aime et qu'il me serait impossible de vivre sans vous ». Et quand Ernest Hoschedé profite d'une des absences de l'artiste pour rendre visite à sa famille à Poissy, le 19 février

Jeune fille à l'ombrelle tournée vers la gauche.
Toile de Claude Monet, 1885.

1883, Monet réagit aussitôt : « Je sens bien que je vous aime plus que vous ne supposez, plus que je ne croyais même. Vous ne pouvez savoir ce que je souffre depuis dimanche matin, dans quelle anxiété j'étais d'avoir de vos nouvelles : vous pouvez juger de mon état quand, ce matin, j'ai reçu vos quatre lignes qui m'en disent plus que quatre pages détaillées ».

Arrive l'installation définitive à Giverny, en avril 1883, Monet n'a alors que quarante-trois ans, il est au mitan de son existence. Cependant, ce n'est qu'à la mort de son mari, en 1891, qu'Alice épouse en secondes noces Monet, le 16 juillet 1892. Monet voit d'un œil critique cette régularisation tardive : « Ce n'est pas une noce, mais simplement un acte, une simple formalité ». Une tiédeur qui est probablement le fait de sa pudeur ou plus vraisemblablement d'un ultime sursaut de culpabilité ! Mariés en secret, entre quatre témoins et dans leurs habits de tous les jours, le couple semble gérer assez mal la légitimation de cette longue « bigamie »... Ce qui n'empêche pas le peintre, un jour en voyage sur la Côte d'Azur et à Bordighera (où il travaille jusqu'à six toiles par jour) d'écrire à Alice : « En travaillant je ne cesse de penser à vous ; cela est si vrai qu'à chaque motif que je fais, que je choisis, je me dis qu'il me faut les bien rendre pour que vous voyiez où j'ai été et comment cela est ». Désormais, Alice veille jalousement sur son mari, dont les absences, qui ont failli mettre en péril leur relation, se font de plus en plus rares. Une aubaine pour les filles Hoschedé, Blanche et Suzanne, qui servent de modèles au peintre. Après des années d'un bonheur sans nuage, très affectée par la mort de sa fille

Suzanne, qui a notamment posé pour la *Jeune fille à l'ombrelle tournée vers la gauche*, Alice tombe malade et meurt à son tour, en 1911.

Claude Monet et Blanche Hoschedé,
Alice Butler et Georges Clemenceau.

Totalement dévouée au peintre depuis sa plus tendre enfance, Blanche Hoschedé devient, au décès de sa mère, son ultime muse. Georges Clemenceau, saluant sa patience et sa dévotion, raille affectueusement son ami dans sa correspondance avec le peintre : « Faut-il qu'elle en ait du bleu dans l'âme pour compenser le bitume de Claude Monet ! » Blanche connait l'artiste depuis l'enfance, lorsque le couple Monet résidait chez ses parents à Montgeron. Elle est en outre la seule des enfants dont il tolérait la présence à ses côtés lorsqu'il travaillait. Dotée d'une grande sensibilité et d'un talent de peintre reconnu par son beau-père, Blanche observe et apprend (elle est l'auteur de *La Meule à Giverny*, exposée dans la chambre de Monet à Giverny). Mais cette proximité, elle la paiera le douloureux prix du sacrifice de sa vie de femme… lorsque le maître l'obligera à renoncer à ses projets de mariage avec le peintre américain John Leslie Breck, ne pouvant se résoudre à laisser partir son « ange bleu » par-delà les océans. Blanche, portée par son inaltérable amour filial, se résoudra à sa volonté en épousant par dépit son demi-frère Jean, le fils aîné de Monet, devenant ainsi doublement sa belle-fille ! En 1914, devenue veuve, elle s'installera définitivement à Giverny pour s'occuper de Monet, s'employant par la suite à faire perdurer sa mémoire. Ainsi choyé, et encouragé par Clemenceau, Monet réalisera ses ultimes chefs-d'œuvre, dont *Les Nymphéas.*

REMERCIEMENTS

Je ne suis, pour ma part, qu'un raconteur d'histoires sans autres prétentions que de rendre l'Histoire accessible au plus grand nombre. C'est la raison pour laquelle je profite de l'occasion qui m'est offerte pour remercier les historiens qui ont nourri ma passion de leur précieux savoir – Alain Decaux, André Castelot, Philippe Erlanger, Pierre Chaunu... – tous ceux qui ont participé aux émissions de *Secrets d'Histoire* comme Evelyne Lever, Jean des Cars, Simone Bertière, Michel de Decker et tant d'autres illustres universitaires.

Je remercie également mes producteurs Jean-Louis Remilleux et Laurent Menec, Marc Vignier, les équipes de journalistes qui ont participé à la réalisation des *Secrets d'Histoire*. Et aussi mes éditrices Lise Boëll et Estelle Cerutti, qui se sont comme toujours montrées patientes et dévouées. Je rends hommage à leur réactive équipe éditoriale : Alain Manquat, Nolwenn Guellec et Virginie Caminade.

Enfin, ma reconnaissance va à France 2 et aux dirigeants de France Télévision – un chaleureux merci à Arnaud N'Gatcha grand défenseur de *Secrets d'Histoire*.

CRÉDITS ICONOGRAPHIQUES

© Leemage :
61, 142 ; Aisa 91, 137, 140, 145, 155, 209, 273, 275 ; Bianchetti 216, 260 ; Château de Breteuil 159 ; Costa 49, 165, 228, 307, 312, 319 ; De Agostini 43 (Ambrosiana), 181, 333, 335 ; Electa 202, 221, 231, 321 ; Fine Art Images 232 ; Fototeca 129, 191, 200, 306 ; Gusman 40 ; Heritage Images 98, 101, 112, 173 ; Josse 27, 28, 30, 45, 46, 60 , 71, 73, 77, 78, 83, 84, 87, 120, 122, 147, 157, 259, 276, 277, 295, 308, 338, 345, 346 ; Lee 103, 170, 183, 262, 265 ; Luisa Ricciarini 186 ; Lylho 133 ; MI 213, 224 ; MP 59, 68, 175, 176, 219, 244 ; North Wind Picture 141, 227 ; Prisma Archivo 325 ; Raffael 119 ; SSPL 88 ; Selva 257, 284 ; Super Stock 243 ; United Archives 93.

© Rue des Archives :
23, 38, 206, 235, 298, 316, 317, 329, 330 ; AGIP 15, 21 ; BCA 16 ; CCI 318 ; Collection Grégoire 124, 215, 267, 326 ; FIA 24 ; Lebrecht 111 ; Limot 331 ; MARTIN RUETSCHI / SPPS 281 ; Mary Evans 62, 95, 97, 100, 105, 107, 109, 116, 117, 125, 131, 153, 205, 245, 286, 292, 315, 323 ; NMM 246 ; PFB 237 ; PVDE 14, 19, 33, 37, 69, 135, 171, 189, 197, 251, 290 ; René Dazy 254 ; Spaarnestad 238 ; Suddeutsche Zeitung 283, 337 ; Tal 13, 35, 52, 54, 121, 132, 146, 149, 150, 156, 163, 167, 178, 185, 201, 222, 223, 226, 255, 268, 285, 287, 288, 297, 300 ; The Granger Collection NYC 18, 34, 114, 192, 195, 241, 311, 341 ; Varma 161, 162, 253.

© The Bridgeman Art Library :
Giraudon 67, 72, 303, 342, 347 ; Archives Charmet 75.

© DR : 51, 126.

Direction d'ouvrage
Lise Boëll et Estelle Cerutti

Conception graphique: ipokamp

Édition du Club France Loisirs, Paris
avec l'autorisation des Éditions Albin Michel

Éditions France Loisirs,
123, boulevard de Grenelle, Paris
www.franceloisirs.com

ISBN : 978-2-298-056668-6
N° éditeur : 67522
Dépôt légal : août 2012

Achevé d'imprimer en Pologne par Druk Intro, août 2012